岩手県の教員採用試験過去問シリーズ❾

2025年度版

岩手県の家庭科

過去問

協同教育研究会 編

協同出版

本書には，岩手県の教員採用試験の過去問題を収録しています。各問題ごとに，以下のように5段階表記で，難易度，頻出度を示しています。

難 易 度

非常に難しい	☆☆☆☆☆
やや難しい	☆☆☆☆
普通の難易度	☆☆☆
やや易しい	☆☆
非常に易しい	☆

頻 出 度

◎	ほとんど出題されない
◎◎	あまり出題されない
◎◎◎	普通の頻出度
◎◎◎◎	よく出題される
◎◎◎◎◎	非常によく出題される

※本書の過去問題における資料，法令文等の取り扱いについて

本書の過去問題で使用されている資料や法令文の表記や基準は，出題された当時の内容に準拠しているため，解答・解説も当時のものを使用しています。ご了承ください。

はじめに～「過去問」シリーズ利用に際して～

教育を取り巻く環境は変化しつつあり，日本の公教育そのものも，教員免許更新制の廃止やGIGAスクール構想の実現などの改革が進められています。また，現行の学習指導要領では「主体的・対話的で深い学び」を実現するため，指導方法や指導体制の工夫改善により，「個に応じた指導」の充実を図るとともに，コンピュータや情報通信ネットワーク等の情報手段を活用するために必要な環境を整えることが示されています。

一方で，いじめや体罰，不登校，暴力行為など，教育現場の問題もあいかわらず取り沙汰されており，教員に求められるスキルは，今後さらに高いものになっていくことが予想されます。

本書の基本構成としては，出題傾向と対策，過去5年間の出題傾向分析表，過去問題，解答および解説を掲載しています。各自治体や教科によって掲載年数をはじめ，「チェックテスト」や「問題演習」を掲載するなど，内容が異なります。

また原則的には一般受験を対象としております。特別選考等については対応していない場合があります。なお，実際に配布された問題の順番や構成を，編集の都合上，変更している場合があります。あらかじめご了承ください。

最後に，この「過去問」シリーズは，「参考書」シリーズとの併用を前提に編集されております。参考書で要点整理を行い，過去問で実力試しを行う，セットでの活用をおすすめいたします。

みなさまが，この書籍を徹底的に活用し，教員採用試験の合格を勝ち取って，教壇に立っていただければ，それはわたくしたちにとって最上の喜びです。

協同教育研究会

CONTENTS

第１部

岩手県の
家庭科
出題傾向分析

岩手県の家庭科　傾向と対策

岩手県は中学校と高等学校に分けて出題され，特別支援学校は2016年度より高等学校の一部と共通問題である。解答形式は，選択・記述式の併用で，高等学校は用語解答の割合が高い。専門教科の試験時間は120分，問題数は年度によって多少の変動があり，2024年度については，中学校大問27問，高等学校は大問9問である。高等学校の大問数は少ないものの，小問が多いため，総問題数は多い。

専門教科の傾向について，例年，各分野からまんべんなく出題されており，いずれの分野も中学校・高等学校の教科書および資料集等の内容をしっかり把握していれば解答できるレベルの問題が多い。中学校・高等学校共通の傾向について，「子どもへの理解」「栄養と健康」「調理」「衣服の材料」「製作」「学習指導要領」は頻出で，「食品の表示と安全性」「快適性(衛生と安全)」「お金の管理，カード，家計」の事項についても，出題頻度は高い。ここ数年，高等学校では高齢者に関する出題が多くみられ，2024年度は超高齢社会，老老介護，シルバー人材センター，車椅子介助，共生社会と福祉について出題された。また，契約に関する問題も増えている。「子どもへの理解」については，幼児期の生活習慣，乳児期の離乳食の進め方，妊娠や乳児の発達，子どもの遊びの種類，予防接種，カウプ指数について出題された。「栄養と健康」「調理」については，「ゆでる」と「煮る」の違い，6つの基礎食品群，野菜の調理，ゼラチンと寒天，炭水化物，蒸し料理，カルシウムについて出題された。「衣服の材料」「製作」については，繊維の種類と手入れに関する性質，ミシンで布を縫う手順，フェルト，被服製作用具，ヨークとギャザー，星どめ，パンツの種類について出題された。衣生活分野では，漂白剤やしみ抜き，柔軟剤，界面活性剤の働きなども重要項目であるので，ポイントは押さえておきたい。2024年度は出題されなかったが2022年度は中学校・高等学校ともにSDGsに関連する問題が出題された。どの分野でも対応して解答できるように準備しておきたい。高等学校単独の傾向について，広範囲から出題されているが，中学校でも出題された分野について，掘り下げた形で出題されているものもある。

中学校・高等学校の学習指導要領に関しては，原文を空欄補充により記述させる設問を中心に，種々の角度から出題されている。中学校では，目標及び内容・内容とその取扱いが中心である。高等学校では，共通教科「家庭」「家庭基礎」の目標,「家庭総合」の内容と取扱い，専門教科「家庭」「消費生活」の内容構成，実験・実習の実施に関わる配慮事項などの出題であった。過去頻出であった指導案作成に関する出題はなかった。

対策について，頻出事項はあるものの，すべての分野からまんべんなく出ること，出題観点が年度によって変化していることを考えると，まず，出版社の異なるいくつかの教科書・資料集を中心に，側注や脚注の細かい部分にも注意を払い，知識を完全なものにしておくことである。記述式も多いことから，誤字などの単純ミスにも注意して，正確に書けるようにしておきたい。校種別の試験ではあるものの，中学校・高等学校の問題には類似問題もみられることから，両方の過去問に取り組み，知識を深めてほしい。学習指導要領に関しては，中高共，学習指導要領・同解説を熟読し，完全に理解しておく必要がある。改訂のポイントや変更点を中心に重要な語句を暗記すること。高等学校については，例年，専門科目からの出題もあり，新学習指導要領の変更点を押さえておきたい。指導案作成の出題はないが，日頃から各分野の指導目標や学習指導要領解説などを参考にして，教育実習をイメージしながら勉強を進めると二次試験の模擬授業にも生かされる。二次試験では被服と食物の実技試験も課せられている。教科書に掲載されている実技の内容を中心に生徒への指導を念頭において十分に研鑽を積んでおこう。

過去5年間の出題傾向分析

●中学＝○　高校＝◎

分類	主な出題事項	2020年度	2021年度	2022年度	2023年度	2024年度
子ども・高齢者と家族	子どもへの理解	○◎	○◎	○◎	○◎	○◎
	子育て支援の法律・制度・理念		◎	○◎	○◎	◎
	児童福祉の法律・制度	○◎	○◎	○◎		
	家族と家庭生活	◎	◎	○◎	◎	◎
	高齢者の暮らし	◎	◎	◎	○◎	◎
	高齢者への支援	◎	○◎	◎	○◎	
	福祉と法律・マーク	○◎	◎	◎	○	◎
	その他	○				◎
食生活	栄養と健康	○◎	○◎	○◎	○◎	○◎
	献立	○		◎		
	食品	◎	◎			○◎
	食品の表示と安全性	○	◎	○◎	○◎	○◎
	調理	○◎	◎	○◎	○◎	○◎
	食生活と環境	◎		◎		
	生活文化の継承		◎	○◎	○◎	◎
	その他	◎	◎			○◎
衣生活	衣服の材料	◎	○◎	○◎	○◎	○◎
	衣服の表示		◎	○	○◎	○◎
	衣服の手入れ	○◎	◎	○	◎	○◎
	製作	○◎	○◎	◎	○◎	○◎
	和服		○	◎	◎	
	衣生活と環境				◎	
	生活文化の継承		◎	◎	◎	
	その他	◎				○◎
住生活	住宅政策の歴史・住宅問題	◎	◎	◎	◎	
	間取り，平面図の書き方	◎	○◎	◎	○	◎
	快適性（衛生と安全）	○◎	○	○◎	○◎	○◎
	住まい方（集合住宅など）			○		○◎
	地域社会と住環境		◎	◎	○◎	
	生活文化の継承			◎	○◎	◎
	その他	○◎	◎			◎
消費生活と環境	消費者トラブル		◎	○◎	○	◎
	消費者保護の法律	◎	○◎	◎		○◎
	お金の管理，カード，家計	○◎	◎	○◎	○◎	○◎
	循環型社会と3R		○	○◎	◎	○◎
	環境問題と法律	○◎	○	○	◎	◎
	消費生活・環境のマーク	◎	○◎	○◎	◎	◎
	その他					○
学習指導要領に関する問題		○◎	○◎	○◎	○◎	○◎
学習指導法に関する問題						○

第２部

岩手県の
教員採用試験
実施問題

2024年度　実施問題

【中学校】

【1】次の文は，中学校学習指導要領解説　技術・家庭編(平成29年7月)第3節「家庭分野の目標及び内容」について示したものです。文中の(　①　)～(　⑥　)にあてはまる言葉を書きなさい。

> (　①　)に係る見方・考え方を働かせ，衣食住などに関する(　②　)な活動を通して，よりよい生活の実現に向けて，生活を工夫し創造する資質・能力を次のとおり育成することを目指す。
>
> (1)　家族・家庭の機能について理解を深め，家族・家庭，衣食住，消費や環境などについて，(　③　)に必要な基礎的な理解を図るとともに，それらに係る技能を身に付けるようにする。
>
> (2)　家族・家庭や地域における生活の中から(　④　)を見いだして課題を設定し，解決策を構想し，実践を評価・改善し，考察したことを論理的に表現するなど，これからの生活を展望して(　⑤　)を養う。
>
> (3)　自分と家族，家庭生活と地域との関わりを考え，家族や地域の人々と(　⑥　)し，よりよい生活の実現に向けて，生活を工夫し創造しようとする実践的な態度を養う。

(☆☆◎◎◎◎◎)

【2】中学校学習指導要領解説　技術・家庭編(平成29年7月)に示されている「2　家庭分野の内容構成」について，次の(1)，(2)の問いに答えなさい。

(1)　内容構成の考え方を踏まえ，内容の示し方の特色として，空間軸と時間軸の視点から小・中・高等学校における学習対象を明確化しています。中学校における空間軸と時間軸の主な視点をそれぞれ書きなさい。

(2) 次の①～③の文は，「内容の示し方」について述べたものです。正しいものには○印，正しくないものには×印を書きなさい。

① 各内容の各項目は，アとイの二つの指導事項で構成している。アの「知識及び技能」の習得に係る事項及びイの「思考力，判断力，表現力等」を育成することに係る事項は，学習過程を踏まえ，関連を図って取り扱うこととしている。

② 社会の変化に対応した各内容の見直しとして，「A家族・家庭生活」においては，少子高齢社会の進展に対応して，家族や地域の人々と関わる力の育成を重視し，高齢者など地域の人々と協働することや高齢者との関わり方について理解することなどを扱うこととしている。

③ 社会の変化に対応した各内容の見直しとして，「B衣食住の生活」においては，グローバル化に対応して，日本の生活文化の継承に関わる内容である和食，和服，和室の三つを必ず扱うこととしている。

(☆☆☆◎◎◎◎◎)

【3】次の文は，中学校学習指導要領解説　技術・家庭編(平成29年7月)家庭分野の内容の「C消費生活・環境」の一部抜粋です。以下の(1)～(3)の問いに答えなさい。

> (1) 金銭の管理と購入
> ア 次のような知識及び技能を身に付けること。
> (ア) 購入方法や<u>支払い方法の特徴</u>が分かり，計画的な(①)の必要性について理解すること。
> (イ) (②)の仕組み，消費者被害の背景とその対応について理解し，物資・サービスの選択に必要な情報の収集・整理が適切にできること。
> イ 物資・サービスの選択に必要な情報を活用して購入につ

いて考え，工夫すること。

(2)　消費者の権利と責任
　ア　消費者の基本的な権利と責任，自分や家族の消費生活が環境や社会に及ぼす影響について理解すること。
　イ　身近な消費生活について，(　③　)としての責任ある消費行動を考え，工夫すること。

(1)　文中の(　①　)~(　③　)にあてはまる言葉を書きなさい。

(2)　下線部に関わって，支払い時期の異なる三つの方法について，前払いと後払いの他にもう一つの方法を書きなさい。

(3)　下線部に関わって，クレジットカードによる支払いは，何契約であるか書きなさい。

(☆☆☆◎◎◎◎◎)

【4】クレジットカードによる支払いについて，長所と短所を一つずつ書きなさい。

(☆☆☆◎◎◎◎)

【5】加熱法の「ゆでる」と「煮る」の違いについて説明しなさい。

(☆☆☆◎◎◎◎)

【6】次の表は6つの基礎食品群について述べたものです。文中の(　①　)~(　⑥　)にあてはまる言葉を書きなさい。

	主に多く含まれる栄養素	食品群
1群	（ ① ）	魚・肉・卵・豆・豆製品
2群	カルシウム	牛乳・乳製品・小魚・（ ② ）
3群	（ ③ ）	緑黄色野菜
4群	ビタミンC	その他の野菜・（ ④ ）
5群	炭水化物	穀類・（ ⑤ ）・砂糖
6群	（ ⑥ ）	動物性油脂・植物性油脂

(☆☆☆☆◎◎◎◎)

【7】幼児期の生活習慣について，次の(1)，(2)の問いに答えなさい。

(1) 基本的生活習慣の例を三つ書きなさい。

(2) 次の文の空欄に共通してあてはまる言葉を一つ書きなさい。

> あいさつや言葉づかい，公共の場や用具を使うときの態度，交通ルールを守る等，(　　)の一員として守るべき習慣のことを(　　)的生活習慣といいます。

(☆☆☆◎◎◎◎)

【8】次の表は，繊維の種類と手入れに関する性質について述べたものです。文中の(　①　)～(　⑥　)にあてはまる言葉を書きなさい。(繊維の種類は一部抜粋)

繊維の種類			適する洗剤の液性	アイロンの温度	その他の特徴
天然繊維	植物繊維	綿	弱アルカリ性	高	洗濯に強い しわに(　⑤　)
		麻	弱アルカリ性	高	洗濯に強い しわに(　⑤　)
	動物繊維	(　②　)	中性	中	水の中でもむと縮む
		絹	中性	中	摩擦に弱い
化学繊維	(　①　)繊維	(　③　)	弱アルカリ性	中	乾きやすい しわに(　⑥　)
		ナイロン	弱アルカリ性	低	丈夫で軽い 弾力性がある
		アクリル	(　④　)	低	毛玉ができやすい
		ポリウレタン	弱アルカリ性	低	伸縮性がある 弾力性がある

(☆☆☆☆◎◎◎◎)

【9】「布を用いた物の製作」でミシンを使用した実習を行います。ミシンで布を縫う際の正しい手順になるように，ア～カを並べなさい。

ア　終わりに返し縫いをする　　イ　針を縫いはじめの位置に下す
ウ　おさえを下す　　エ　おさえを上げ，糸を切る
オ　初めに返し縫いをする　　カ　布を軽くおさえて縫う

(☆☆☆◎◎◎)

【10】次の文は住まいの空間について述べたものです。文中の(　①　)～(　③　)にあてはまる言葉を書きなさい。

住まいの空間を使い方によって分類すると，個人が使う個人生活の空間と，みんなが使う共同生活の空間に分けられます。
個人生活の空間では，睡眠や学習，趣味などが行われ，共同生活の空間には，調理や洗濯などを行う(　①　)の空間や，入浴や洗面，排せつなどを行う(　②　)の空間などがあります。
また，これらの空間や通行のための空間など，生活行為に必要な空間を人が移動するときに通る経路を(　③　)といいます。(　③　)が複雑に交差することがないように，家具などの配置や

数などを工夫して住まいの空間を整えるとよいです。

(☆☆☆◎◎◎◎)

【11】野菜の調理について，次の(1)～(4)の問いに答えなさい。

(1) 青菜の緑色の色素の名称を書きなさい。

(2) しそやなすなどの紫色の色素の名称を書きなさい。

(3) ごぼうを切ったまま置いておくと黒っぽく変化することを何というか書きなさい。

(4) 次の①～④の野菜の切り方の名称を書きなさい。

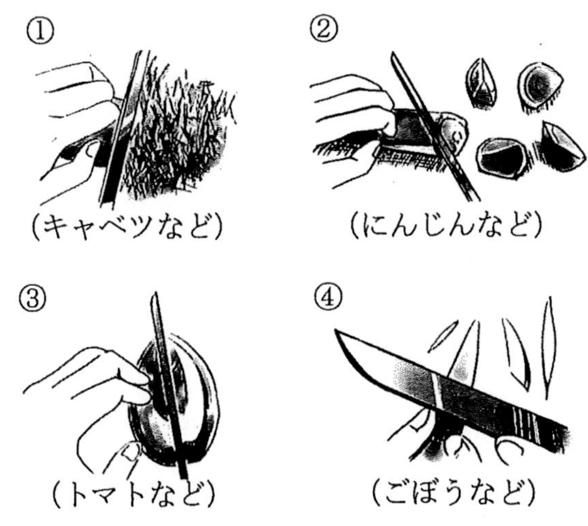

(☆☆☆☆◎◎◎)

【12】次の(1)～(3)の文は，消費者を支える法律について述べたものです。あてはまる法律を以下のア～ケから一つずつ選び，その記号を書きなさい。

(1) クーリングオフ制度など，消費者を守るためのルールを定めている。

(2) 消費者と事業者との間に結ばれるすべての契約に適用される。

(3)　製品の欠陥により被害が生じた場合の，製造業者などの責任を定めたもの。

ア　割賦販売法　　　イ　消費者基本法
ウ　消費者契約法　　エ　製造物責任法(PL法)
オ　特定商取引法　　カ　消費者安全法
キ　消費者教育推進法　ク　景品表示法
ケ　消費生活用製品安全法

(☆☆☆◎◎◎◎)

【13】次の(1)～(3)の文は，支払いで使うカードについて述べたものです。正しい場合は○印，正しくない場合は，正しいカード名を書きなさい。

(1)　プリペイドカードは，事前に一定の額を支払って購入し，その額の範囲以内で使用できるカードです。

(2)　キャッシュカードは，銀行などに口座のある人に発行されるカードです。預貯金などの引き出しができます。

(3)　デビットカードは，店舗販売だけでなく，通信販売の支払いやオンラインショッピングにも使用できます。実際の支払いは，後日，カード会社からの請求によって，分割払いや一括払いで銀行口座から引き落とします。

(☆☆☆☆◎◎◎)

【14】次の(1)～(5)の文は，室内にある揮発性化学物質とその発生源や主な健康障害などについて述べたものです。正しいものには○印，正しくないものには×印を書きなさい。

(1)　「トルエン」の発生源は，接着剤や防かび剤です。目・のどの痛みや頭痛，嗅覚の鈍化につながります。

(2)　「テトラクロロエチレン」の発生源は，じゅうたん用洗剤やドライクリーニング溶剤です。頭痛や皮膚の炎症，しびれの症状につながります。

(3)　「パラジクロロベンゼン」の発生源は，防虫剤や防臭剤です。めまいや頭痛，腎炎の症状につながります。発がん性もあります。

(4) 「ホルムアルデヒド」の発生源は，殺虫スプレーやヘアスプレーです。めまいや頭痛，イライラの症状につながります。

(5) 「塩化メチル」の発生源は，洗剤やラッカー，塗料です。疲労やめまい，体力減退，不眠などの症状につながります。

(☆☆☆◎◎◎)

【15】住居に必要な面積は，家族の人数やライフステージによって異なります。次の(1)，(2)について，住生活基本計画で設定する水準の名称を書きなさい。

(1) 健康で文化的な住生活の基礎として必要不可欠な住宅の面積に関する水準

(2) 世帯人数に応じて，豊かな住生活の実現の前提として多様なライフスタイルに対応するために必要と考えられる住宅の面積に関する水準

(☆☆☆◎◎◎)

【16】次の(1)～(3)の文は，洗濯に用いられる洗剤の汚れが落ちる仕組みについて述べたものです。文中の(　①　)～(　③　)にあてはまる言葉を書きなさい。

(1) 界面活性剤が汚れと洗濯物の間に入ります。これを(　①　)作用といいます。

(2) 汚れは少しずつ水中に取り出されます。これを乳化・(　②　)作用といいます。

(3) 汚れが再び繊維に付着するのを防ぎます。これを(　③　)作用といいます。

(☆☆☆☆◎◎◎◎)

【17】衣服をめぐるトラブルの中に，「皮膚障害」があります。次の文の(　①　)，(　②　)にあてはまる言葉を書きなさい。

> 皮膚障害を起こす刺激は，(　①　)的刺激と(　②　)的刺激に分けられます。(　①　)的刺激は，羊毛などの繊維が肌に触れてちくちくしたり，ゴム・金属類が炎症を起こしたりすることです。(　②　)的刺激は，衣服の加工剤やクリーニング溶剤の残りが，皮膚に炎症を引き起こすことです。

(☆☆☆◎◎◎)

【18】次の文は，ゼラチンと寒天について述べたものです。以下の(1)～(3)の問いに答えなさい。

> a<u>ゼラチン</u>は，(　①　)などの皮や骨を原料としています。なめらかで口溶けがよいのが特徴です。
>
> b<u>寒天</u>は，てんぐさやオゴノリなどの(　②　)を原料としています。(　③　)で固まり始め，食感が固くてつるんとしているのが特徴です。

(1)　文中の(　①　)，(　②　)にあてはまる言葉を書きなさい。

(2)　文中の(　③　)にあてはまる温度を次のア～エから一つ選び，その記号を書きなさい。

ア　5～12℃　　イ　25～35℃　　ウ　55～65℃

エ　85～100℃

(3)　下線部a，bの主成分を，五大栄養素名で書きなさい。

(☆☆☆◎◎◎◎)

【19】食品添加物の表示の免除について，「原料に使用された食品添加物が製品に移行するが，製品ではその効果を示さないもの」を表す言葉を書きなさい。

(☆☆☆◎◎◎)

【20】次の(1)～(3)の文は，食中毒の原因となる菌やウイルスについて述べたものです。あてはまる菌やウイルスの名称を以下のア～カから一つずつ選び，その記号を書きなさい。

(1) 海水中の細菌で，生食で激しい腹痛と下痢の症状がでる。

(2) 動物の腸内細菌で，生食で腹痛・嘔吐・下痢・発熱の症状がでる。

(3) このウイルスを蓄積した貝類が原因となり，嘔吐・下痢・微熱，腹痛・悪寒などの症状がでる。

ア 黄色ブドウ球菌　イ ボツリヌス菌　ウ ノロウイルス
エ サルモネラ菌　オ アニサキス　カ 腸炎ビブリオ

(☆☆☆◎◎◎◎)

【21】次の文は，炭水化物について述べたものです。文中の(①)～(⑨)にあてはまる言葉を以下のア～ネから一つずつ選び，その記号を書きなさい。

炭水化物は，体内でエネルギー源になる(①)とほとんど消化・吸収されない(②)とに分類されます。(①)は，(③)類・(④)類・(⑤)類に分類されます。デンプンは(③)類のぶどう糖が多数結合した(⑤)類です。しょ糖はぶどう糖と(⑥)の二つが結合した(④)類です。同じ(④)類でも麦芽糖は，ぶどう糖のみが二つ結合したものです。ぶどう糖はエネルギーとして使われますが，残りは(⑦)に合成され筋肉と(⑧)に蓄えられます。また，余ると脂質に変えられ，(⑨)などとして蓄えられます。

ア 一糖　イ 二糖　ウ 三糖
エ 単糖　オ 複糖　カ 少糖
キ 多糖　ク 果糖　ケ 不飽和脂肪酸
コ 皮下脂肪　サ 必須アミノ酸　シ オレイン酸
ス 小腸　セ 肝臓　ソ 大腸
タ 胃　チ 膵臓　ツ 食物繊維

テ　糖質　　　　　ト　グリコーゲン　　ナ　海藻
ニ　こんにゃく　　ヌ　牛乳　　　　　　ネ　寒天

(☆☆☆☆◎◎◎◎)

【22】情報通信の高度化に対応し，氾濫する情報の中から必要な情報を収集，判断，評価，発信などができる能力の名称を書きなさい。

(☆☆☆◎◎◎)

【23】次の文は，ある指標について述べたものです。指標の名称をカタカナで書きなさい。

人間活動により消費される資源量を分析・評価する方法の一つです。人間の生活がどのくらい自然環境に依存しているか示しています。現在の経済活動を持続可能な形で維持するための土地・海洋の面積に換算したものです。

(☆☆☆◎◎◎)

【24】次のア～オは，乳児期の離乳食の進め方の目安について述べたものです。それぞれの時期に応じたかたさと食べ方の組み合わせとして正しいものを二つ選び，その記号を書きなさい。

ア　5，6か月では，舌でつぶせるかたさで，1日1回1さじずつ始める。
イ　7，8か月では，舌でつぶせるかたさで，1日2回食で食品の種類を増やしていく。
ウ　9～11か月では，なめらかにすりつぶし，1日2回食で食品の種類を増やしていく。
エ　9～11か月では，歯茎でつぶせるかたさで，1日2回食で食品の種類を増やしていく。
オ　12～18か月では，歯茎でかめるかたさで，1日3回の食事のリズムを大切にし，生活リズムを整える。

(☆☆☆◎◎◎◎)

【25】中学校学習指導要領解説　技術・家庭編(平成29年7月)家庭分野の内容「B衣食住の生活」の(7)「衣食住の生活についての課題と実践」における住生活に関連する題材「我が家の防災対策」の指導について，次の(1)～(3)の問いに答えなさい。

(1) 指導計画の作成にあたり，中学校学習指導要領解説　技術・家庭編(平成29年7月)第3節「家庭分野の目標及び内容」を確認したところ，次のように示されていました。文中の(　①　)～(　③　)にあてはまる言葉を書きなさい。

> (2) 家庭分野の内容の「A家族・家庭生活」の(4)，「B衣食住の生活」の(7)及び「C消費生活・環境」の(3)については，これらの三項目のうち，(　①　)以上を選択し履修させること。その際，他の内容と関連を図り，(　②　)な活動を家庭や(　③　)などで行うことができるよう配慮すること。

(2) 次のように作成した題材の指導と評価の計画について，文中の(　①　)～(　③　)にあてはまる言葉を書きなさい。

<table>
<tr><th rowspan="2">小題材</th><th rowspan="2">時間</th><th rowspan="2">ねらい・学習活動</th><th colspan="3">評価規準・評価方法</th></tr>
<tr><th>知識・技能</th><th>（　①　）</th><th>（　②　）に学習に取り組む態度</th></tr>
<tr><td>自然災害に備えた我が家の安全な住空間</td><td>1</td><td>○自然災害に備えるための我が家の防災対策の中から問題を見いだして課題を設定することができる。
・自然災害における我が家の問題点（A危険個所）を見いだし、課題を設定する。
<課題設定の際の視点>
・家の中　・屋外の対策
・避難経路の安全
・避難所の備蓄品　　など
<課題例>
・我が家の防災対策（地震の避難経路）はどうしたらよいだろう　　　　など</td><td></td><td>①自然災害に備えるための我が家の防災対策の中から問題を見いだして課題を設定している。
・計画・実践レポート</td><td rowspan="3">①自然災害に備えるための我が家の防災対策に関する課題の解決に（　②　）に取り組もうとしている。
・ポートフォリオ
・行動観察

②自然災害に備えるための我が家の防災対策に関する課題解決に向けた一連の活動を振り返って改善しようとしている。
・ポートフォリオ
・行動観察</td></tr>
<tr><td>我が家の防災対策プロジェクト（計画）</td><td>2</td><td>○「安全」「協力」などの視点から「我が家の防災対策プロジェクト」の計画を考え工夫することができる。
・各自が「我が家の防災プロジェクト」の計画を立てる。
<計画のポイント>
・家の中，外回り
・避難するとき
・家族の意見　　　　など
・グループで発表し合い，自分の計画を改善する。</td><td></td><td>②自然災害に備えるための我が家の防災対策に関する課題の解決に向けて，よりよい生活を考え，計画を工夫している。
・計画・実践レポート
・行動観察
・相互評価</td></tr>
<tr><td colspan="5">家庭・地域での実践</td></tr>
</table>

我が家の防災対策プロジェクト（評価・改善）	3・4	○「我が家の防災対策プロジェクト」の実践についてまとめたり，（　③　）説明したり，発表したりすることができる。 ・実践したことを計画・実践レポートにまとめる。 ・グループごとに実践発表会を行い，互いにアドバイスし合う。 ○「我が家の防災対策プロジェクト」について，実践した結果を評価・改善するとともに，新たな課題を見付け，次の実践に取り組もうとする。 ・他の生徒からの意見を踏まえ，実践を評価し，改善する。 ・よりよい生活にするために，自然災害に備えるための我が家の防災対策についての新たな課題を見付け，次の実践に向けて考えたことをまとめる。		④自然災害に備えるための我が家の防災対策に関する課題解決に向けた一連の活動について，考察したことを（　③　）説明したり，発表したりしている。 ・計画・実践レポート ・行動観察 ・相互評価 ③自然災害に備えるための我が家の防災対策に関する課題の解決に向けて，家族や地域などで実践した結果を評価したり，改善したりしている。 ・計画・実践レポート ・行動観察	③更によりよい生活にするために，自然災害に備えるための我が家の防災対策に関する新たな課題を見付け，家庭や地域での次の実践に取り組もうとしている。 ・ポートフォリオ ・行動観察

(3)　題材の指導と評価の計画の下線部Aに関わって，生徒が「安全」の視点で寝室を点検した際に，二つ重ねて設置してある中学生の身長ほどの高さの本棚は，地震の際に危険であると気付きました。この本棚について，どのような安全対策が考えられるか，具体的に二つ書きなさい。

(☆☆☆◎◎◎◎◎)

【26】「蒸し野菜サラダ」の調理実習の指導について，次の(1)～(3)の問いに答えなさい。

(1)　まな板に食品の成分や匂いがしみ込んで取れにくくなるのを防ぐために，生徒がまな板を使用する前にどのような指導をするとよいか，具体的に書きなさい。

(2)　できるだけ無駄なく材料を使用するために，にんじんの皮をむいた後に，にんじんの廃棄率を求めました。Aグループでは，にんじんの皮をむいた後に計量したところ，可食部が21g，廃棄部が4gになりました。Aグループのにんじんの廃棄率を計算して書きなさい。

(3)　次の①～④の文は，蒸し調理について説明したものです。下線部分が正しい場合は○印，正しくない場合は，下線部分を正しく書き直しなさい。

①　蒸し調理では，食材を動かさないので，煮崩れが起こりにくい。

②　蒸し器の下段には，水を3分目くらい入れるのがよい。

③　下段に水，上段に食材を入れ，同時に火にかけて蒸す。

④　蒸しパンなど水滴が落ちない方がよい場合は，蓋にぬらした布巾を巻きつけて蒸すとよい。

(☆☆☆◎◎◎)

【27】「衣服の手入れ」の指導について，次の(1)～(4)の問いに答えなさい。

(1)　白い半袖の体操着にしょうゆをこぼしてしまいました。次の①～③の「しみ抜き」の方法の説明について，下線部分が正しい場合は○印，正しくない場合は，下線部分を正しく書き直しなさい。

①　しみのついた布を，たたんだタオル(当て布)の上に，汚れた部分を上にして置く。

②　水などの液体をつけた歯ブラシや布でたたく。

③　しみの中心から周辺に向けてたたくとよい。

(2)　生徒に半袖の体操着をきれいにする手入れの方法を考えさせた際，「洗剤をたくさん入れて洗濯機で洗えば，きれいに汚れが落ちるのではないか」という意見がありました。「洗剤は使用量の目安を守るようにする」理由を，「汚れ落ち」という言葉を使って具体的に書きなさい。

(3)　半袖の体操着には，次のような取り扱い表示がありました。この体操着はどのように干すのがよいか，取り扱い表示を見て書きなさい。

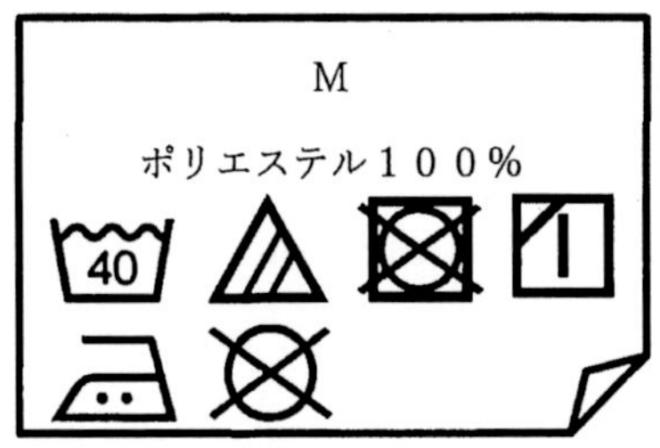

(4)　衣服の働きは大きく三つに分けることができます。体操着は，運動や作業などをしやすくする「生活活動上の働き」がありますが，「社会生活上の働き」もあるといえます。体操着に「社会生活上の働き」もあるといえる理由を書きなさい。

(☆☆☆◎◎◎◎)

【高等学校】

【１】高等学校学習指導要領(平成30年告示)解説「家庭編」に関する次の(1)～(4)の問いに答えなさい。

(1)　次の文は，各学科に共通する教科「家庭」「第2章　家庭科の各科目　第1節　家庭基礎」の目標を示したものである。(　①　)～(　③　)にあてはまる語句を答えなさい。

生活の営みに係る見方・考え方を働かせ，実践的・体験的な学習活動を通して，様々な人々と協働し，よりよい社会の構築に向けて，男女が協力して(　①　)に家庭や地域の生活を創造する資質・能力を次のとおり育成することを目指す。

(1)　人の一生と家族・家庭及び福祉，衣食住，消費生活・環境などについて，生活を(　①　)に営むために必要な基礎的な理解を図るとともに，それらに係る技能を身に付けるようにする。

(2)　家庭や地域及び社会における生活の中から問題を見いだして課題を設定し，解決策を構想し，実践を評価・(　②　)し，考察したことを根拠に基づいて論理的に表現するなど，生涯を見通して課題を解決する力を養う。
(3)　様々な人々と協働し，よりよい社会の構築に向けて，地域社会に(　③　)しようとするとともに，自分や家庭，地域の生活の充実向上を図ろうとする実践的な態度を養う。

(2)　次の文は，各学科に共通する教科「家庭」「第2章　家庭科の各科目　第2節　家庭総合　2内容とその取扱い」の一部を示したものである。(　①　)~(　④　)にあてはまる語句を答えなさい。

B　衣食住の生活の科学と文化
　次の(1)から(3)までの項目について，健康・快適・安全な衣食住の生活を主体的に営むために，実践的・体験的な学習を通して，次の事項を身に付けることができるよう指導する。

(中略)

(3)　住生活の科学と文化
ア　次のような知識及び技能を身に付けること。
(ア)　住生活を取り巻く課題，日本と世界の住文化など，住まいと人との関わりについて理解を深めること。
(イ)　(　①　)の特徴や課題に着目し，住生活の特徴，(　②　)などの安全や環境に配慮した住居の機能について(　③　)に理解し，住生活の計画・管理に必要な技能を身に付けること。
(ウ)　家族の生活やライフスタイルに応じた持続可能な住居の計画について理解し，(　④　)で安全な住空間を計画するために必要な情報を収集・整理できること。
イ　主体的に住生活を営むことができるよう(　①　)と住環境に応じた住居の計画，(　②　)などの安全や環境に配慮した住生活とまちづくり，日本の住文化の継承・創造について考察し，工夫すること。

(略)

(3) 次の文は，主として専門学科において開設される教科「家庭」の科目「消費生活」の内容構成を示したものである。(①)，(②)にあてはまる語句を答えなさい。

この科目は，目標に示す資質・能力を身に付けることができるよう，(1)経済社会の動向と消費生活，(2)消費者の権利と(①)，(3)消費者と行政，企業，(4)(②)を目指したライフスタイル，(5)消費生活演習の五つの指導項目で，2～4単位程度履修させることを想定して内容を構成している。また，内容を取り扱う際の配慮事項は次のように示されている。

(4) 次の文は，主として専門学科において開設される教科「家庭」「第3章　各科目にわたる指導計画の作成と内容の取扱い　3実験・実習の実施に関わる配慮事項」の一部を示したものである。(①)，(②)にあてはまる語句を答えなさい。

実験・実習を行うに当たっては，関連する法規等に従い，施設・設備や薬品等の(①)に配慮し，学習環境を整えるとともに，事故防止の指導を徹底し，安全と(②)に十分留意するものとする。

(☆☆☆◎◎◎◎◎)

【2】住生活に関する次の各問いに答えなさい。

(1) 次の①，②は，日本の伝統的な住まいについて説明したものである。それぞれの名称を答えなさい。

① 古くから都市部の商人や職人の住まいとして建てられ，商いのために表通りに店をしつらえた住居。道路に面した間口が狭く，奥行きが長い間取りである。

② 岩手県南部地域にみられる家屋である。平面図で表すと，人が

居住する母屋と馬を飼う厩舎が一体となったL字型をしている。

(2)　次の文の(　①　)，(　②　)にあてはまる語句を答えなさい。

> 住空間は，身長や腕の長さなど人のからだの寸法をもとに，生活活動に必要な最小寸法にゆとりを加えた(　①　)を考慮して計画する。
> (　②　)のふんや死骸，かびや綿ぼこりなどが原因で，気管支喘息やアレルギー疾患が引き起こされることがある。

(3)　家族や血縁関係をこえて人々が集まって暮らす住まい方について，コレクティブハウス(コレクティブ・ハウジング)を説明している文をア～ウから1つ選び，記号で答えなさい。

ア　一つの賃貸住宅を，家族ではない複数の人々で共有して暮らす住まい方である。

イ　プライバシーが確保された専用の住まいとは別に，共同の食事室や台所があり，生活の一部を共有している集合住宅である。

ウ　入居者が組合を作り，計画段階から参加し，管理も共同で行う方式の集合住宅である。

(4)　次の①，②の図は，明治時代以降日本に普及した住宅の平面図である。それぞれにあてはまる名称をア～エから1つずつ選び，記号で答えなさい。

①

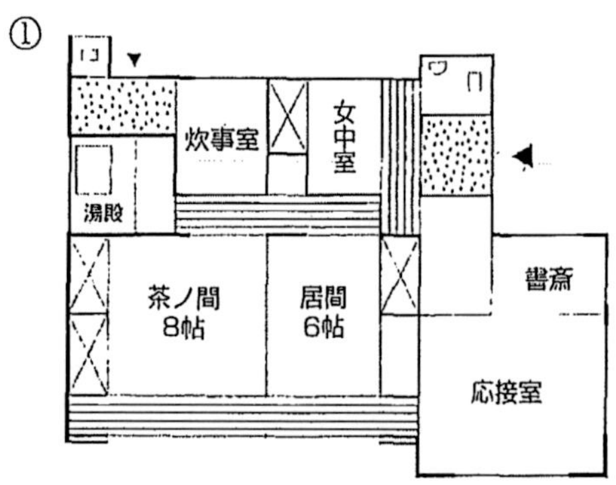

②
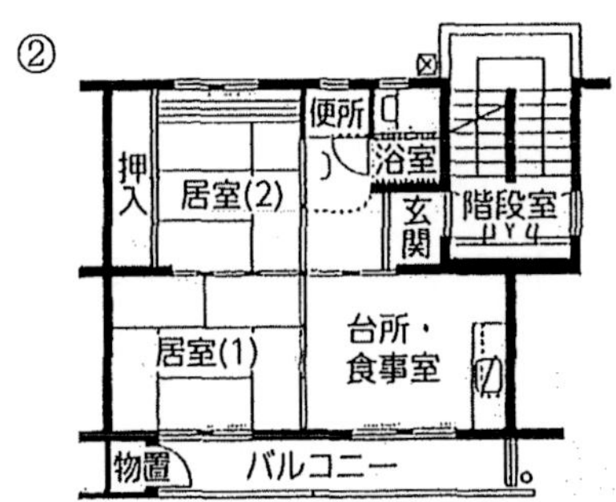

ア　公団住宅　　イ　和洋折衷住宅　　ウ　中廊下型住宅
エ　数寄屋造り

(5)　次のA～Cの文は，地震に備えるための建物の構造について説明したものである。構造名と説明の組み合わせが正しいものを表のア～カから1つ選び，記号で答えなさい。

A　振り子などの揺れのエネルギーを吸収する装置で揺れを低減する。

B　建物と地面の間に積層ゴムなどをつけて地面の揺れのエネルギーを吸収する。

C　構造用合板や筋かいなどで建物の強度を高める。

	耐震構造	免震構造	制震(制振)構造
ア	A	B	C
イ	B	A	C
ウ	B	C	A
エ	C	A	B
オ	C	B	A
カ	A	C	B

(6)　次の文の(　A　)にあてはまる語句を答えなさい。

持続可能な社会における住居の例として，(　A　)・インフィル方式がある。これは，建物の構造体である(　A　)に耐用性を持たせ，住み手の住要求に応じて内装や設備などのインフィルを変更できるようにした住まいである。

(7)　次のグラフと文は，住まいの性能の変化について表したものである。(　A　)，(　B　)にあてはまる語句を答えなさい。

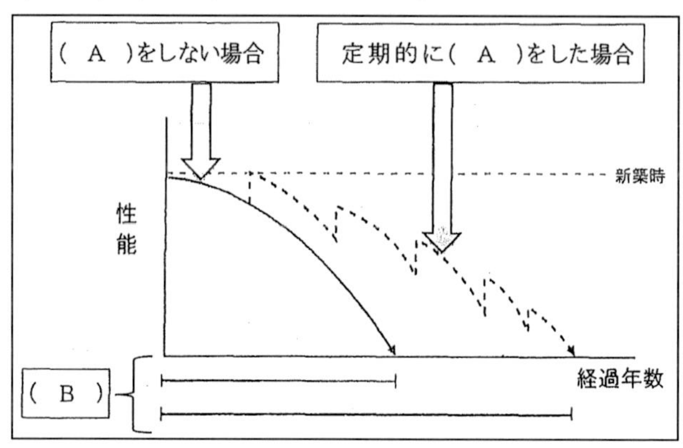

住まいは年月が経つにつれて，破損や腐朽，設備の故障といった経年劣化や損耗，汚れの付着などが起こる。住まいを定期的に点検，補修などをして低下した性能を回復させる維持管理のことを(　A　)といい，これにより住まいの(　B　)を伸ばすことができる。

(☆☆☆◎◎◎)

【3】衣生活に関する次の各問いに答えなさい。

(1)　被服には社会生活上の機能がある。社会生活に調和し，生活を円滑にするためにはTPOへの配慮が重要となる。この「TPO」とは何を指すか，T，P，Oそれぞれの言葉の意味を答えなさい。

(2)　次の文の(　①　)，(　②　)にあてはまる語句を答えなさい。

羊毛は揉むと縮充するという性質を利用し，原毛を薄く平たくして水分，熱，圧力などを加えて作った布を(　①　)という。

布の再利用の方法の一つで，着古した布を紐状に裂いてよこ糸に用い，織り直した織物を(　②　)という。

(3)　次の①，②に示した被服製作用具の名称を答えなさい。

①　②

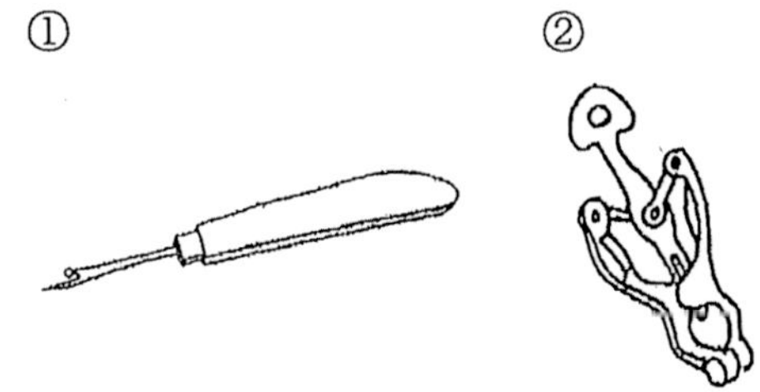

(4)　次の文は，ミシンの下糸が切れる原因の例である。(　①　)，(　②　)にあてはまる語句を答えなさい。

〔下糸が切れる原因の例〕

・糸が(　①　)に正しく巻かれていない。

・(　①　)が(　②　)に正しくセットされていない。

・(　②　)にほこりや糸くずがつまっている。

(5)　次の文は，しみ抜きの方法について述べたものである。(　①　)～(　④　)にあてはまる語句として，組み合わせが正しいものを表のア～カから1つ選び，記号で答えなさい。

水溶性のしみには水を，油性のしみには(　①　)や洗剤液を用いる。しみの(　②　)からほかの布に汚れを移し取るようにする。布や歯ブラシを使い，しみの(　③　)に向かって(　④　)処理をする。

	①	②	③	④
ア	過酸化水素	表面	周囲から中心	たたいて
イ	ベンジン	裏側	中心から周囲	たたいて
ウ	ベンジン	表面	中心から周囲	こすって
エ	ベンジン	裏側	周囲から中心	たたいて
オ	過酸化水素	表面	中心から周囲	こすって
カ	過酸化水素	裏側	周囲から中心	こすって

(6)　次の①，②に示した繊維製品に関するマークの説明としてあてはまるものを，ア～エから1つずつ選び，記号で答えなさい。

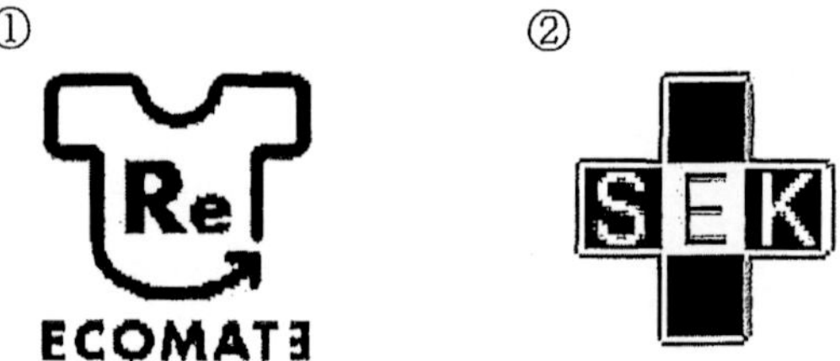

ア　新毛が99.7％以上使用されている製品につけられる品質保証マークである。

イ　抗菌防臭加工，抗ウイルス加工などを施した様々な機能性繊維製品につけられる製品認証マークである。

ウ　アパレル・リサイクルを推進するための識別マークである。

エ　綿製品で，日本国内で製造した素材(原糸・生地)を使用したものにつけられるマークである。

(7)　次の①，②に示した柄模様の名称を答えなさい。

(8)　衣服による事故について，表面フラッシュ現象とはどのような現象か，説明しなさい。

(9)　次の図は，高齢者の体型の変化をカバーした服のデザインである。図の部分Aと技法Bの名称をそれぞれ答えなさい。

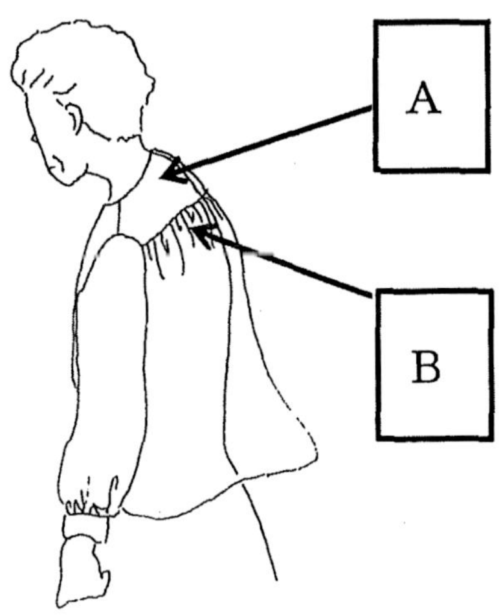

(10)　次の図のAは，ジャケットを製作する場合にえりぐりの見返しを落ち着かせるための縫い方である。Aの縫い方の名称を答えなさい。

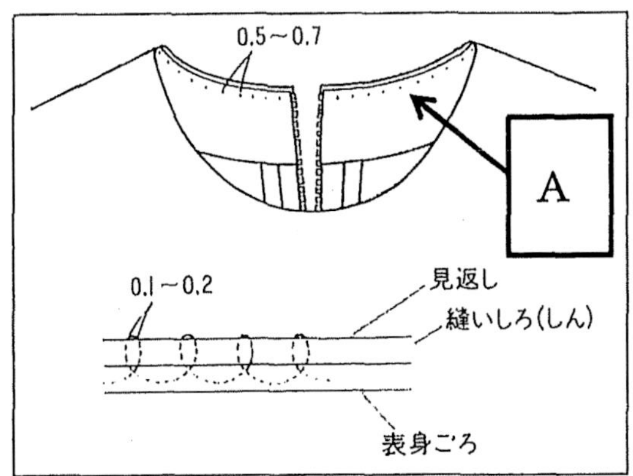

(11)　次の①～④のパンツの種類のうち，「ガウチョパンツ」を表して

いるものを1つ選び，記号で答えなさい。

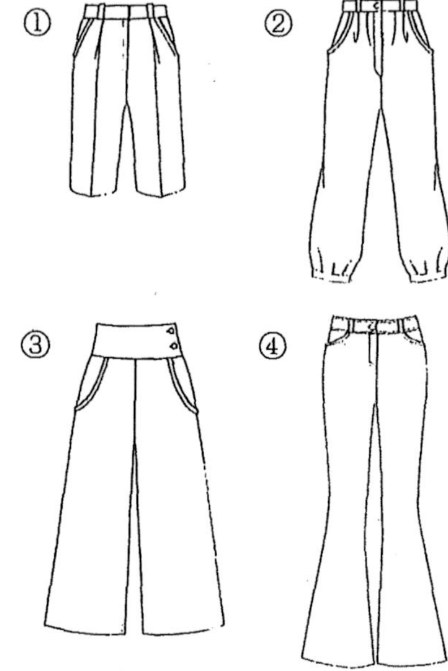

(☆☆☆◎◎◎◎)

【4】消費生活・環境に関する次の各問いに答えなさい。

(1)　次の表は，総務省の「家計調査」における家計の収入と支出についてまとめたものである。①～③は，どの項目に該当するか(A)～(H)から1つずつ選び，記号で答えなさい。

項　目			具体的な内訳	項　目			具体的な内訳
収入（受取）	実収入	経常収入	(A)	支出（支払）	実支出	消費支出	(E)
		特別収入	(B)			非消費支出	(F)
	実収入以外の受取		(C)		実支出以外の支払		(G)
	繰入金		(D)		繰越金		(H)

①　社会保険料　　②　光熱・水道　　③　有価証券売却

(2)　契約について，次の各問いに答えなさい。

① 次のア～オの中で，消費者契約が成立しているものを全て選びなさい。

ア 友人が購入したDVDをもらう

イ スマートフォンを利用する

ウ 電車・バスに乗る

エ アパートを借りる

オ 家で手伝いの約束をする

② 次のア～オの流れで洋服を購入する場合，どの時点で契約が成立するか，ア～オの中から1つ選びなさい。

ア 消費者が販売員から商品の説明を聞く

イ 消費者が洋服を試着する

ウ 消費者が販売員に「買います」と言い，販売員が商品を受け取る

エ 消費者が会計のレジで金額を確認し，お金を払う

オ 消費者が購入した商品を持って店舗の外に出る

(3) 次の説明にあてはまる悪質商法の名称を答えなさい。

法律上は連鎖販売取引という。この商法は，商品やサービスを契約した人が別の人を勧誘し，またその人が別の人を勧誘することで，組織をピラミッド式に拡大していくという販売方法である。

(4) 次の文は，2001年に施行された循環型社会形成推進基本法における「3R」の考え方について示したものである。(①)～(③)にあてはまる語句を答えなさい。

(①)への取り組みの前に，廃棄物の発生を抑制する(②)や，出来る限り再使用を行う(③)を優先すること。

(5) 次の表は，正社員Kさん(大卒，入社3年目，独身)の給与明細の一部を示したものである。Kさんの可処分所得を答えなさい。

支給額	基本給	家族手当	住宅手当	勤務地手当	通勤手当	時間外勤務手当
	212,500	0	15,000	18,000	16,000	15,200
控除額	健康保険	厚生年金	雇用保険	介護保険	所得税	住民税
	5,300	12,600	1,200	0	6,100	16,000

(6)　家計の消費支出にしめる食料費の割合のことを何というか答えなさい。

(7)　次の表は，国際消費者機構(CI)が提唱する消費者の8つの権利について示したものである。(　ア　)，(　イ　)にあてはまる語句を答えなさい。

①　生活のニーズが保証される権利
②　安全への権利
③　情報を与えられる権利
④　選択をする権利
⑤　(　ア　)を聴かれる権利
⑥　補償を受ける権利
⑦　(　イ　)を受ける権利
⑧　健全な環境の中で働き生活する権利

(8)　次の文は，持続可能な社会の形成を目指す消費者の行動について説明したものである。下線部に関連するものをア～エの中から1つ選び，記号で答えなさい。

私たちは消費者として，地域から地球全体まで目を向けて，何に投資すべきかを考える責任がある。<u>利益だけでなく，環境への取り組みや社会への寄与，ガバナンス(企業統治)などを評価して投資</u>する動きが広がっている。

ア　ESG投資 イ　サーキュラー・エコノミー ウ　グリーンコンシューマー エ　企業のサスティナビリティ

(9)　次の文は，消費生活と環境について説明したものである。内容が正しいものには○，誤っているものには×と答えなさい。

①　近年，海岸へ漂着したり，海に漂う海洋ごみが問題となっている。特に5mm以下のマイクロプラスチックと呼ばれるプラスチックが増えており，動物が飲み込むなど生態系への影響が懸念されている。

②　水産資源や環境に配慮し，適切に管理された持続可能な漁業でとられた水産物につけられる海のエコラベルはFSC認証という。

③　いろいろな製品を製造するまでの間，地球温暖化の原因といわれる温室効果ガスが排出されている。製品のライフサイクル全体で排出された温室効果ガスの量をH_2O相当量に換算し，それらを合算したものをカーボンフットプリントという。

④　2000年8月にJIS規格として導入された省エネラベリング制度では，省エネラベル表示が国の目標値を達成している製品は緑色で，まだ目標値を達成していない製品はオレンジ色で表示されている。

(☆☆☆◎◎◎◎)

【5】子どもの発達と保育に関する次の各問いに答えなさい。

(1)　次の文は，妊娠や乳児の発達に関するものである。(　ア　)～(　エ　)にあてはまる語句を答えなさい。

①　子どもを産んでから産後の母体が回復するまでの1～2ヶ月の間を(　ア　)という。

②　新生児は，生後3～5日頃に体重が出生時に比べて5～10％減少する。これを(　イ　)という。

③　乳児は，生後4～5ヶ月頃から言葉の基となる「あー」「ぶー」などの(　ウ　)を話し始める。

④　乳児は，生後7ヶ月頃になると，親しみのある者と見慣れない者の見分けがつくようになり，(　エ　)が始まる。

(2)　次の①～⑤は子どもの遊びの種類を，A～Eは遊びの具体例を示したものである。組み合わせが正しいものを表のア～オから1つ選び，記号で答えなさい。

＜遊びの種類＞

①　運動遊び　②　構成遊び
③　想像遊び(模倣遊び)　④　受容遊び
⑤　感覚遊び

＜遊びの具体例＞

A　鬼ごっこ・ボール遊び・鉄棒
B　がらがら・おしゃぶり
C　絵本・音楽・人形劇・映像
D　積み木・粘土・折り紙・砂遊び
E　ままごと・人形遊び・電車遊び

	①	②	③	④	⑤
ア	A	E	C	D	B
イ	D	C	A	B	E
ウ	B	C	E	D	A
エ	A	D	E	C	B
オ	B	E	C	D	A

(3)　次の①～③の文は，子育てを支える法律について説明したものである。法律名と説明が合うものをア～エの中から1つ選び，記号で答えなさい。

①　妊娠・出産・育児に関する保健指導(父親学級・母親学級)を受けることができる。また，妊婦と乳幼児は健康診査を受けること

ができる。

② 妊産婦は産前6週間・産後8週間休業がとれる。また，生後1歳未満の子どもを育てる女性は，1日2回，30分の育児時間を取得できる。

③ 労働者が申し出れば，子どもが1歳2か月になるまで育児休業をとれる。また，子どもが3歳になるまで短時間勤務が可能である。

	①	②	③
ア	労働基準法	母子保健法	男女雇用機会均等法
イ	母子保健法	労働基準法	育児・介護休業法
ウ	育児・介護休業法	母子保健法	労働基準法
エ	労働基準法	男女雇用機会均等法	育児・介護休業法

(4) 次の①～④は離乳食の食べ方のめやすを，A～Dは調理形態を示したものである。離乳後期(9～11ヶ月頃)のめやすとして正しい組み合わせを，表のア～エの中から1つ選び，記号で答えなさい。

＜食べ方のめやす＞

① 手づかみ食べにより，自分で食べる楽しみを増やす。
② 母乳や育児用ミルクは飲みたいだけ与える。
③ 共食を通じて食の楽しい体験を積み重ねる。
④ いろいろな味や舌ざわりを楽しめるように食品や種類を増やしていく。

＜調理形態＞

A 歯ぐきでつぶせる固さ　　B 舌でつぶせる固さ
C なめらかにすりつぶした状態　　D 歯ぐきでかめる固さ

[厚生労働省「授乳・離乳の支援ガイド(2019年)」より抜粋]

	食べ方のめやす	調理形態
ア	④	D
イ	①	B
ウ	②	C
エ	③	A

(5)　次の①～③の文は，予防接種(日本小児科学会が推奨している予防接種で2023年4月1日現在のものとする)について説明したものである。内容に誤りがあるものを1つ選び，番号で答えなさい。

①　予防接種は法律で定められている伝染病の予防やまん延防止のために行われており，市町村の保健センターや医療機関で受けることができる。

②　定期予防接種として接種義務があるワクチンには，四種混合，麻しん・風しん混合，BCGなどがある。

③　任意予防接種のワクチンには，インフルエンザ，流行性耳下腺炎，水痘などがある。

(6)「教育は命令的・干渉的ではなく，自然に導くこと」と主張し，世界で最初の幼稚園を創設したドイツの教育者の名前を答えなさい。

(7)　次に示す乳児の体重と身長からカウプ指数を求めなさい。答えは小数第二位を四捨五入して，小数第一位まで求めなさい。

男児3ヶ月　　体重　5.5kg　　身長　60cm

(8)　次の文は，子育て施設について述べたものである。(　①　)，(　②　)にあてはまる語句を答えなさい。

入所申請しても保育施設に入所できない待機児童に対応するなどのため，子ども・子育て支援新制度による(　①　)が，2015年4月より開始された。(　①　)には，家庭的保育(保育ママ)，小規模保育，(　②　)内保育，居宅訪問型保育の4種類があり，それぞれ保育所より少人数単位で0歳から2歳の子どもを保育している。

(☆☆☆☆◎◎◎◎)

【6】次の文は，家族と世帯について述べたものである。(1)，(2)の問いに答えなさい。

> 家族の実態は，総務省が5年に一度行う(　A　)によって調査されている。(　A　)では明確に定義することが難しい家族に代えて「世帯」という単位を用いる。世帯は，「住居と(　B　)をともにしている人の集まり，または一戸を構えて住んでいる単身者」と定義される。
> 現在の日本では［　a　］世帯の割合が50％以上を占める。その要因として，産業構造の変化や都市部での人口集中，少子化などがある。近年は晩婚化，非婚化，長寿化などの影響で［　b　］世帯が急増している。1世帯に住む平均世帯人員は年々［　c　］し，世帯数は［　d　］している。

(1) 文中の(　A　)，(　B　)にあてはまる語句を答えなさい。

(2) 文中の［　a　］～［　d　］にあてはまる語句の組み合わせが正しいものを，表のア～オから1つ選び，記号で答えなさい。

	a	b	c	d
ア	単独	核家族	増加	増加
イ	核家族	単独	減少	増加
ウ	核家族	その他の親族	減少	減少
エ	その他の親族	単独	増加	減少
オ	単独	その他の親族	減少	増加

(☆☆☆◎◎◎◎)

【7】高齢者の生活と福祉に関する次の各問いに答えなさい。

(1) 超高齢社会について，(　①　)，(　②　)にあてはまる語句や数値を答えなさい。

総人口のうち65歳以上の人が占める割合を(　①　)といい，(　①　)が(　②　)%を超えた社会を超高齢社会という。

(2)　次のグラフは，同居で主に家族の介護をしている人の年齢構成割合を示したものである。このグラフから読み取れる介護の現状を漢字4字で答えなさい。

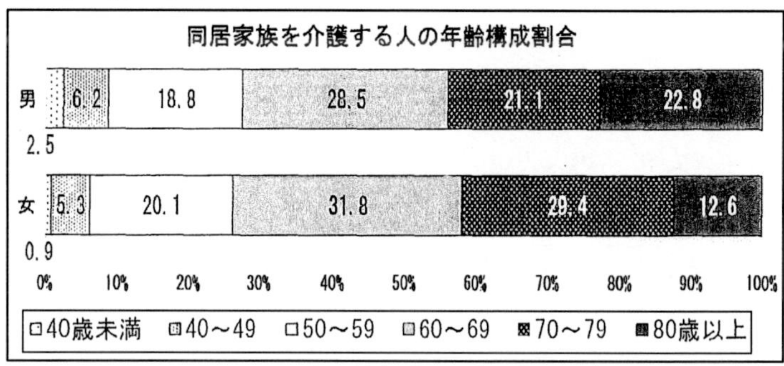

厚生労働省「国民生活基礎調査」2019から作成

(3)　市区町村単位に設置され，定年退職後の高齢者が働くことを通じて生きがいを得て地域社会に貢献するため，臨時的・短期的に軽易な仕事を提供している組織の名称を答えなさい。

(☆☆☆◎◎◎◎)

【8】共生社会に関する次の各問いに答えなさい。

(1)　車椅子介助の際車いすで段差を越えるとき，前輪を浮かせるために足で踏む部分の名称を答えなさい。

(2)　次の文は，共生社会と福祉に関わる説明である。(　　)にあてはまる語句を答えなさい。

人が自分らしく生きるためには，自分の頑張り「自助」も大切であるが，友人や親戚など親密な人同士の助けあい「(　　)」，組織的な助けあい「共助」，行政を介した助けあい「公助」による環境づくりが大切である。

(3) 営利を目的とせず，さまざまな社会活動を行う民間団体で，主に国内で活動する組織の名称をアルファベット3文字で答えなさい。

(☆☆☆◎◎◎◎)

【9】食生活に関する次の各問いに答えなさい。

(1) 次の文は，近年の食生活について述べたものである。①～③の問いに答えなさい。

> 近年は，ライフスタイルの多様化に伴い，食の(　A　)化が進んでいる。コンビニエンスストアなどで調理済み食品を購入し，持ち帰って食べる(　B　)や，インターネットを活用したフードデリバリー専門サービスの利用者も増加している。この背景には，世帯構成の変化に伴い，こ食が増えていることがあげられる。

① 文中の(　A　)，(　B　)にあてはまる語句を答えなさい。

② 下線部について，ア，イが説明している「こ食」を漢字二字で答えなさい。

ア　一人で食事をすること

イ　食卓を一緒に囲んでいても，それぞれが好きなものを食べること

③ 次の図は，日本のPFC供給熱量比率(1965年，1980年，2017年)を示したものである。2017年の日本のPFC比率を示しているものをア～ウから1つ選び，記号で答えなさい。

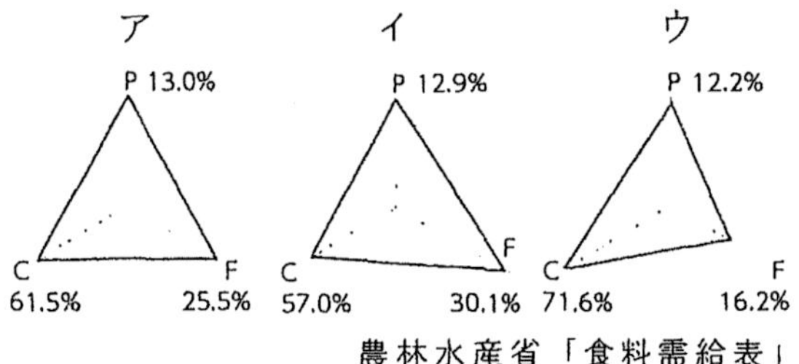

農林水産省「食料需給表」

④ ③のPFCが示す栄養素名を，それぞれ答えなさい。

(2)　次の食品の加工について，関係の深い語句の正しい組み合わせをア～オから1つ選び，記号で答えなさい。

①　マヨネーズソース　　②　パン　　③　ジャム　　④　餅

	①	②	③	④
ア	グルテン	アミロペクチン	ペクチン	レシチン
イ	ペクチン	レシチン	アミロペクチン	グルテン
ウ	アミロペクチン	グルテン	レシチン	ペクチン
エ	レシチン	グルテン	ペクチン	アミロペクチン
オ	レシチン	アミロペクチン	ペクチン	グルテン

(3)　食中毒について，次の①，②の問いに答えなさい。

①　次は，細菌性食中毒の予防の三原則について述べたものである。(A)～(C)にあてはまる語句を答えなさい。

菌を(A)　・　菌を(B)　・　菌を(C)

②　じゃがいものソラニンによる食中毒を予防するために，調理の際に取り除くべき部分を2つ答えなさい。

(4)　次の図は，食事バランスガイドである。図中の(A)，(B)にあてはまる語句をそれぞれ語群から選び，記号で答えなさい。

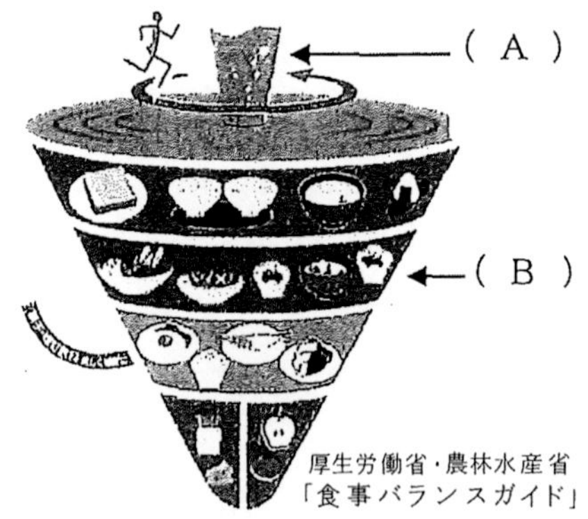

厚生労働省・農林水産省
「食事バランスガイド」

ア　主食　　　　　イ　主菜　　ウ　副菜　　エ　果物
オ　牛乳・乳製品　カ　水・お茶

(5) たんぱく質を多く含む食品について，①，②の問いに答えなさい。

① 図のAの部位の名称を答えなさい。また，調理例として，最も適するものを語群から1つ選び，記号で答えなさい。

ア 豚汁　イ 豚の角煮　ウ 焼売　エ カツレツ

② 食肉は，と畜後に硬直するが，その後酵素の作用で自己消化がおこり，やわらかく風味のよい肉になる。このことを何というか答えなさい。

(6) 日本料理の様式とマナーについて，①～③の問いに答えなさい。

① 次の図は，本膳料理の本膳，二の膳を示したものである。「猪口」の位置を図中のA～Gから選びなさい。

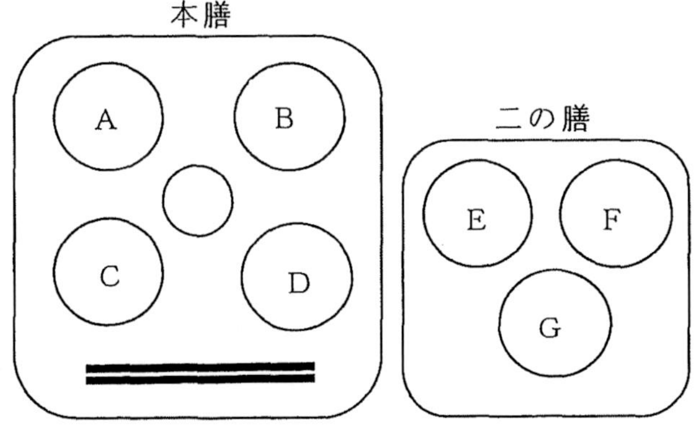

② 「猪口」に盛り付ける料理としてふさわしいものを語群から1つ選び，記号で答えなさい。

ア 和え物　イ 刺身　ウ 煮しめ　エ 漬物

③ 次の図は，伝統的な和室で客をもてなす際の座席を示している。図の○の中に，客人5名と主人の位置を記入しなさい。ただし，

客人は上座から順番に1から5の数字を，主人は『主』と記入しなさい。

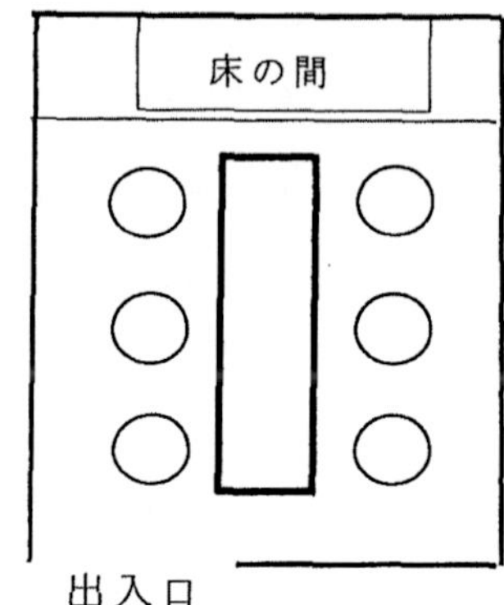

(7)　世界各国の料理について，次の①，②の問いに答えなさい。

①　中国料理において，食事の最後に提供される包子や杏仁豆腐などの軽い食事やデザートのことを何というか答えなさい。

②　スペイン料理を代表する料理で，サフランと魚介類を使用した米料理の名称を答えなさい。

(8)　次の文は，炭水化物の種類と代謝について述べたものである。正しいものをア～オから全て選び，記号で答えなさい。

ア　しょ糖と麦芽糖は，単糖類である。

イ　水溶性食物繊維は，ぶどう糖の吸収を抑える。

ウ　糖質は，1gあたり約9kcalのエネルギーを発生する。

エ　糖代謝の過程でビタミンB_1が補酵素として作用する。

オ　動物は，糖質をグリコーゲンに変え肝臓や筋肉に貯蔵する。

(9)　カルシウムについて，①～③の問いに答えなさい。

①　カルシウム吸収率の最も高い食品をア～エから1つ選び，記号で答えなさい。

ア　小魚　　イ　緑黄色野菜　　ウ　牛乳　　エ　大豆

②　カルシウムの吸収を促進するビタミンを1つ答えなさい。

③　次の図は，女性の骨量の変化を示したものである。50歳代以降に骨量が急激に減少する理由を説明しなさい。

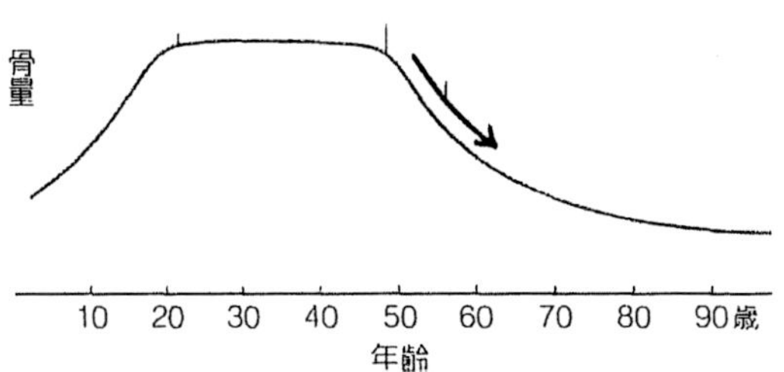

(10) 調理について，①～③の問いに答えなさい。

① みそ汁を5人分作るとき，みそは何g必要か計算しなさい。ただし，1人分のだし汁を150ml，塩分濃度を0.8%，みその塩分使用比率を8倍とする。

② 茶碗蒸しを作る際，卵の量「1」に対するだし汁の割合を答えなさい。

③ 次のA～Dは，だしのとり方を述べている。だしのとり方と食材名の正しい組み合わせを語群から1つ選び，記号で答えなさい。

A 水から入れ，沸騰直前に取り出す

B 水またはぬるま湯に浸す

C 水から入れ，沸騰後数分煮る

D 沸騰後に入れ，再沸騰後に火を止め静置し，上澄みをこす

	煮干し	かつお節	干し椎茸	昆布
ア	D	C	A	B
イ	B	D	A	C
ウ	C	D	B	A
エ	A	D	B	C
オ	C	B	D	A

(☆☆☆◎◎◎)

解答・解説

【中学校】

【1】① 生活の営み　② 実践的・体験的　③ 生活の自立　④ 問題　⑤ 課題を解決する力　⑥ 協働

〈解説〉中学校学習指導要領解説より家庭分野の目標から語句の穴埋め記述式の問題である。目標は，学年の目標についても違いを理解して文言は必ず覚えること。

【2】(1) 空間軸…家庭と地域　時間軸…これからの生活を展望した現在の生活(「これからの生活を展望」と「現在の生活」の2つの内容が含まれていれば可)　(2) ① ○　② ○　③ ×

〈解説〉(1) 今回の改訂では，空間軸と時間軸の視点からの小・中・高等学校における学習対象を明確にしている。空間軸の視点では，家庭，地域，社会という空間的な広がりから，時間軸の視点では，これまでの生活，現在の生活，これからの生活，生涯を見通した生活という時間的な広がりから学習対象を捉え，学習段階を踏まえて指導内容を整理している。　(2) 内容の示し方については，6項目あげられているので他の項目も確認しておくこと。誤りのある選択肢③は，⑥のイの項目で，「和食，和服，和室の三つを必ず扱うこととしている。」でなく「和食，和服など日本の生活文化の継承に関わる内容を扱うこととしている。」と示されている。

【3】(1) ① 金銭管理　② 売買契約　③ 自立した消費者　(2) 即時払い　(3) 三者間契約

〈解説〉(1) C消費生活・環境の内容から語句の穴埋め記述式の問題である。ここでは(1)，(2)の項目から出題されたが，他にも(3)消費生活・環境についての課題と実践の項目があるので確認しておきたい。
(2) 前払いとは，商品・サービスの提供を受ける前に支払いする方法で，プリペイドカードや銀行振込(前払い)などがある。後払いとは，商品・サービスの提供を受けた後に支払いする方法で，クレジットカードなどがある。即時払いとは，商品・サービスの提供を受けると同時に支払いをする方法で，デビットカードや代金引換などがある。
(3)　クレジットカードの仕組みの基本は三者間契約である。三者間契約のしくみとしては，消費者が販売業者で購入した商品等の代金をクレジット会社が立て替えて販売業者に支払い，後日，消費者がクレジット会社に支払うというものである。頻出事項なので，図なども確認し理解しておくこと。

【4】長所…・現金を持ち歩かなくてもよい　・今お金がなくても買い物ができる　・支払いを分割できる　から一つ　短所…・返せない額の借金になることがある　・紛失や盗難で他人に使われてしまうことがある　から一つ
〈解説〉長所については，他にも付加サービス(ポイント，割引，補償など)などもある。短所について，返せない額の借金になることがある具体例としては，リボルビング払いの設定で，返済額が膨らんでしまうことがある。クレジットカードを複数枚所有し，返済のために他の金融業者から借り入れをするなど，多重債務状態に陥ることもある。

【5】・「ゆでる」は調味(味つけ)をしないが，「煮る」は調味をする。
・「ゆでる」は味がつかないが，「煮る」は味がつく。
〈解説〉ゆでるとは，たっぷりの沸騰したお湯で食材を加熱することである。食材によって水からゆでる場合と，沸騰してから食材を入れてゆでる場合がある。また，色を良くするためなどの目的で，湯の中に塩を入れる，酢を入れる，酒を入れるなどの方法があるが，調味を目的にしたものではない。煮るとは，水や出汁にしょうゆ，塩，味噌，酒，みりん，砂糖などの調味料を加えた煮汁で食材を加熱調理することである。調理しながら調味も行う。

【6】① たんぱく質　② 海藻　③ ビタミンA(カロテンでも可)
④ 果物　⑤ いも類　⑥ 脂質

〈解説〉6つの基礎食品群では，1群はたんぱく質を多く含む食品群，2群は無機質を多く含む食品群，3群は緑黄色野菜，4群は淡色野菜・果物，5群は炭水化物を多く含む食品群，6群は脂質を多く含む食品群に分類している。授業を行う際に必要な知識なので覚えておくこと。

【7】(1) 食事，睡眠，排せつ，着脱衣，清潔　から三つ　(2) 社会

〈解説〉(1) 基本的生活習慣は，子どもが心身ともに健やかに育つための生活基盤となるものである。これは，食事をしっかりとる，早寝・早起き，自分でトイレに行く事，衣服の着脱，身の回りを清潔に保つ事が出来る習慣であり，これらの習慣は小学校就学前に身に付けておきたい。　(2) 社会的生活習慣は周囲の人たちと気持ちよく生活するために必要な習慣であり，これを身に付けることは社会の一員としての意識を持って生きるために重要である。

【8】① 合成　② 毛　③ ポリエステル　④ 弱アルカリ性
⑤ なる(なりやすい)　⑥ ならない(なりにくい)

〈解説〉繊維の種類と特徴について問われた。それぞれの繊維について，分類と特徴，加えて繊維の断面図や側面図なども学習しておきたい。繊維の分類は大きく天然繊維と化学繊維に分けられる。天然繊維には植物繊維と動物繊維がある。化学繊維には再生繊維，半合成繊維，合成繊維があるが，ナイロン，アクリル，ポリウレタンを含むのは合成繊維である。合成繊維のうち，アイロンの温度が中，乾きやすいなどの特徴を持つのはポリエステルであり，しわになりにくい。アクリルは毛に似た風合いを持つが合成繊維のため，弱アルカリ性での洗濯が可能である。

【9】イ→ウ→オ→カ→ア→エ

〈解説〉ミシンで縫い始める際，最初に針を縫いはじめの位置に下すこと

で，布がずれるのを防ぐ。次におさえを下して布を固定する。縫いはじめを丈夫にするために，初めの返し縫いをする。布を強くおさえると布の進みが悪くなり，縫い目が曲がる原因となることから，軽くおさえて縫う。縫い終わりも丈夫にするために，返し縫いをする。最後におさえを上げ，糸を切る。

【10】① 家事(家事作業) ② 生理・衛生 ③ 動線

〈解説〉住空間は，睡眠，勉強，趣味などの個人的行為を行う個人生活空間，排せつ，入浴，歯を磨くなどの生理的行為を行う生理衛生空間，食事，団らん，テレビを見るなどの共同的行為を行う共同生活空間，調理，洗濯，掃除などのサービス的行為を行う家事労働空間などに分けられる。建物を設計する際には，動線を考慮し，移動距離が長くなりすぎないように平面計画を練る。

【11】(1) クロロフィル (2) アントシアニン (3) 褐変(かっぺん) (4) ① せん切り ② 乱切り ③ くし形切り(くし切り) ④ ささがき

〈解説〉(1) クロロフィルは緑色を発色する色素で，葉緑素とも呼ばれる。 (2) アントシアニン色素は鉄と結合すると色が安定する。黒豆を鉄なべで煮る，なすの漬物に古くぎを入れるなどがその例である。 (3) ごぼうやれんこんの褐変の原因は，ポリフェノールの反応である。これは，ごぼうやれんこんに含まれるポリフェノール化合物が空気に触れ，酸化されることでメラニンが発生して起こる。褐変を防ぐには切り口を空気に触れさせないようにする必要がある。 (4) ① 線状に細く切る切り方をせん切りという。キャベツの他，大根，きゅうり，にんじんなどで用いられることが多い切り方である。 ② 野菜を回しながら，野菜に対して斜めに不規則に包丁を入る切り方を乱切りという。表面積が大きくなり，調味料などと接する面が多くなるため，味の染み込みが良くなる。 ③ くし形切りとは，球形の材料をくしの形に切っていく切り方である。へたの部分などを切り落とし，たて半分に切った後，放射状に切っていく方法である。　④　棒状の細長い野菜を削るように薄く小さく切る方法である。漢字で「笹掻き」と書き，笹の葉の形のように切る切り方である。

【12】(1)　オ　　(2)　ウ　　(3)　エ

〈解説〉(1)　特定商取引法では，訪問販売や通信販売等など，消費者トラブルが生じやすい取引類型を対象に，事業者が守るべきルールと，クーリング・オフ等の消費者を守るルール等を定めている。　(2)　消費者が事業者と契約をするとき，両者の間には持っている情報の質・量や交渉力に格差がある。その状況を踏まえて消費者の利益を守るために平成13年4月1日に施行されたのが消費者契約法である。

(3)　製造物責任法は，製造物の欠陥が原因で生命，身体又は財産に損害を被った場合に，被害者が製造業者等に対して損害賠償を求めることができることを規定した法律である。

【13】(1)　○　　(2)　○　　(3)　クレジットカード

〈解説〉(1)　プリペイドカードには，使い切りタイプとチャージタイプがある。使い切りタイプには，図書カードやQUOカードなど，チャージタイプには交通系プリペイドカードや流通系プリペイドカードなどがある。　(2)　キャッシュカードは，銀行や信用金庫などの金融機関が，自社に口座を持っている顧客に対して発行するカードである。ATMで口座から預金を引き出したり預け入れたりする際に使用する。

(3)　デビットカードは即時払いのカードである。後払いのクレジットカードと違い，使い過ぎて支払い能力を超えてしまう心配がなく安心である。また，クレジットカードのように収入審査なども無いため，15～16歳以上でも発行できることが多い。

【14】(1)　×　　(2)　○　　(3)　○　　(4)　×　　(5)　×

〈解説〉誤りのある選択肢について，(1)はトルエンではなくホルムアルデヒド，(4)について，エアゾール噴射剤を使用したときに発生するのは，ホルムアルデヒドではなくLPG，(5)は塩化メチルではなくトルエンである。

【15】(1)　最低居住面積水準　　(2)　誘導居住面積水準

〈解説〉(1)　最低居住面積水準は，単身者は25m²であり，2人以上の世帯の場合，10m²×世帯人数＋10m²で求められる。　(2)　誘導居住面積水準は，都市の郊外及び都市部以外の一般地域における戸建住宅居住を想定した一般型誘導居住面積水準と，都市の中心及びその周辺における共同住宅居住を想定した，都市居住型誘導居住面積水準からなる。一般型誘導居住面積水準は，単身者は55m²であり，2人以上の世帯の場合，25m²×世帯人数＋25m²で求められる。都市居住型誘導居住面積水準は，単身者は40m²であり，2人以上の世帯の場合，20m²×世帯人数＋15m²で求められる。

【16】(1)　浸透　　(2)　分散　　(3)　再付着防止(再汚染防止)

〈解説〉界面活性剤には，浸透作用，乳化作用，分散作用，再付着防止作用がある。界面活性剤には親油基と親水基があり，親油基は水との親和性が低く，油との親和性が大きい基である。よって，親油基が油などの汚れの表面に向けて集まる。乳化とは本来混ざりにくい，水と油が混ざることである。界面活性剤を使用することで水と油を乳化・分散させることが可能になる。親油基を汚れ側にして界面活性剤が汚れを取り囲むことにより汚れが再付着するのを防ぐことができる。界面活性剤の汚れを落とす働きについての問いは頻出である。図なども確認して理解しておくこと。

【17】①　物理　　②　化学

〈解説〉物理的刺激には，他にも縫い目が肌にあたったことによる摩擦や，サイズの合わない下着などによる圧迫などもある。通常，物理的刺激による皮膚障害の場合には，着用をやめれば改善する。化学的刺激には，ドライクリーニング溶剤による化学やけどがこれにあたる。溶剤を十分に乾燥すれば防ぐことができるため，クリーニングから衣類が戻ってきたら，袋から出して風通しのよい場所で1日以上陰干しをすると良い。

【18】(1)　①　動物(牛・豚でも可)　　②　海藻　　(2)　イ
(3)　a　たんぱく質　　b　炭水化物

〈解説〉成分についてゼラチンはコラーゲン，寒天は食物繊維のガラクタンである。使用濃度についてゼラチンは2～4%，寒天は0.4～2%である。凝固濃度についてゼラチンは3～10℃，寒天は25～35℃である。溶解濃度について寒天は100℃，ゼラチンは40～50℃である。寒天，ゼラチン，アガーについて問われることは多い。整理して性質を覚えておくこと。ゼラチンはキウイやパイナップルなど，たんぱく質分解酵素が含まれる食品を入れると固まらなくなることも問われることがあるので覚えておきたい。

【19】キャリーオーバー

〈解説〉食品の原材料を製造するときには使用されているが，その原材料を用いて製造する食品には使用されないこと。出来上がった食品には，原材料から持ち越された食品添加物が，効果を発揮することができる量より少ない量しか含まれていないことに当てはまる食品添加物のことである。

【20】(1)　カ　　(2)　エ　　(3)　ウ

〈解説〉(1)　細菌性食中毒である腸炎ビブリオは生魚が原因となる。　(2)　サルモネラ属菌は鶏卵や鶏肉が原因食品となる食中毒の原因菌である。　(3)　ノロウイルスに汚染された二枚貝による食中毒は生や加熱不足のもので発生しやすい。食中毒の原因は，細菌，ウイルス，動物性・植物性自然毒，化学物質，寄生虫に分類し，種類と症状，予防法を整理して覚えておこう。

【21】① テ　② ツ　③ エ　④ イ　⑤ キ　⑥ ク　⑦ ト　⑧ セ　⑨ コ

〈解説〉　炭水化物は，易消化性の糖質と難消化性の食物繊維とに分けられる。糖質は単糖類，二糖類，多糖類に分類される。二糖類には，ぶどう糖と果糖が結合したしょ糖の他に，ぶどう糖とガラクトースが結合した乳糖，ぶどう糖が2つ結合した麦芽糖がある。グリコーゲンは多糖類である。グリコーゲンが肝臓に蓄えられることによって，夜間など食事をしていない間にも蓄えられたグリコーゲンが分解され，血液中に放出されるため，血糖値が下がりすぎることを防ぐことができる。ここでは炭水化物について問われたが，脂質，たんぱく質についてもこの程度の問いに答えられるようにしておくこと。

【22】情報リテラシー(情報を活用する能力)

〈解説〉小学校学習指導要領解説　総則編　第3節　1(3)　コンピュータ等や教材・教具の活用，コンピュータの基本的な操作やプログラミングの体験の解説部分に「第1章　総則第2の2(1)に示すとおり，情報活用能力は『学習の基盤となる資質・能力』であり，確実に身に付けさせる必要があるとともに，身に付けた情報活用能力を発揮することにより，各教科等における主体的・対話的で深い学びへとつながっていくことが期待されるものである。今回の改訂においては，コンピュータや情報通信ネットワークなどの情報手段の活用について，こうした情報活用能力の育成もそのねらいとするとともに，人々のあらゆる活動に今後一層浸透していく情報技術を，児童が手段として学習や日常生活に活用できるようにするため，各教科等においてこれらを適切に活用した学習活動の充実を図ることとしている。」と示されている。

【23】エコロジカル・フットプリント(エコフット)

〈解説〉エコロジカル・フットプリントは，人口×1人あたりの消費×生産・廃棄効率で算出される。世界では，中国，アメリカ，インド，日本などが高い。エコロジカル・フットプリントを減らすために，個人にできることとしては，衣食住の見直し，環境政策に力を入れている政治家の支援，環境団体への参加などがある。

【24】イ，オ

〈解説〉誤りのある選択肢について，アは，「舌でつぶせるかたさ」ではなく，「なめらかにすりつぶし」が正しい。ウは，「なめらかにすりつぶし」ではなく「歯茎でつぶせるかたさ」である。またウとエについて，離乳後期であり，「1日2回食」ではなく「1日3回食」が正しい。

【25】(1) ① 一 ② 実践的 ③ 地域 (2) ① 思考・判断・表現 ② 主体的 ③ 論理的に(筋道を立ててでも可)
(3) ・大きくて重いものを下に入れて重心を低くする。 ・天井と棚の隙間に突っ張り棒を設置する。 ・平型金具でつなぎめを固定する。 ・金具で壁や柱とつなぐ。 ・ベッドの上に倒れない向きに置く。 から二つ

〈解説〉(1) 中学校学習指導要領の指導計画の作成と内容の取扱いの，指導計画の作成に当たっての配慮事項(2)の解説部分である。「A家族・家庭生活」の(4)は，「家族・家庭生活についての課題と実践」，「B衣食住の生活」の(7)は，「衣食住の生活についての課題と実践」，「C消費生活・環境」の(3)は，「消費生活・環境についての課題と実践」であり，これらの三項目のうち，一以上を選択履修させる必要がある。
(2) 「知識及び技能」，「思考力，判断力，表現力等」，「学びに向かう力，人間性等」が三つの柱であり，評価規準はそれぞれ「知識・技能」，「思考・判断・表現」，「主体的に学習に取り組む態度」である。また，家庭分野の目標に，「実践を評価・改善し，考察したことを論理的に表現する」とある。 (3) 本棚の転倒防止策としては，他にも，家具の転倒防止板やジェルマットを使用すること。また二つ重ねて設置してあると危険なため，重ねずに配置することなどもあげられる。

【26】(1)　一度水でぬらし(洗い)，布巾で拭いてから使う。(使用前に一度洗うことが書かれていれば可)　(2)　16％　(廃棄率＝$\frac{\text{廃棄部}}{\text{食品全体の重さ}}\times 100$：$\frac{4}{25}\times 100$)　※25(21＋4)　(3)　①　○　②　7分目くらい　③　下段から火にかけ，沸騰してから上段を乗せて　④　乾いた

〈解説〉(1)　木製のまな板は，木を一度濡らすことにより，まな板の表面に水の膜ができ，食材の匂いや油などがまな板に染み込みにくくなる。　(2)　廃棄率(%)＝廃棄部(全量－可食部)÷全量×100であるから，4÷(21＋4)×100＝4÷25×100＝16となり，答えは16％である。

(3)　誤りのある選択肢②について，蒸し器の下段に入れる水の量が少なすぎると蒸気の出が弱くなり，すぐに蒸気となり空だきの可能性が高くなる。水が多すぎると湯が上段まであふれ，食材が浸かってしまうので7分目くらいが良い。③について，下段が沸騰する前に上段を置くと食材が水っぽくなってしまうため，沸騰してから乗せる。④について，ぬらした布巾を巻き付けると余分な水分を吸収しないため，乾いた布巾を巻きつける。

【27】(1)　①　下　②　○　③　周辺から中心　(2)　洗剤を使用量の目安以上使用しても，汚れ落ちは変わらないから。　(3)　日陰につり干しにする。　(4)　・校章などの刺繍や色，デザインを揃えることで，所属を表しているから。　・揃いの服とすることで，団結力を表したり，一体感を得たりすることができるから。

〈解説〉(1)　誤りのある選択肢①について，しみを当て布に移すのが目的であるため，汚れた部分が当て布に当たるように置くのが正しい。③について，中心から周辺に向けてたたくと，しみが広がってしまうため，周辺から中心に向けてたたくのが正しい。　(2)　洗剤の使用量と汚れ落ちは比例しない。洗剤を適量より多く入れてしまうと，すすぎの際に洗剤を落としきれず，洗剤の成分が衣類に残ってしまうこともある。また，洗剤には漂白剤や蛍光剤も含まれるため，衣類の色落ちや変色の原因ともなる。　(3)　洗濯表示についての問題は頻出なの

で，洗濯，クリーニング，乾燥，漂白，アイロンの基本の5つの記号を元に必ず覚えること。　(4)　衣服の働きには，「生活活動上の働き」，「社会生活上の働き」，「保健衛生上の働き」の3つがある。社会生活上の働きとしては，所属や職業を表す，団結力を増す，一体感を得る，の他にも，社会習慣にそって，礼儀や気持ちなどを表現する，個性を表現するなどがある。

【高等学校】

【1】(1)　①　主体的　　②　改善　　③　参画　　(2)　①　ライフステージ　　②　防災　　③　科学的　　④　快適　　(3)　①　責任　②　持続可能な社会　　(4)　①　安全管理　　②　衛生

〈解説〉(1)　高等学校学習指導要領解説より，家庭基礎の目標について語句の穴埋め記述式の問題である。目標は，教科の目標，家庭基礎，家庭総合の目標について違いを整理して文言は必ず覚えること。

(2)　家庭総合の内容とその取扱い，B衣食住の生活の科学と文化の(3)の項目について問われた。内容とその取扱いについて，他の項目，また家庭基礎の項目についても学習しておくこと。　(3)　主として専門学科において開設される教科「家庭」の第4節 消費生活の内容の構成及び取扱いの部分から出題された。主として専門学科において開設される教科「家庭」は全部で21科目あるのでそれぞれ確認しておくこと。

(4)　各学科に共通する教科「家庭」主として専門学科において開設される教科「家庭」も，各科目にわたる指導計画の作成と内容の取扱いの章があり，指導計画作成上の配慮事項，内容の取扱いに当たっての配慮事項，実験・実習に関わる配慮事項が示されているので確認しておくこと。調理実習における電気，ガスなどの火気の扱い，実習室の換気，包丁などの刃物の安全な取扱いと管理，食中毒を防止するための食材の保管と取扱い，調理器具の衛生的な管理，被服製作や服飾手芸における針，縫製機器，薬品などの安全な取扱いと管理についての指導を徹底し，事故や食中毒の防止を図り，安全と衛生に十分留意して実験・実習ができるようにする。

【2】(1) ① 町屋(町家) ② 曲屋(曲家) (2) ① 動作寸法 ② ダニ (3) イ (4) ① ウ ② ア (5) オ (6) スケルトン (7) A メンテナンス B 耐用年数(寿命)

〈解説〉(1) ① 町屋の特徴に道路に面した間口が狭いことがあげられるが，これは江戸時代に，税金が家の間口の広さに対してかけられたが，それでも玄関を表通りに面しておきたいという人々の知恵である。 ② 他にも日本の伝統的な家屋について，地方と特徴を合わせて覚えておくこと。 (2) ① 動作寸法とは，人が体を動かしたときに必要なスペースで，作業域(動作域)という。作業域には水平作業域，垂直作業域，立体作業域がある。 ② コナヒョウダニとヤケヒョウダニは，喘息の原因アレルゲンの代表格である。 (3) アはシェアハウス，ウはコーポラティブハウスについての説明である。 (4) ① 中廊下型住宅とは，中心に廊下を配置した間取りのことである。廊下を挟んで南側に家族の居室，北側に使用人の部屋やトイレなどを設け，家族のプライバシーを侵さない間取りである。 ② 公団住宅は，食寝分離を実現するために，台所を大きくし食事室と兼ねることで，食事スペースと寝室を分離している。また，家族間の寝室の分離(就寝分離)を図る合理的な暮らしの実現を目指した間取りである。 (5) 免震構造は，積層ゴムを使用していることが特徴である。建物の下に免震層を造り，地震の揺れに共振しない構造のため，建物の揺れは地面の揺れより著しく小さくなり，建物内の家具への影響も少ない。制振構造はダンパーを使用していることが特徴である。建物を柱梁で支え，制振部材が地震エネルギーを吸収する構造のため，地面の揺れの2～3倍で揺れ，建物内の家具も倒れるが，主体構造の損傷は制振部材に限定される。3つの構造についての問いは頻出なので違いを理解しておくこと。 (6) スケルトンは，建物の骨格・構造体のことであり，インフィルは内装・設備のことである。スケルトン・インフィル住宅は，間取りや内装を変えやすい構造になっているため，リフォームやリノベーションがしやすいという特徴がある。 (7) 耐用年数には，物理的耐用年数，法定耐用年数，経済的残存耐用年数の3つがあり，ここでは物理的耐用年数のことが問われている。木造住宅の物理的耐用年数は，物件の立地やメンテナンスによって大きく変わる。

【3】(1)　T…時(とき)　　P…場所　　O…場合(機会，目的)
(2)　①　フェルト　　②　裂織(裂き織り)　　(3)　①　リッパー　②　かけはり(かけ針)　　(4)　①　ボビン　　②　内釜(内かま，内がま)　　(5)　エ　　(6)　①　ウ　　②　イ　　(7)　①　ヘリンボーン(杉綾)　　②　ハウンドトゥース(千鳥格子)　　(8)　布の表面のこまかい繊維や毛羽立ちに，わずかな炎が接触しただけで引火し，一瞬で被服全体に燃え広がる現象。　　(9)　A　ヨーク　　B　ギャザー　(10)　星どめ　　(11)　③

〈解説〉(1)　TPOのTはTime，PはPlace，OはOccasionの頭文字である。被服の社会上の機能を説明できるようにしておくこと。　(2)　①　フェルトは毛繊維の縮充性を利用したもので，毛繊維を平らに積み重ね，熱・水分・圧力の作用によって繊維どうしをからみあわせてつくったものである。　②　裂織は，よこ糸に古布を裂いたもの，たて糸に麻糸や木綿糸を用いた再生織物である。古布の組み合わせにより，美しい縞柄が織りだされる。厚地で丈夫なうえに防寒にも役立つ。仕事着，帯，テーブルセンター，小物類などの用途がある。　(3)　①　リッパーは，縫いつけてある糸を切るために使う道具である。先端が二股に分かれており，短い方の先は布地を傷めないように保護されている。股にある刃の部分まで押し込んで糸を切る。衣服についたタグなどを綺麗に取りたい時などにも使用する。　②　かけはりは和裁の際にくけ台と共に使用する道具である。布の端を固定して張り，長い距離でのくけ作業をしやすくするための道具である。くけ台にかけはりを紐で繋ぎ，かけはりで布地を挟んで使用する。　(4)　ミシンの不調とその原因についての問題は頻出である。他にも，「上糸が切れる」「針が折れる」「針棒が動かない」「布地が進まない」「縫い目がとぶ」などについても対処法を記述できるようにしておきたい。　(5)　①について，油性のしみには油性の溶剤を用いるため，ベンジンが正しい。②

について，しみを当て布に移すのが目的であるため，汚れた部分が当て布に当たるように置き裏側からが正しい。③について，中心から周辺に向けてたたくと，しみが広がってしまうため，周辺から中心に向けてたたくのが正しい。④について，こすって処理するとしみが広がってしまうため，たたくのが正しい。　(6)　①はエコメイトマークである。アパレル・リサイクルを推進するための識別マークであり，アパレル製品を5つに類型化している。②はSEKマークである。一般家庭でのライフリビングケア・ヘルス環境を向上させるため，抗菌加工，防菌防臭加工繊維製品などにつけられる。　(7)　①の模様は，見た目が開いた魚の骨に似ていることから，ニシンの骨(Herring bone)と呼ばれている。②の模様は，日本の伝統的な文様の一つでもあり，千鳥の羽に似ていることから，千鳥格子と呼ばれる。　(8)　衣服の生地の表面に細かい繊維が毛羽立っていると，空気との接触面積が大きいため，コンロなどの炎が接触しただけで，あるいは近づいただけで毛羽部分に燃え移り，一瞬のうちに表面に炎が走るような現象が生じる。
(9)　Aについて，衣服の肩，背中，腰などにある切り替え部分やそこに当てた布のことをヨークという。Bについて，布がよった状態のことをギャザーという。高齢者の衣服の後ろ身頃はヨーク切り替えにし，タックやギャザーを入れると背中の丸みが目立たない。　(10)　星どめとは，ファスナーつけや見返しなど，ステッチをかけないで布を落ち着かせたいときに用いる縫い方である。　(11)　ガウチョパンツとは，裾広がりの7分丈のワイドパンツである。①はハーフパンツ，②はジョガーパンツ，④はフレアパンツである。

【4】(1)　①　(F)　②　(E)　③　(C)　(2)　①　イ，ウ，エ　②　ウ　(3)　マルチ商法　(4)　①　リサイクル　②　リデュース　③　リユース　(4)　235,500〔円〕　(6)　エンゲル係数　(7)　ア　意見　イ　消費者教育　(8)　ア　(9)　①　○　②　×　③　×　④　○

〈解説〉(1)　消費支出は，食料費，住居費，光熱・水道費，被服費などであり，非消費支出は間接的に使用する社会保険料などである。実収入以外の受取は，預貯金引出，有価証券売却などである。家計の収支の項目について内容を理解しておくこと。　(2)　①　アとオは金銭の支払いが発生していないため，消費者契約は成立しない。様々な契約について，種類も理解しておきたい。　②　消費者が購入する意思を示し，販売員が商品を販売する意思を示した時点で口頭による合意であっても契約が成立する。　(3)　マルチ商法は，会員が新規会員を誘い，その新規会員が更に別の会員を勧誘する連鎖により，組織を形成・拡大する販売形態である。　(4)　3Rとは，Reduce(リデュース)ゴミを減らす，Reuse(リユース)再利用する，Recycle(リサイクル)再び資源として利用する，の3つの英語の頭文字を表したものである。循環型社会形成促進基本法の概要を確認しておくこと。　(5)　可処分所得は支給合計から健康保険料，厚生年金保険料，雇用保険料，所得税，住民税を引いた額である。収入は，212,500＋15,000＋18,000＋16,000＋15,200＝276,700円。控除額は5,300＋12,600＋1,200＋6,100＋16,000＝41,200円。276,700－41,200＝235,500円となる。　(6)　エンゲル係数は一般に，所得の上昇につれて家計費にしめる食料費の割合が低下する傾向にあり，このような統計的法則を，1858年の論文で発表したドイツの社会統計学者エンゲルの名にちなんでエンゲルの法則という。　(7)　8つの権利と5つの義務は覚えておくこと。　(8)　ESGとはEnvironment(環境)，Social(社会)，Governance(企業統治)の3つの単語の頭文字を取った略語である。ESG投資とは，ESGに配慮した経営を行う企業に投資することで，売上高や利益，保有財産などの財務情報だけではなく，ESGへの取組状況という非財務情報の要素も考慮した投資のことである。　(9)　誤りのある選択肢②について，FSC認証ではなく，正しくはMSC認証である。FSC認証は森林の管理と加工・流通過程の管理に関する認証である。③について，H_2O相当量ではなく，CO_2相当量の間違いである。

【5】(1) ア　産じょく期　　イ　生理的体重減少　　ウ　喃語
エ　人見知り　　(2) エ　　(3) イ　　(4) エ　　(5) ③
(6) フレーベル　　(7) 15.3　　(8) ① 地域型保育　　② 事業所

〈解説〉(1) ① 産じょく期には，妊娠中に大きくなった子宮がどんどん収縮していく。そのため，分娩後数日間は下腹部に痛みを感じる。赤ちゃんに授乳することで，その刺激で子宮収縮が促され，子宮の戻りが進む。また，産後しばらくの間は，子宮の内側や膣の傷口などから，粘膜，血液，分泌物が排出される。これを悪露という。産じょく期には，母体の回復と，授乳のために，十分な栄養摂取が必要である。② 生後間もない新生児は，母乳やミルクを上手に飲めないため，授乳量よりも排せつなどで出ていく水分量の方が多くなり，一時的に体重が減ってしまう。③ 乳幼児の言語発達については，泣いて声をあげる→クーイング→喃語→一語文→二語文と段階があるが，個人差が大きい。④ 人見知りは，身近な人との愛着関係が築けたことにより見知らぬ人を拒否するようになるという情緒的な発達である。また，身近な人と他の人を区別できるようになったという認知能力の発達でもある。(2) 遊びの種類と分類，発達の順番での遊びの内容について詳細に学習しておくこと。(3) ①について，母子保健法の第10条で保健指導について，第12条で健康診査について定められている。②について，労働基準法第65条で産前産後休暇について，第67条で育児時間について定められている。③について，育児・介護休業法第5条で育児休業について，第23条で短時間勤務について定められている。
(4) 離乳初期(5～6ヶ月頃)の食べ方のめやすが②，調理形態がC，離乳中期(7～8か月頃)の食べ方のめやすが④，調理形態がB，離乳完了期(12～18カ月頃)の食べ方のめやすが①，調理形態がDである。
(5) 水痘は平成26年から定期接種となっている。(6) フレーベルは幼稚園を創った人物でもある。積み木の原型を創ったのもフレーベルである。(7) カウプ指数の求め方は，体重kg÷(身長m)^{2}である。よって，5.5÷0.6^{2}であり，5.5÷0.36≒15.277となり，小数第二位を四捨五入すると，15.3となる。(8) 地域型保育事業には4種類の事業類型がある。事業所内保育は事業主体が事業主等であり，事業所の従業員の子どもに加え，地域の保育を必要とする子ども(地域枠)を対象としている。子育てに関する施設の種類と管轄を整理して覚えること。

【6】(1)　A　国勢調査　　B　生計　　(2)　イ

〈解説〉(1)　国勢調査についての問いは頻出である。世帯の定義をよく確認しておくこと。　(2)　核家族とは「夫婦のみ」「夫婦と未婚の子ども」「ひとり親と未婚の子ども」からなる小家族の世帯のことである。単独世帯の割合は2020年時点で38.1％であり，最も多い。平均世帯人員は減少し，世帯数は増加している。世帯に関する様々な調査グラフを確認しておくこと。

【7】(1)　①　高齢化率　　②　21　　(2)　老老介護　　(3)　シルバー人材センター

〈解説〉(1)　高齢化率が7％を超えた社会を高齢化社会，14％を超えて高齢社会，21％を超えて超高齢社会という。　(2)　グラフより，同居家族を介護する男性の60歳以上の割合が，合わせて72.4％，同居家族を介護する女性の60歳以上の割合が，合わせて73.8％であることが分かり，高齢者が高齢者を介護する老老介護の状態であると読み取れる。(3)　シルバー人材センターは，原則として市区町村単位に設置されており，国や地方公共団体の高齢社会対策を支える重要な組織として，高年齢者等の雇用の安定等に関する法律に基づいて事業を行う，都道府県知事の指定を受けた公益法人である。

【8】(1)　ティッピングレバー(ティッピングバー)　　(2)　互助　(3)　NPO

〈解説〉(1)　ティッピングレバーとは，段差などで介助者が前輪を上げる時に足を掛けて踏み込むためのレバーである。車椅子の各部の名称は覚えること。また，車椅子，歩行，食事，ベッドの移動の介助の方法を確認しておくこと。　(2)　3つの助は説明できるようにしておくこと。 (3) NPOは，様々な社会貢献活動を行い，団体の構成員に対し，収益を分配することを目的としない団体の総称である。収益を目的とする事業を行うこと自体は認められるが，事業で得た収益は，様々な社会貢献活動にあてることとなる。

【9】(1) ① A 外部 B 中食 ② ア 孤食 イ 個食
③ イ ④ P たんぱく質 F 脂質 C 炭水化物
(2) エ (3) ① A つけない B 増やさない C やっつける(死滅させる) ② 芽と緑色の部分 (4) A カ B ウ
(5) ① 部位…ヒレ 調理例…エ ② (肉の)熟成
(6) ① E ② ア
③

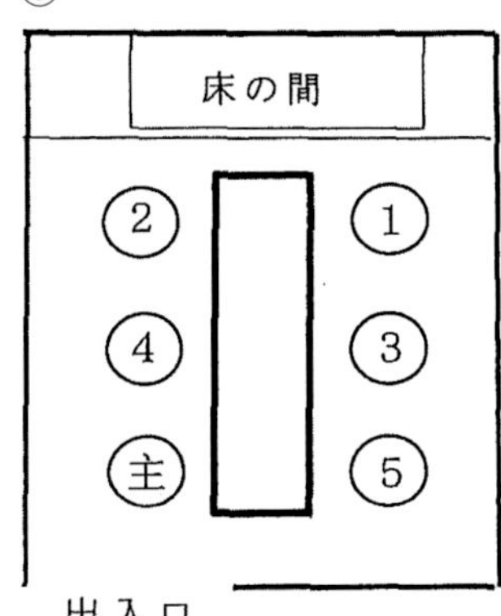

(7) ① 点心 ② パエリア(パエリヤ) (8) イ，エ，オ
(9) ① ウ ② ビタミンD ③ 閉経により，女性ホルモンが減少するため。 (10) ① 48〔g〕 ② 3 ③ ウ

〈解説〉(1) ① 共働き世帯や単身世帯の増加，高齢化の進行，生活スタイルの多様化などを背景に，家庭内で行われていた調理や食事を家庭外に依存する状態が見られる。これに伴い，食品産業においても，食料消費形態の変化に対応した調理食品，総菜，弁当といった中食の提供や市場開拓などに進展が見られている。 ② 一人で食べること

を孤食，個人個人が違うものを食べることを個食と言う。他にも「こ食」について学習しておくこと。　③　ウが1965年，アが1980年である。1965年は炭水化物の割合が多くを占めており，1980年が最もバランスの取れた食生活であった。2017年は欧米型に近づき，脂質の割合が増えている。　④　PFC供給熱量比率のPはたんぱく質(Protein)，Fは脂質(Fat)，Cは炭水化物(Carbohydrate)を表す。　(2)　レシチンは卵黄に含まれ，このレシチンが乳化剤として働くことでマヨネーズは分離しない。小麦粉に水を混ぜこねることでグルテンができ，この粘弾性を利用してパン作りができる。ペクチンは食物繊維の一種であり，糖類と酸と混ぜて加熱することでゼリー状に固まるため，ジャム作りに必要である。アミロペクチンは餅米に含まれるでんぷんである。(3)　①　菌をつけないためには，正しい手洗い，魚や野菜を調理前に洗うことなどが重要である。菌を増やさないためには，食材を正しく保存すること，弁当箱に詰める際には料理が冷めてからにすることなどが重要である。菌を死滅させるには，食材の中心までしっかり加熱することなどが重要である。　②　じゃがいもの芽や光が当たって緑色になった皮の部分には天然毒素であるソラニンが多く含まれている。特に家庭菜園などで作られた未熟なじゃがいもはソラニンを多く含んでいることがあるため，注意が必要である。　(4)　食事バランスガイドでは，主食(ごはん，パン，麺)を5～7つ(SV)，副菜(野菜，きのこ，いも，海藻料理)を5～6つ(SV)，主菜(肉，魚，卵，大豆料理)を3～5つ(SV)，牛乳・乳製品を2つ(SV)，果物を2つ(SV)を目安として，何をどれだけ食べたらよいかを考える参考になるように示されている。(5)　①　豚ヒレ肉の特徴は脂肪分が少ない赤身部分であるが，水分量が多くきめ細やかであることである。また，豚バラ肉などに比べて脂肪分が少なく，淡泊であるため，油を使った揚げ物などの料理に適している。Aの上はロース，下はバラ，肩の上の方が肩ロース，下が肩，お尻に近い部分はモモである。　②　肉はと畜後すぐは，やわらかく保水性が高いが，時間が経過すると死後硬直が起こり，肉が硬くなり保水性も低下する。低温でしばらく貯蔵することで再びやわらかくなり，うま味が増す。熟成期間は肉の種類により異なる。

(6) ① 正答以外のAは坪，Bはなます，Cは飯，Dは本汁，Fは平，Gは二の汁が当てはまる。本膳の真ん中は香の物である。 ② イノシシの口に似ているところから，猪口と呼ぶ。飲酒用の杯をさす場合と，酢の物，和え物などの小さな器に盛る料理をさす場合がある。

③ 床の間のある部屋では床の間に一番近い位置が上座となり，目上の人が座る場所である。 (7) ① 中国料理は前菜→大菜→点心の順に出される。点心には炒飯や肉まんなどの主食代わりになるものと，抜糸や杏仁豆腐などの甘いデザートがある。 ② パエリアはスペイン東部のバレンシア地方発祥の料理である。バレンシア地方はスペインの米所として知られている。サフランとは，鮮やかな黄色と特有の芳香が特徴の香辛料である。 (8) 誤りのある選択肢アについて，しょ糖はぶどう糖と果糖が結合した二糖類，麦芽糖はぶどう糖が2つ結合した二糖類である。ウについて，糖質は，1gあたり約4kcalのエネルギーを発生する。1gあたり約9kcalなのは脂質である。 (9) ① カルシウムの吸収率は，小魚で約33％，緑黄色野菜で約19％，牛乳で約40％，大豆で約18％であり，牛乳が最も高い。 ② カルシウムは小腸で吸収されるが，その際ビタミンDが吸収を促進する。さらに，ビタミンDは血中のカルシウムイオン濃度の調整に関わったり，骨や歯へのカルシウムの沈着を助けたりする働きがある。 ③ 骨量は，20歳代で最大となり，その後，男女ともに減少する。中学生・高校生の時期(思春期)に，骨をつくるカルシウムや，カルシウムの吸収促進をする働きがあるビタミンDを食事でしっかり摂り，最大骨量(ピーク・ボーン・マス)をなるべく多くしておくことが大切である。とくに女性は閉経後，急激に骨量が減少するので，注意が必要である。 (10) ① 5人分のだし汁の量は150×5＝750mlである。みそ汁の塩分濃度は0.8％であるから，750×0.008＝6gの塩分が必要である。みその塩分使用比率は8倍であることから，必要なみその量は6×8＝48gである。 ② 茶碗蒸しの基本的な割合は卵1に対してだし汁3であるが，好みによってだし汁の量を調整し，柔らかめ，固めに仕上げることはある。蒸し料理の

コツを確認しておくこと。　③　和風だしの取り方についての問いは頻出である。水から入れるか，沸騰後に入れるか，また取り出すタイミングも食材ごとに異なるため，それぞれの食材でのだしの取り方を正確に覚えておく必要がある。うま味成分の種類も理解しておくこと。

2023年度　実施問題

【中学校】

【1】以下の文は，中学校学習指導要領解説　技術・家庭編(平成29年7月)第3節「家庭分野の目標及び内容」について示したものです。次の(1)，(2)の問いに答えなさい。

(1)　次の文は，家庭分野の目標です。文中の(　①　)～(　⑥　)にあてはまる言葉を書きなさい。

> A生活の営みに係る見方・考え方を働かせ，衣食住などに関する実践的・体験的な活動を通して，(　①　)の実現に向けて，生活を工夫し創造する資質・能力を次のとおり育成することを目指す。
>
> (1)　家族・家庭の(　②　)について理解を深め，家族・家庭，衣食住，消費や環境などについて，(　③　)に必要な基礎的な理解を図るとともに，それらに係る技能を身に付けるようにする。
>
> (2)　家族・家庭や地域における生活の中から問題を見いだして課題を設定し，解決策を構想し，実践を(　④　)・改善し，考察したことを(　⑤　)に表現するなど，これからの生活を展望して課題を解決する力を養う。
>
> (3)　自分と家族，家庭生活と地域との関わりを考え，家族や地域の人々と協働し，(　①　)の実現に向けて，生活を工夫し創造しようとする(　⑥　)を養う。

(2)　上の文の下線部Aに関わって，中学校学習指導要領解説　技術・家庭編(平成29年7月)では，次のように解説しています。文中の(　①　)~(　④　)にあてはまる言葉を書きなさい。

生活の営みに係る見方・考え方を働かせとは，家庭分野が学習対象としている家族や家庭，衣食住，消費や環境などに係る(　①　)を，協力・協働，健康・快適・安全，(　②　)，(　③　)等の(　④　)で捉え，生涯にわたって，自立し共に生きる生活を創造できるよう，よりよい生活を営むために工夫することを示したものである。

(☆☆◎◎◎◎◎)

【2】次の(1)~(4)の文は，中学校学習指導要領解説　技術・家庭編(平成29年7月)第3章「指導計画の作成と内容の取扱い」について述べたものです。正しいものには◯印，正しくないものには×印を書きなさい。

(1)　家庭分野の指導において，「生活の課題と実践」に当たる三項目については，二つ以上選択して履修させる。

(2)　家庭分野の内容の「A　家族・家庭生活」の(1)については，3年間の学習のまとめとして，第3学年の最後に履修させる。

(3)　家庭分野の内容の各項目に配当する授業時数及び各項目の履修学年については，生徒や学校，地域の実態等で差が生じないようにするため，各学校で変更しないように留意する。

(4)　コンピュータや情報通信ネットワークを積極的に活用して，実習等における情報の収集・整理や，実践結果の発表などを行うことができるように工夫する。

(☆◎◎◎◎◎)

【3】次の文は，中学校学習指導要領解説　技術・家庭編(平成29年7月)家庭分野の内容「B　衣食住の生活」の内容について述べたものです。以下の(1)～(3)の問いに答えなさい。

> (3)　日常食の調理と地域の食文化
> 　ア　次のような知識及び技能を身に付けること。
> 　　(ア)　(　A　)と関連付け，用途に応じた食品の選択について理解し，適切にできること。
> 　　(イ)　食品や調理用具等の安全と衛生に留意した管理について理解し，適切にできること。
> 　　(ウ)　a<u>材料に適した加熱調理の仕方</u>について理解し，基礎的な日常食の調理が適切にできること。
> 　　(エ)　地域の食文化について理解し，地域の食材を用いた(　B　)の調理が適切にできること。
> 　イ　日常の1食分の調理について，食品の選択や調理の仕方，調理計画を考え，工夫すること。

(1)　文中の(　A　)，(　B　)にあてはまる言葉を書きなさい。

(2)　下線部aに関わって，中学校で扱う調理方法を3つ書きなさい。

(3)　次の①～③について，正しいものには○印，正しくないものには×印を書きなさい。

①　(ア)については，主として調理実習で用いる生鮮食品と加工食品の表示を扱う。その際，食品添加物や残留農薬，放射線物質等については，危険性を中心に取り上げる。

②　(ウ)については，魚や肉については，加熱することで衛生的で安全になることが分かり，中心まで火を通す方法を理解し，できるようにする。また，魚の種類や肉の部位等によって調理法が異なることも理解できるようにする。

③　(エ)については，だしと地域又は季節の食材を用いた汁物と焼き物を必ず取り上げ，適切に調理ができるようにする。

(☆☆◎◎◎◎◎)

【4】玩具業界が1971年に玩具安全基準を策定し，玩具の形状や強度，燃えにくさ，有害物質等について基準に合格したものにつけられているマークを，次のア～エから一つ選び，その記号を書きなさい。

ア 
イ 

ウ 

エ 

(☆☆◎◎◎◎)

【5】おやつは幼児にとって必要なものです。「楽しみ」以外で，必要な理由を書きなさい。

(☆☆◎◎◎◎)

【6】衣服の体型区分表示が「細め」から順に，正しく並べられているものを次のア～エから一つ選び，その記号を書きなさい。

ア　A，Y，B，E　　イ　Y，A，B，E　　ウ　A，Y，E，B
エ　Y，A，E，B

(☆☆◎◎◎◎)

【7】次のア～エのうち，スナップの基本的なつけ方として正しいものを一つ選び，その記号を書きなさい。

ア　先に凸型を上側につけ，対になる凹型は下側につける。
イ　先に凹型を上側につけ，対になる凸型は下側につける。
ウ　先に凸型を下側につけ，対になる凹型は上側につける。
エ　先に凹型を下側につけ，対になる凸型は上側につける。

(☆☆◎◎◎)

【8】「布の組織」について，次の(1)，(2)の問いに答えなさい。

(1) 図の①，②の織り方の名称を書きなさい。

①

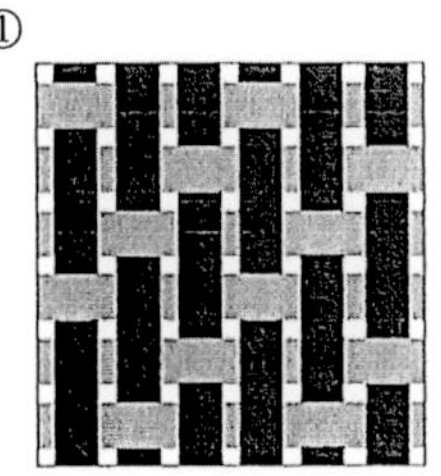

②

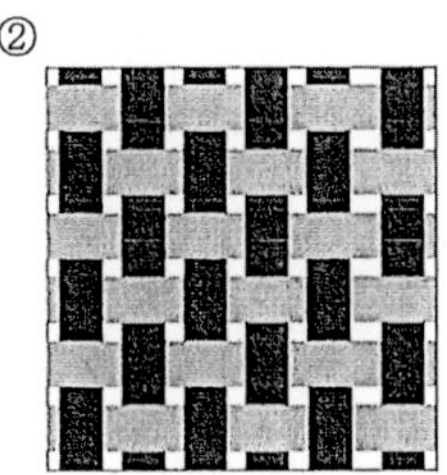

(2) Yシャツやブラウスなどに用いられる織り方は①，②のどちらか，一つ選び番号を書きなさい。

(☆☆☆◎◎◎◎)

【9】化学繊維には，合成繊維と再生繊維があります。再生繊維を次のア～オからすべて選び，その記号を書きなさい。

ア　アクリル　　イ　キュプラ　　ウ　レーヨン　　エ　ナイロン

オ　ポリエステル

(☆☆☆◎◎◎◎)

【10】味覚には5つの種類があります。「甘味」「塩味」「苦味」の他にあと二つあります。その二つを書きなさい。

(☆☆◎◎◎◎)

【11】肉の調理について，次の(1)，(2)の問いに答えなさい。

(1) 肉と一緒にしょうがを入れて調理すると肉がやわらかくなります。その理由は，しょうがに含まれている何が作用するためか，その名称を書きなさい。

(2) 肉を焼いたときに反り返って変形しないようにするためには，どのようなことをしたらよいか書きなさい。

(☆☆◎◎◎)

【12】遺伝子組み換え食品には，安全性が確認された8種の農産物とこれを原料とする加工食品に表示が義務付けられています。この8種の農産物は次に示したもの以外にあと2つあります。その農産物名を書きなさい。

ばれいしょ　　なたね　　綿実　　アルファルファ　　てんさい
パパイヤ

(☆☆☆◎◎◎)

【13】小麦粉を使った次の(1)～(3)の郷土料理は，どの都道府県の代表的なものですか。以下のア～キからそれぞれ一つずつ選び，その記号を書きなさい。

(1)　ひっつみ　　(2)　ほうとう　　(3)　だんご汁

ア　岡山県　　イ　沖縄県　　ウ　岩手県　　エ　北海道
オ　大分県　　カ　山梨県　　キ　山口県

(☆☆☆◎◎◎◎)

【14】中学生が1日にとりたい4群の食品群別摂取量のめやすについて，正しく示したものを次のア～エから一つ選び，その記号を書きなさい。

ア　淡色野菜(その他の野菜)　200g，果物　50gをめやすにする。
イ　淡色野菜(その他の野菜)　250g，果物　150gをめやすにする。
ウ　淡色野菜(その他の野菜)　350g，果物　200gをめやすにする。
エ　淡色野菜(その他の野菜)　500g，果物　250gをめやすにする。

(☆☆☆◎◎◎◎)

【15】食品の安全性を確保する目的で，食品がいつ，どこで生産され，どのような加工，流通を経て消費者に届いたかを把握できる仕組みのことを何というか書きなさい。

(☆☆☆◎◎◎)

【16】次の文は，エネルギーについて述べたものです。文中の(　①　)～(　③　)にあてはまる言葉を書きなさい。

> 太陽光，太陽熱，風力，(　①　)力，その他の自然界に存在する熱や，糞尿・木くず・廃油などの生物資源である(　②　)など，繰り返し利用できるエネルギーのことを(　③　)可能エネルギーという。

(☆☆☆◎◎◎)

【17】日本の住まいの特徴として，日射や雨を防ぐ目的で窓や出入り口などの上につけられた小さな突き出した部分を何というか書きなさい。

(☆☆◎◎◎)

【18】悪質商法について，次の(1)，(2)にあてはまる名称を書きなさい。

(1)　販売業者や銀行などになりすまし，メールを送ったり，ホームページに接続させたりすることで個人情報を盗み出すこと。

(2)　街頭で消費者を呼び止め，その場で勧誘したり，喫茶店や店舗，営業所に連れ込んだりして商品などを購入させること。

(☆☆☆◎◎◎◎)

【19】特に高齢者にとって危険が高いと言われている，風呂場と脱衣所の急激な温度変化によって心筋梗塞や脳梗塞をひきおこす現象を何というか書きなさい。

(☆☆◎◎◎◎)

【20】災害の備えについて，次の(1)，(2)の問いに答えなさい。

(1)　自然災害による被害を予測し，被害範囲を地図に表したものがあります。その地図には予測される災害の発生地点，被害の拡大範囲や被害程度等が示されています。この地図のことを何というか書きなさい。

(2)　地震の二次災害として停電後の復旧の際に発生する火災のことを何というか書きなさい。

(☆☆◎◎◎◎)

【21】住まいの空間を表現するための平面図に表記する平面表示記号について(1)，(2)の問いに答えなさい。

(1)　次の①～④の平面表示記号が示すものの名称を書きなさい。

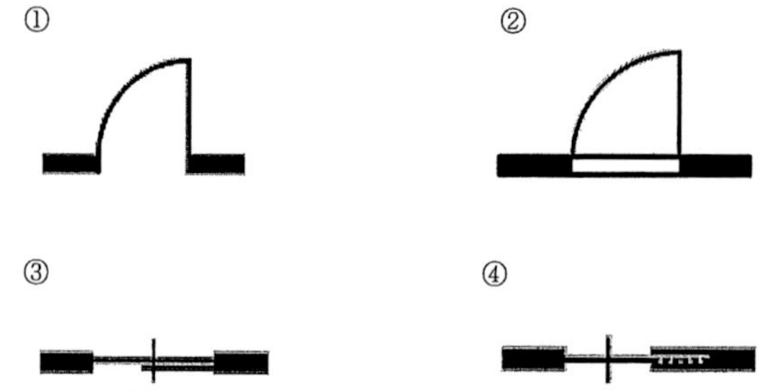

(2)　次の図に付け加えて，「両開き窓」の平面表示記号を完成させなさい。

(☆☆☆◎◎◎◎)

【22】次の表は，採寸の仕方について説明したものです。それぞれの採寸項目を正しく説明しているものを表のア～カから三つ選び，その記号を書きなさい。

記号	採寸項目	採寸の仕方
ア	胸囲	男子は、腕のつけねを通り、胸の回りを水平に測る。
イ	腰囲	腰のもっとも太いところを水平にして一周測る。
ウ	背肩幅	背中心の首のつけねを通り、左右の手のくるぶしからくるぶしまでを測る。
エ	そでたけ	長袖は、肩先から手の指先までの長さを腕に沿わせて測る。
オ	背たけ	背中心の首のつけね（頸椎点）から背面を通って、腰囲線までを測る。
カ	また上	平らないすに腰かけ、座面からウエストまでを測る。

(☆☆◎◎◎◎)

【23】次の文は，たんぱく質について述べたものです。文中の(　①　)～(　⑧　)にあてはまる言葉を以下のア～ノから一つ選び，その記号を書きなさい。

> 摂取したたんぱく質は消化管でアミノ酸に消化された後に各組織に吸収されます。たんぱく質を構成するアミノ酸は約(　①　)種類あり，そのうち(　②　)などの(　③　)種類が体内で合成できない(　④　)です。そこで，食事で摂取する必要があります。たんぱく質の栄養的な価値は，(　④　)の含有量を基にした(　⑤　)で表されます。(　⑤　)の(　⑥　)い食品も，不足するアミノ酸を多く含む食品と組み合わせて食べることにより，食事全体の(　⑤　)を(　⑦　)めることができます。これをたんぱく質の(　⑧　)といいます。

ア　7　　イ　8　　ウ　9
エ　10　　オ　20　　カ　30
キ　低　　ク　中　　ケ　高
コ　相乗効果　　サ　不飽和脂肪酸　　シ　アラキドン酸
ス　必須アミノ酸　　セ　オレイン酸　　ソ　コラーゲン
タ　ペプシン　　チ　骨　　ツ　筋肉

テ　毛髪	ト　補足効果	ナ　炭水化物
ニ　アミノ酸価	ヌ　ビタミンC	ネ　トリプトファン
ノ　カルシウム		

(☆☆☆◎◎◎◎)

【24】次の文は，食品添加物の分類について述べたものです。(1)～(3)の添加物のそれぞれの総称を書きなさい。

(1)　天然添加物の中で長年の実績から使用を認められた添加物。

(2)　有効性と安全性が確認され，厚生労働大臣の指定を受けた添加物。

(3)　通常は食品として用いられるが，食品添加物として使用される添加物。

(☆☆☆☆◎◎◎)

【25】次の文は，和風煮だし汁の種類について述べたものです。文中の(　①　)～(　⑦　)にあてはまる言葉を書きなさい。

> かつおだしの二番だしは，一番だしをとったあとのかつおぶしに，はじめの(　①　)量の(　②　)を入れて火にかけ，沸騰後(　③　)分煮出して火を止めて，こします。
>
> 混合だしは，(　④　)を分量の水に(　⑤　)分ほど浸してから，火にかけます。その後，沸騰(　⑥　)に(　④　)を取り出し，沸騰したら(　⑦　)を入れて，一番だしの要領でとります。

(☆☆◎◎◎◎)

【26】乳幼児期は感染症にかかりやすいため，重い症状を引き起こす感染症については，予防接種により予防を行います。定期予防接種にあたるものを，次のア～キから二つ選び，その記号を書きなさい。

ア　流行性耳下腺炎	イ　B型肝炎	ウ　麻疹	エ　A型肝炎
オ　ロタウイルス	カ　日本脳炎	キ　伝染性紅斑	

(☆☆☆◎◎◎◎)

【27】次の文は，公的年金制度について述べたものです。正しいものには○印，正しくないものには×印を書きなさい。

(1) 公的国民年金制度では，保険料を18歳になったら納めることが義務づけられている。

(2) 学生で，国民年金保険料が納められないときは，学生納付特例制度を利用すると良い。

(3) 年金制度の種類は，老齢年金のみである。

(4) 国民年金(基礎年金)の他に，厚生年金保険，共済年金，国民年金基金などの制度がある。

(☆☆◎◎◎◎)

【28】「購入方法と支払い方法」の授業について，次の(1)～(5)の問いに答えなさい。

(1) 商品の購入方法には，大きく分けると「店舗販売」による購入と「無店舗販売」による購入の2つの方法があります。①～④のうち，「店舗販売」に当たるものにはA,「無店舗販売」に当たるものにはBを書きなさい。

① 移動販売　② ディスカウントストア

③ 消費生活協同組合の共同購入　④ ドラックストア

(2) 「通信販売」において，信用できる事業者を見極める際の1つの目安になるマークがあります。日本通信販売協会正会員であることを表す，マークの名称を書きなさい。

(3) クレジットカードによる支払いについて生徒に説明します。図や文中の(　ア　)～(　エ　)にあてはまる言葉を書きなさい。

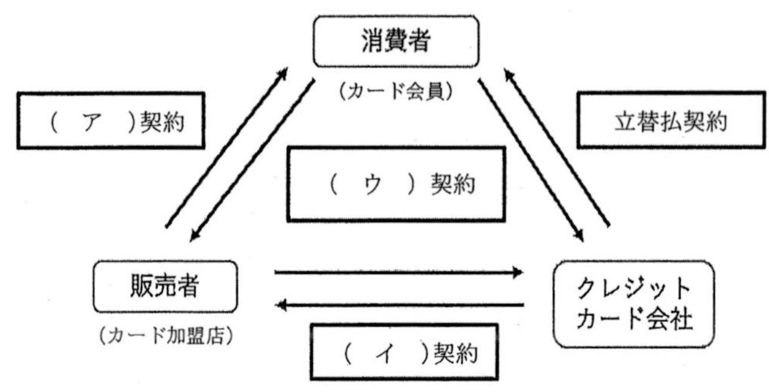

クレジットカードによる支払いは，消費者，販売業者，クレジットカード販売会社による(　ウ　)契約となっています。クレジットカードは，購入時に(　エ　)をして支払い，それを後払いで返済する仕組みをもつカードです。

(4)　次の①～④のクーリング・オフ制度についての説明のうち，正しい場合は○印，正しくない場合は，間違っている部分を書き出し，正しく書き直しなさい。

①　2500円以上の商品を現金で買った場合はクーリング・オフをすることができる。

②　店舗に出向いて契約した品物については，クーリング・オフをすることができない。

③　化粧品や健康食品などの消耗品で使用したものは，クーリング・オフをすることができない。

④　クーリング・オフは電話ですることが一般的である。

(5)　目的に合った商品を購入するためには，必要な情報を収集し，整理する必要があります。具体的にはどんな観点を生徒に示すとよいか，中学校学習指導要領解説　技術・家庭編(平成29年7月)で解説されている観点を5つ書きなさい。

(☆☆☆◎◎◎)

【29】「高齢者の擬似体験や介助体験」について，次の(1)～(3)の問いに答えなさい。

(1) 高齢者の擬似体験の際に装具を身に付けます。

① 肘にサポーターや重りを身に付けるのは，高齢者のどんな身体的な特徴を体験するためか書きなさい。

② ゴーグルを身につけるのは，高齢者のどんな身体的な特徴を体験するためか書きなさい。

(2) 高齢者の特徴が家庭内の事故につながることがあります。(1)が原因となり起こる事故を防ぐために住まいの安全対策としてどんなことが考えられるか，解答例に従い具体的に2つ書きなさい。

(解答例：～～～を防ぐために・・・する)

(3) 生徒同士で高齢者の歩行を介助する体験をしている時に，高齢者役の生徒の手を引っ張って介助している生徒がいました。介助役の生徒が正しい介助ができるようにするためにどのように声をかけたらよいか，高齢者の歩行を介助する際のポイントを具体的に2つ以上入れて書きなさい。

(☆☆☆◎◎◎◎)

【高等学校】

【1】高等学校学習指導要領(平成30年告示)解説「家庭編」に関する次の(1)～(4)の問いに答えなさい。

(1) 次の文は，各学科に共通する教科「家庭」「第2章　家庭科の各科目　第2節　家庭総合」の目標を示したものである。①～③にあてはまる語句を答えなさい。

> 生活の営みに係る見方・考え方を働かせ，実践的・体験的な学習活動を通して，様々な人々と協働し，よりよい社会の構築に向けて，男女が協力して主体的に家庭や地域の生活を創造する資質・能力を次のとおり育成することを目指す。
>
> (1) 人の一生と家族・家庭及び福祉，衣食住，消費生活・環境などについて，生活を主体的に営むために必要な(　①　)な

理解を図るとともに，それらに係る技能を体験的・(　②　)に身に付けるようにする。

(2)　家庭や地域及び社会における生活の中から問題を見いだして課題を設定し，解決策を構想し，実践を評価・改善し，考察したことを(　①　)な根拠に基づいて論理的に表現するなど，生涯を見通して課題を解決する力を養う。

(3)　様々な人々と協働し，よりよい社会の構築に向けて，地域社会に参画しようとするとともに，(　③　)を継承し，自分や家庭，地域の生活の充実向上を図ろうとする実践的な態度を養う。

(2)　次の文は，各学科に共通する教科「家庭」「第2章　家庭科の各科目　第1節　家庭基礎　2内容とその取扱い」の一部を示したものである。①～④にあてはまる語句を答えなさい。

A　人の一生と家族・家庭及び福祉

(1)　生涯の生活設計

(内容を取扱うに当たっての配慮事項)

イ　内容のAの(1)については，人の一生を(　①　)の視点で捉え，各ライフステージの特徴などと関連を図ることができるよう，この科目の学習の(　②　)として扱うこと。また，AからCまでの内容と関連付けるとともにこの科目のまとめとしても扱うこと。

B　衣食住の生活の自立と設計

(内容を取扱うに当たっての配慮事項)

エ　内容のBについては，実験・実習を中心とした指導を行うこと。(中略)また，調理実習については(　③　)にも配慮すること。

C　持続可能な消費生活・環境
(1)　生活における経済の計画

ア　家計の構造や生活における経済と社会との関わり，家計管理について理解すること。
イ　生涯を見通した生活における経済の管理や計画の重要性について，ライフステージや(　④　)などと関連付けて考察すること。

(3)　次の文は，主として専門学科において開設される教科「家庭」「第1章　総説　第3節　家庭科の目標」を示したものである。①～③にあてはまる語句を答えなさい。

家庭の生活に関わる産業の見方・考え方を働かせ，実践的・体験的な学習活動を行うことなどを通して，生活の質の向上と社会の発展を担う(　①　)として必要な資質・能力を次のとおり育成することを目指す。
(1)　生活産業の各分野について体系的・系統的に理解するとともに，関連する技術を身に付けるようにする。
(2)　生活産業に関する課題を発見し，(　①　)に求められる(　②　)を踏まえ合理的かつ創造的に解決する力を養う。
(3)　(　①　)として必要な豊かな(　③　)を育み，よりよい社会の構築を目指して自ら学び，生活の質の向上と社会の発展に主体的かつ協働的に取り組む態度を養う。

(4)　主として専門学科において開設される教科「家庭」の科目の中で，従前の2つの科目の内容を整理統合し再構成された科目がある。「保育基礎」と，もう1つは何か，科目名を答えなさい。

(☆☆◎◎◎◎◎)

【2】住生活に関する次の(1)～(7)の問いに答えなさい。

(1)　次の説明文にあてはまる，日本の住宅建築様式を答えなさい。

> 茅葺の急勾配の屋根に特徴があり，屋根裏部屋は養蚕に利用されていた。世界遺産に登録された，白川郷のものが有名である。

(2)　次の文の①，②にあてはまる語句を答えなさい。

・屋外が寒くなり，住まいの内表面の温度が低くなると，室内空気中の水蒸気が水滴になり，押し入れの壁や窓ガラスなどにつくことがある。これを(　①　)という。

・食事空間と就寝空間とを分離し，兼用しないことを(　②　)という。

(3)　次の表は，世界の伝統的な住居についてまとめたものである。住居の名称または特徴と主な国名の組み合わせが誤っているものを表のア～オから1つ選び，記号で答えなさい。

	住居の名称または特徴	主な国名
ア	ハーフティンバー	イギリス
イ	ゲル	モンゴル
ウ	ヤオトン	中国
エ	日干しレンガの家	カナダ
オ	精霊の家	パプアニューギニア

(4)　次の図は，住まいへ差し込む光の角度の違いを示したものである。①，②の問いに答えなさい。

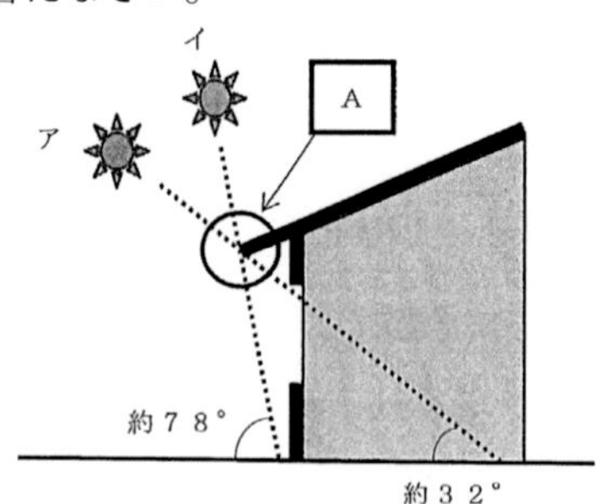

① 夏至の南中時の入射角を示しているのは，ア，イのどちらか記号で答えなさい。

② 日射を遮る役割を果たすAの部分の名称を答えなさい。

(5) 次の表は，家庭内における不慮の事故死の原因別割合を示したものである。Aにあてはまる死因をア～エから1つ選び，記号で答えなさい。

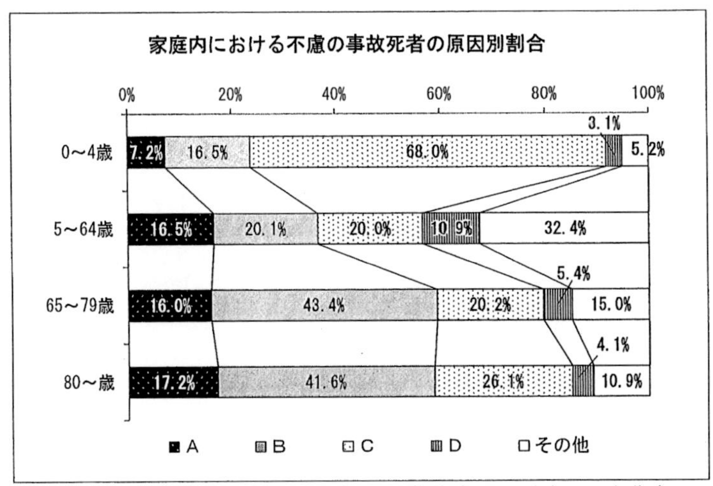

厚生労働省「人口動態統計（2018年）」から作成

※内訳の％は総数が100％と一致しない場合もある

ア　煙・火・火炎　　イ　溺　　ウ　窒息

エ　転倒・転落・墜落

(6) 次の図のA，Bの照明器具の名称を，ア～カから1つずつ選び，記号で答えなさい。

ア　シャンデリア　　イ　フロアスタンド
ウ　ブラケット　　　エ　シーリングライト
オ　ダウンライト　　カ　スポットライト

(7)　次の文は，2016年に策定された住生活基本計画(全国計画)の8つの目標の一部である。A，Bにあてはまる語句を答えなさい。

目標4　最終目標が，庭つき(　A　)という住宅すごろくを超える新たな住宅循環システムの構築 目標6　急増する(　B　)の活用・除却の推進

(☆☆☆◎◎◎◎)

【３】衣生活に関する次の(1)～(10)の問いに答えなさい。

(1)　被服の保健衛生的機能を2つ答えなさい。

(2)　次の文は，衣服素材の加工について述べたものである。あてはまる加工の名称を答えなさい。

雨などの水滴は内部に通さないが，内部の水蒸気は外部へ通すことのできる加工である。レインコートやスキーウエアなどに用いられる。

(3)　最新の流行商品を短期間に大量生産し，低価格で販売するブランドや，その業態を何というか答えなさい。

(4)　次の文は，平面構成と立体構成について述べたものである。①，②の問いに答えなさい。

平面構成の衣服は，布を(　a　)的に裁断し，平面的に組み合わせた構成であり，ひもや帯を使い，体型にあわせて着用することができる。立体構成の衣服は，布を身体に合うように(　b　)的に裁断し，(　c　)やいせこみなどにより，立体的に形づくられている。

①　a，bにあてはまる語句をア～エから1つずつ選び，記号で答え

なさい。

ア 平面　イ 曲線　ウ 立体　エ 直線

② cにあてはまる立体構成に用いられる手法を1つ答えなさい。

(5) 次の取り扱い表示の意味の組み合わせとして正しいものを，表のア～オから1つ選び，記号で答えなさい。

①　②　③　④

	①	②	③	④
ア	液温３０℃以上 洗濯機「強い」	漂白禁止	日陰で つり干し	高温１８０℃ まで
イ	液温３０℃限度 洗濯機「非常に弱い」	酸素系漂白剤 のみ使用可	平干し	中温１５０℃ まで
ウ	液温３０℃限度 洗濯機「弱い」	酸素系漂白剤 のみ使用可	日陰で 平干し	低温１１０℃ まで
エ	液温３０℃限度 洗濯機「弱い」	漂白禁止	日陰で 平干し	高温１８０℃ まで
オ	液温３０℃以上 洗濯機「弱い」	漂白可	平干し	低温１１０℃ まで

(6) 衣服の表示には，着用・洗濯による事故を未然に防ぐことを目的とし，製品の短所や限界を示すものがある。この表示名を答えなさい。

(7) 次の文は，洗濯用洗剤の働きについて述べたものである。①～③にあてはまる語句を答えなさい。

> 洗濯用洗剤の主成分である(　①　)は，繊維表面に吸着して水の(　②　)を下げ，繊維を濡らす。また，汚れと繊維の間に入り込み，汚れを包み込んで水中に取り出し，細かくする働きがある。さらに，汚れが再び繊維表面に付着するのを防ぐ(　③　)の働きがある。

(8)　女物長着は，着用した時の丈より25～30cm長く仕立ててあり，腰のところで折って着装する。この部分の名称を答えなさい。

(9)　次の図のような布を用いて正バイアステープを作るとき，布をどのように裁つか，図中に描き示して答えなさい。ただし，以下の条件に従うこと。(定規を使用しなくてもよい。)

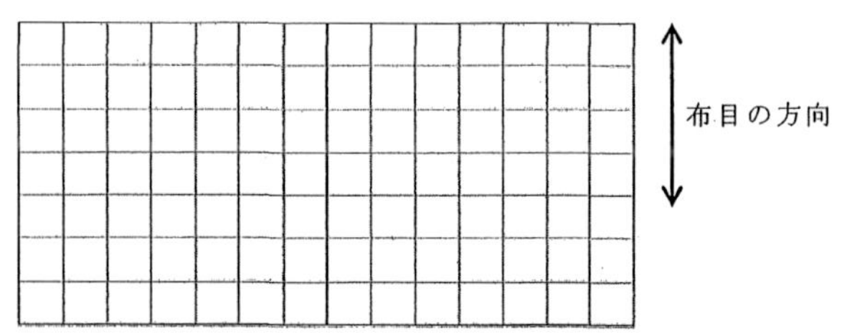

※１マスは、縦・横ともに２ｃｍとする。

条件	・バイアステープは同じ幅のものを2本作る。 ・最も長くバイアステープを取れる位置を用いる。 ・バイアステープの幅は3～4cm程度とする。

(10)　次の図A，Bはブラウスのそでの型紙である。①～⑤にあてはまる語句の組み合わせが正しいものを，表のア～オから1つ選び，記号で答えなさい。

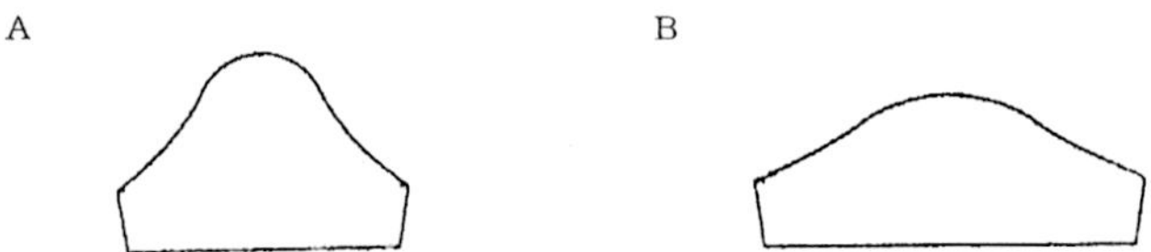

型紙Aはそで山が高いため，そで幅は(　①　)なり，腕まわりが(　②　)なるので腕によくフィットし，(　③　)に適する。型紙Bはそで山が低いためそで幅は(　④　)なり，腕まわりは(　⑤　)なるので，作業着に適する。

	①	②	③	④	⑤
ア	広く	細く	休養着	せまく	太く
イ	広く	太く	外出着	せまく	細く
ウ	せまく	細く	休養着	広く	太く
エ	せまく	太く	休養着	広く	細く
オ	せまく	細く	外出着	広く	太く

(☆☆☆◎◎◎◎)

【4】消費生活・環境に関する次の(1)～(8)の問いに答えなさい。

(1) 次の文の①～③にあてはまる語句を，それぞれ漢字2文字で答えなさい。

> 契約とは(　①　)で保護された約束事である。契約の成立に必要なのは当事者の合意，つまり，申し込みと(　②　)の意思表示の合致である。口頭のやりとりだけでも契約は成立し，双方に債権(権利)と(　③　)(義務)が発生する。

(2) 次の文のア～オは家計管理について説明したものである。正しいものをすべて選び，記号で答えなさい。

ア　実収入以外の収入とは，預貯金の預け入れや借金返済など，一時的には収入に見えるが家計の資産になる見せかけの収入のことである。

イ　消費活動のキャッシュレス化に伴い，家計における見えないお金の流れが増えており，家計管理が難しくなっている。

ウ　保険は加入者相互で保険料などを支払い，リスクが発生した際に保険金が給付される仕組みである。

エ　税金や社会保険料が給与から差し引かれることを担保という。

オ　非消費支出は実支出には含まれない。

(3) 次の文は，持続可能な消費行動について説明したものである。①～③にあてはまる語句を答えなさい。

> 商品を購入する際には，必要性をよく考えて，価格や品質だけでなく，環境にも配慮したものを選択する(　①　)購入を積極的に行うことが望ましい。
> 「倫理的な」という意味のことばで，人と社会，地球環境，地域のことを考慮してつくられたものを購入・消費することを(　②　)消費という。たとえば，障がい者支援につながる商品や，途上国の労働者への公平な対価を保証する(　③　)商品を購入するなどの行動をすることが消費者に求められている。

(4)　次のア～エのマークのうち，環境ラベルとして認証されているものをすべて選び，番号で答えなさい。

ア

イ

ウ

エ

(5)　次の表は，キャッシュレス決済の例をまとめたものである。①，②の問いに答えなさい。

支払時期	分類	特徴
前払い	(　a　)	一定の金額のカードをあらかじめ購入し、支払う。
	(　b　)	ＩＣカードや専用アプリに事前に入金した残高から支払う。
即時払い	デビッドカード	銀行口座から即時引き落としされる。
後払い	クレジットカード	クレジット会社が立て替え、支払い日に銀行口座から引き落とされる。
	(　b　)	利用金額が銀行口座やクレジットカードから後日、引き落とされる。

①　a，bにあてはまる語句をア～オから1つずつ選び，記号で答えなさい。

ア　キャッシュカード　　イ　電子マネー　　ウ　仮想通貨
エ　プリペイドカード　　オ　ローンカード

②　bについて，スマートフォンを使った決済方法を1つ答えなさい。

(6)　次の図は，住宅ローンの返済方法を表したものである。元利均等返済はA，Bのどちらか記号で答えなさい。

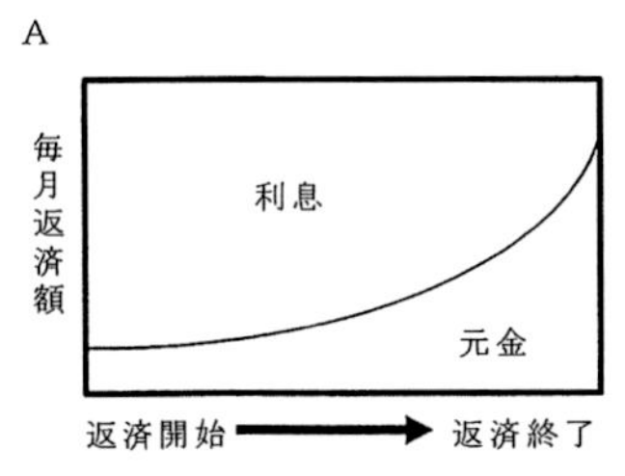

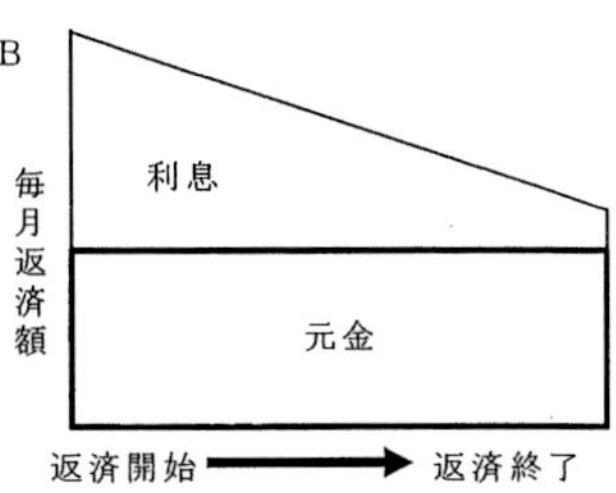

(7)　大量生産・大量消費・大量廃棄型の経済社会からの脱却，天然資源の消費抑制，環境負荷の低減をめざし，2001年に施行された法律は何か，次のア～オから1つ選び，記号で答えなさい。

ア　廃棄物処理法　　イ　環境基本法

ウ　製造物責任法　　エ　循環型社会形成推進基本法

オ　資源有効利用促進法

(8)　日本では個別物品の特性に応じた規制として，対象製品ごとに6つの個別リサイクル法が施行されている。そのうち，2つのリサイクル法を答えなさい。

(☆☆☆◎◎◎◎)

【5】子どもの発達と保育に関する次の(1)～(7)の問いに答えなさい。

(1)　次の文は，妊娠や子どもの発達に関するものである。それぞれ何について説明したものか答えなさい。

①　妊婦が妊娠を地方公共団体に届け出た時に交付されるもの。母体の健康状態や出産の準備事項などを記入することができる。

②　乳児期のうち，出生から4週間の期間のこと。

③　人間は未熟なまま社会的・文化的な環境の中に誕生するため，人間の乳児期は「1年早い早産の状態」にあるという考え。動物行動学者アドルフ・ポルトマンが提唱した。

(2)　次の文は，母乳栄養について述べたものである。①，②にあてはまる語句を答えなさい。

母乳は，乳児にとって自然で最良の栄養法である。分娩後，数日の乳汁は黄色でとろみがあり，(　①　)と呼ばれる。 母乳の利点として，アレルギーを起こしにくいこと，調乳や器具の洗浄・消毒の手間がなく，衛生的であること，(　②　)を含むため，乳児が感染症にかかりにくいことなどがあげられる。

(3) 日本では，労働基準法により出産休業の期間が定められている。①，②にあてはまる数字を答えなさい。

出産休業の期間：産前(　①　)週間，産後(　②　)週間，休業が取れる。

(4) 生後3か月頃の乳児は，自分の手を体の一部と認識することができず，じっと見つめる動作を行う。このことを何というか，答えなさい。

(5) 次の文は，子どもの病気の特徴と養護について述べたものである。①，②にあてはまる語句を答えなさい。

・子どものからだは水分の占める割合が多く，発熱・下痢・嘔吐の際には(　①　)症に陥りやすい。

・子どもは中枢神経系が未熟なため，高熱になると(　②　)を生じやすい。

(6) 次の①～④は乳幼児期の発達の様子を，A～Eは発達のめやすとなる時期を示したものである。組み合わせが正しいものを表のア～オから1つ選び，記号で答えなさい。

〈発達の様子〉

①　人見知りをする　　②　三輪車をこぐ

③　スプーンを使って自分で食べる　　④　首がすわる

〈発達のめやすとなる時期〉

A　3～4カ月　　B　5～7カ月　　C　1歳　　D　3歳　　E　6歳

	①	②	③	④
ア	D	E	B	A
イ	B	D	C	A
ウ	C	D	E	B
エ	A	C	D	B
オ	B	E	D	C

(7) 次の文は，子どもの衣服の選び方のポイントについて述べたものである。①，②にあてはまる語句を答えなさい。

・乳幼児は(　①　)が大きいため，上着は適度にえりぐりが大きいものがよい。

・ズボンやスカートは，乳幼児の呼吸を妨げないために，(　②　)を絞めつけないものがよい。

(☆☆☆◎◎◎◎)

【6】人の一生と家族・家庭生活に関する次の(1)～(4)の問いに答えなさい。

(1) 人の一生はライフステージといういくつかの段階に分かれる。それぞれの段階で，克服あるいは達成すべき課題を何というか，答えなさい。

(2) 次の図は欲求5段階説について示したものである。①，②の問いに答えなさい。

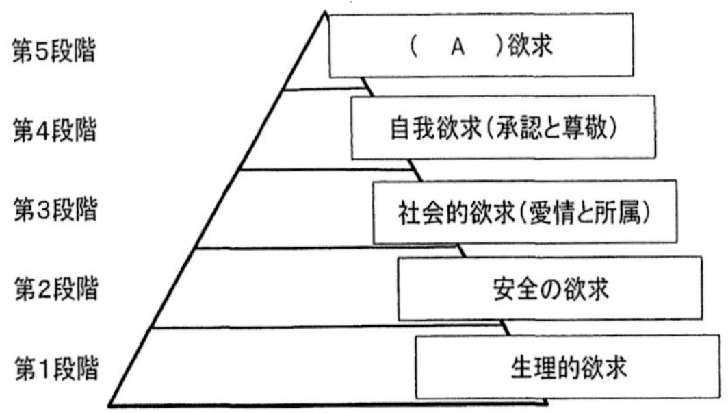

① この説を唱えたアメリカの心理学者の名前を答えなさい。

② 図のAにあてはまる語句を答えなさい。

(3) 次の文のa，bにあてはまる語句を答えなさい。

家族・家庭の問題は社会全体の問題でもある。家庭生活と職業生活とを両立しながら，多様な生き方が選択できる社会を目指し，2007年の「(a)憲章」，2018年の(b)に関する法律などが整備された。

(☆☆☆◎◎◎◎)

【7】高齢者の生活と福祉に関する次の(1)～(4)の問いに答えなさい。

(1) 介護の場面で用いられる「ボディメカニクスの8つの原則」について，a，bにあてはまる語句を答えなさい。

① 支持基底面積を広くする ② (a)の位置を低くする ③ 水平に移動する ④ (a)を近づける ⑤ (b)の原理を活用する ⑥ 相手の身体を小さくまとめる ⑦ 大きな筋群を使う ⑧ 動作の方向に足先を向ける

(2) 介護保険制度において，次の業務を行う人の国家資格を答えなさい。

要介護認定区分や要支援認定ごとの利用可能な上限額の範囲内で，居宅で利用するサービスの種類や内容・頻度などを「居宅サービス計画」として作成する。

(3) 高齢化の進行に伴う社会的課題について，①，②の問いに答えなさい。

① 病気や障害，高齢，精神的な問題などを抱えた家族に対し，大

人がするようなケアを担う18歳未満の子どものことを何というか，答えなさい。

② ①は自分自身の生活や人生にどのような困難を抱えがちであるか，その内容を具体的に説明しなさい。

(4) 次の①～④は認知症の種類を，A～Dはそれらの特徴について述べたものである。種類と特徴の組み合わせが正しいものをア～オから1つ選び，記号で答えなさい。

[種類]

① 前頭側頭型認知症　　② アルツハイマー型認知症

③ レビー小体型認知症　④ 脳血管性認知症

[特徴]

A 認知症の中で割合が最も多い。比較的穏やかに進行する。日常生活は活発で，自由に動き回る。

B 脳血管の障害の発生部位や程度によって症状が異なる。記憶障害や言語障害などが現れやすい。

C 感情の抑制がきかなくなったり，社会のルールを守れなくなるといったことが現れやすい。

D 日内変動が大きく，具体的で詳細な幻視をみるのが特徴である。

	①	②	③	④
ア	C	A	D	B
イ	B	A	D	C
ウ	B	C	D	A
エ	D	C	A	B
オ	C	D	A	B

(☆☆☆◎◎◎◎)

【8】食生活に関する次の(1)～(7)の問いに答えなさい。

(1) 次の文は，日本の食文化について述べたものである。①～③の問いに答えなさい。

温暖多湿な日本は，穀物を育て，米を中心とした食文化を形成してきた。そして近海で獲れる魚介類や海藻類，大豆，四季折々の野菜で構成される一汁三菜を基本とする日常食が確立した。 2013年12月にユネスコの世界無形文化遺産に「(　ア　)：日本人の伝統的な食文化」が登録された。各地域の産物を活用し，風土にあった食べ物を受け継いでいる(　イ　)や，年中行事で食される行事食は，(　ア　)の特徴のひとつである。

①　文中のア，イにあてはまる語句を答えなさい。

②　下線部「一汁三菜」の食膳形式を図と語句で書きなさい。なお，箸の位置は膳の手前とする。

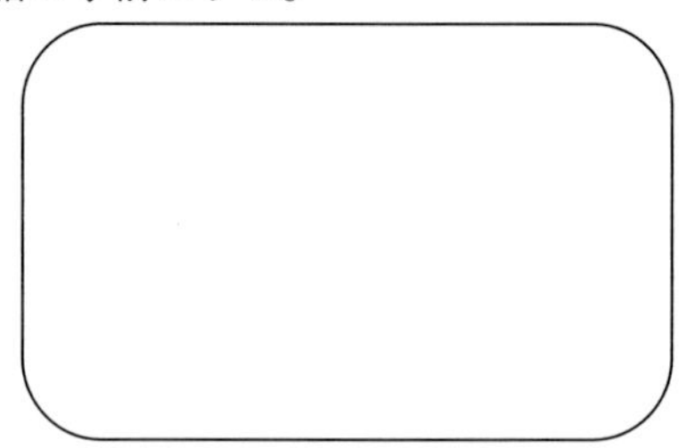

③　二重下線部「行事食」について，次表に季節の行事と行事食の例を示した。a，bにあてはまる行事食を1つずつ答えなさい。

日　付	行　事	行　事　食
1月7日	人日の節句	(　a　)
5月5日	端午の節句	(　b　)・ちまき

(2)　食品の表示について，次の①，②の問いに答えなさい。

①　次のマークの名称を答えなさい。

②　①のマークは，どのように栽培された食品に表示されるか，答えなさい。

(3) 次の文は，たんぱく質の働きと食品の調理性について述べたものである。①～④の問いに答えなさい。

> たんぱく質は，からだをつくる細胞や組織の構成成分であり，細菌に対する免疫物質などの材料として重要である。また1gあたり(　ア　)kcalのエネルギーをつくる。たんぱく質をつくるアミノ酸は約(　イ　)種類ある。そのうち体内で合成できない9種類は，必須アミノ酸といわれる。
>
> 食品のたんぱく質の栄養価をあらわす方法にアミノ酸価などがある。栄養価の低いたんぱく質でも，不足しているアミノ酸を多く含む食品と組み合わせると，低い栄養価を高くすることができる。これをたんぱく質の(　ウ　)という。

① ア～ウにあてはまる語句や数字を答えなさい。

② 次の表は18歳以上のアミノ酸評点パターンとれんこんのアミノ酸組成を示したものである。れんこんの第一制限アミノ酸を答えなさい。

(単位:mg／gたんぱく質)

必須アミノ酸	アミノ酸評点パターン	れんこん(根茎・生)のアミノ酸組成
イソロイシン	30	25
ロイシン	59	38
リシン	45	38
含硫アミノ酸	22	32
芳香族アミノ酸	38	61
トレオニン	23	38
トリプトファン	6	13
バリン	39	34
ヒスチジン	15	24

日本食品成分表2020年版（八訂）アミノ酸成分表編

③ れんこんのアミノ酸価を答えなさい。答えは小数第一位を四捨五入して，整数で答えなさい。

④ れんこんのアミノ酸価を高めるための料理名を1つ答えなさい。なお，加える食品と主な調理法がわかるように答えること。(調

味料等はのぞく)

(4)　日本料理に用いられる食器①～③について，関連するものを【A】【B】からそれぞれ1つずつ選び，記号で答えなさい。

①　九谷焼　　②　秀衡塗　　③　備前焼

【A】

ア　粘土を材料とし，比較的低温で焼いた不透明な焼き物である。吸水性はあるが，釉薬により水を通しにくい。

イ　陶石を原料とし，高温で焼き上げた透明感のある焼き物である。吸水性はなく，たたくと金属音がする。強度が強く薄手の食器である。

ウ　光沢のある美しさが特徴で，断熱性が高い。熱い物を入れても持ちやすく，汁椀に適している。

【B】

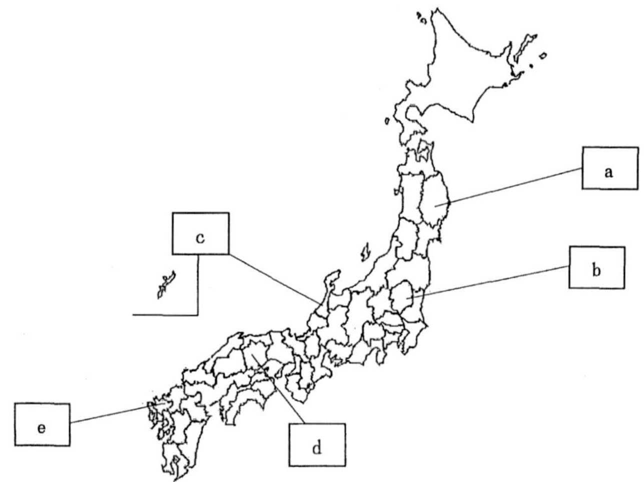

(5)　ライフステージと食生活について，①～③の問いに答えなさい。

①　青年期の栄養の特徴を【A】から，課題を【B】からそれぞれ1つずつ選び，記号で答えなさい。

【A】

ア　身体活動量が増え，身長・体重の増加も著しい時期である。

イ　生涯でもっとも急速に心身が成長・発達する時期である。

ウ　生涯で最大の栄養素量が必要である。

【B】

a　食品選択に関する適切な知識を身に付ける。

b　動物性脂肪や塩分の摂取を控え，野菜類を多く摂取する。

c　3回の食事以外に，間食で栄養を補う。

②　身長165cmで体重70kgの人のBMIを求めなさい。答えは小数第二位を四捨五入して，小数第一位まで答えなさい。

③　②の人が29歳の場合，BMIから「やせ」「ふつう」「肥満」のいずれと判断されるか，答えなさい。

(6)　次の文は，食物アレルギーについて述べたものである。①，②の問いに答えなさい。

> 食物アレルギーは，食品に含まれる原因物質を(　ア　)として認識し，自分の体を防御するために過敏な反応を起こすことである。
>
> 現在，発症件数が多い卵，乳などの主要7品目は表示が義務付けられた。またあわび，いか，大豆など，過去に一定の頻度で発症が報告されている(　イ　)品目は表示が推奨されている。

①　ア，イにあてはまる語句や数字を答えなさい。

②　食物アレルギーの原因物質の侵入により，複数の臓器に全身性のアレルギー症状が引き起こされ，生命に危険を与える過敏反応のことを何というか答えなさい。

(7)　食品のあくについて，①，②の問いに答えなさい。

①　野菜のあくの「えぐ味」成分にはシュウ酸のほか，どのようなものがあるか，1つ答えなさい。

②　次のア，イの食品のあく抜きの方法を答えなさい。

ア　たけのこ　　イ　ぜんまい

(☆☆☆☆◎◎◎)

解答・解説

【中学校】

【1】(1)　①　よりよい生活　②　機能　③　生活の自立　④　評価　⑤　論理的　⑥　実践的な態度　(2)　①　生活事象　②　生活文化の継承・創造　③　持続可能な社会の構築　④　視点

〈解説〉(1)　中学校学習指導要領の家庭分野の目標から，語句の穴埋め記述式の問題である。目標については，文言は必ず覚えること。

(2)　目標の語句について，学習指導要領解説で説明された部分からの出題である。目標は，家庭分野で育成を目指す資質・能力を(1)「知識及び技能」，(2)「思考力，判断力，表現力等」，(3)「学びに向かう力，人間性等」の三つの柱に沿って示したものである。それぞれの文言の意図するところを理解しておくこと。

【2】(1)　×　(2)　×　(3)　×　(4)　◯

〈解説〉(1)　指導計画の作成に当たっての配慮事項(3)についての説明である。正しくは「他の内容と関連を図り，3学年間で一以上選択して履修できるよう，生徒や学校，地域の実態に応じて，系統的な指導計画となるよう配慮する。」である。　(2)　指導計画の作成に当たっての配慮事項(3)についての説明である。正しくは「家庭分野の内容の『A家族・家庭生活』の(1)については，小学校家庭科の学習を踏まえ，中学校における学習の見通しを立てさせるために，第1学年の最初に履修させること。」である。　(3)　指導計画作成上の配慮事項の冒頭で「各学校が創意工夫して教育課程を編成できるようにする観点や，基礎的・基本的な知識及び技能を確実に身に付けさせるとともに生徒の興味・関心等に応じて課題を設定できるようにする観点から，各分野の各項目に配当する授業時数及び履修学年については，生徒や学校，地域の実態等に応じて各学校で適切に定めることとしている。」としている。　(4)　内容の取扱いについての配慮事項(2)に関する記述で，正しい。

【3】(1)　A　日常生活　　B　和食　　(2)　煮る，焼く，蒸す
(3)　①　×　　②　○　　③　×

〈解説〉(1)　B衣食住の生活の内容は7項目あげられている。今回は(3)から出題されたが，他の項目についても，文言は覚え，理解を深めておきたい。　(2)　同資料に「材料に適した加熱調理の仕方については，小学校で学習したゆでる，いためる調理に加え，煮る，焼く，蒸す等を次の点に重点を置いて扱うこととする。」と説明がある。　(3)　①は「食品添加物や残留農薬，放射性物質などについては，基準値を設けて，食品の安全を確保する仕組みがあることにも触れるようにする。」，③は「だしと地域又は季節の食材を用いた煮物又は汁物を取り上げ，適切に調理ができるようにする。」と示されている。

【4】イ

〈解説〉アは(一社)製品安全協会が定めた基準で認証された製品に表示されるSGマークである。乳幼児用品，福祉用具，台所用品，家具，スポーツ・レジャー用品などが対象である。ウは，(公社)日本煙火協会がおこなう検査に合格した国内を流通する国産・輸入品のおもちゃ花火につけられるSFマークである。エは，耳の不自由な人々に配慮が施された玩具についているうさぎマークである。

【5】消化吸収機能が未発達なので一日3回の食事だけでは十分な量を摂ることができないため，おやつで回数を増やして補う。

〈解説〉子どもにとっておやつは補食でもある。必要な栄養素を補えるようなメニューと，食事に響かない量，与える時間に配慮することが大切である。

【6】イ

〈解説〉サイズ表示については，男女それぞれ様々な表示について詳細に学習しておきたい。ここでは体型区分について問われたが，身長区分，数字による大きさの区分について理解しておくこと。体型区分は男性はウエストとチェストの差，女性はヒップとバストの差で区分され，もっとも標準的な体型をAであらわす。

【7】ア

〈解説〉布をかぶせる側に凸型をつけたら，それを下側に押しつけて凹型をつける位置を印してから凹型をつける。ボタンのつけ方，ボタンホールのサイズの取り方の問題は頻出なので確認しておくこと。

【8】(1)　①　あや織　　②　平織　　(2)　②

〈解説〉(1)　織物の三原組織は，図を見て答えられるようにすること。また，その織り方の特徴と，種類もあわせて学習しておくこと。

(2)　平織は縦糸と横糸を交互に織るもので，表面はフラットで，洗濯しても崩れにくく耐久性に優れている。

【9】イ，ウ

〈解説〉繊維の種類と特徴に関する問題は頻出である。天然繊維は植物繊維と動物繊維，化学繊維は再生繊維と半合成繊維と合成繊維で，整理して必ず覚えること。他の選択肢，ア，エ，オは合成繊維である。

【10】酸味，うま味

〈解説〉5つの基本味についての問題は頻出である。あわせて，味の相互作用5つ，対比効果，抑制効果，相乗効果，変調効果，順応効果についても説明できるように学習しておくこと。

【11】(1)　たんぱく質分解酵素　　(2)　筋切り

〈解説〉(1)　たんぱく質分解酵素のプロアテーゼを多く含む食品として

は他に，パイナップルやパパイヤ，キウイ，舞茸，玉ねぎなどがある。
(2) 筋切りの切り方も確認しておきたい。

【12】大豆，とうもろこし
〈解説〉遺伝子組み換え食品の表示が義務付けられている農産物は覚えておくこと。品種改良と遺伝子組み換えの違いも確認しておきたい。

【13】(1) ウ (2) カ (3) オ
〈解説〉郷土料理は，調理法と発祥もあわせて覚えておきたい。

【14】イ
〈解説〉三色食品群と，6つ，4つの食品群について詳細に学習しておくこと。中学生の摂取量は覚えておくこと。

【15】トレーサビリティ
〈解説〉HACCPによる衛生管理についての問題も頻出なので，あわせて学習しておきたい。

【16】① 水 ② バイオマス ③ 再生
〈解説〉バイオマス資源の利用法は，メタン発酵，たい肥・飼料化，燃料・ガス化，プラスチック化，燃料化などがある。詳細を学習しておきたい。

【17】庇(ひさし)
〈解説〉日本の家屋の各部の名称，日本建築の様式について，整理して覚えること。畳の種類と大きさについても学習しておきたい。

【18】(1) フィッシング詐欺 (2) キャッチセールス
〈解説〉悪徳商法の名称は覚えておきたい。売買契約と，契約の取消しと無効についても詳細に学習しておくこと。

【19】ヒートショック

〈解説〉ヒートショックに関する問題は頻出である。寒いトイレでもおこりやすい。予防のポイントは，脱衣所と浴室，トイレを暖めておくなど，温度差をなくすこと。

【20】(1)　ハザードマップ　　(2)　通電火災

〈解説〉(1)　近年，集中豪雨などによる水害や土砂災害が増えている。河川が氾濫したときの危険箇所や避難場所の正確な情報を知っておくことは被害を軽減させるために重要なことである。　(2)　通電したときに，住民が避難場所にいるなど，初期消火が難しい場合が多い。停電したら，電化製品のスイッチを切り，プラグをコンセントから抜いておく，また自宅から離れるときはブレーカーを落としておくとよい。

【21】(1)　①　片開き扉(片開き戸)　　②　片開き窓　　③　引き違い戸　④　引き込み戸　　(2)

〈解説〉平面表示記号に関する問題は頻出である。窓と戸については，必ず覚えておくこと。

【22】ア，イ，カ

〈解説〉採寸の仕方についての問題は頻出なので，覚えておくこと。ウはショルダーポイントからバックネックポイントを通ってもう片方のショルダーポイントまでの幅である。エはショルダーポイントから手首周りまで腕に沿わせて測る。オはバックネックポイントからウエストラインまでを測る。

【23】①　オ(20)　　②　ネ(トリプトファン)　　③　ウ(9)　　④　ス(必須アミノ酸)　　⑤　ニ(アミノ酸価)　　⑥　キ(低)　　⑦　ケ(高)　⑧　ト(補足効果)

〈解説〉たんぱく質に関する問題は頻出である。糖質や脂質についても学習しておくこと。9種類の必須アミノ酸(イソロイシン，ロイシン，リジン，メチオニン，フェニルアラニン，トレオニン，トリプトファン，バリン，ヒスチジン)は覚えておきたい。主な食品のアミノ酸スコア，第一制限アミノ酸なども確認しておきたい。

【24】(1)　既存添加物　　(2)　指定添加物　　(3)　一般飲食物添加物

〈解説〉食品添加物の種類と目的を確認しておきたい。甘味料，着色料，保存料，増粘剤，安定剤，ゲル化剤，酸化防止剤などの目的と効果，あてはまる添加物を整理しておきたい。

【25】①　半(2分の一の)　　②　水　　③　2～3　　④　昆布　　⑤　30　⑥　直前　　⑦　かつおぶし(かつお削りぶし)

〈解説〉だしのとり方は，授業でも扱うため，必ず理解しておくこと。昆布，かつおぶし，いりこ，椎茸のだしのとり方とうま味成分についてもあわせて学習しておくこと。

【26】ウ，カ

〈解説〉定期予防接種と任意予防接種は区分できるようにしておくこと。定期予防接種は4種混合(ジフテリア，百日せき，破傷風，ポリオ)，B型肝炎，Hib，小児肺炎球菌，BCG，2種混合(麻疹，風しん)，水痘，日本脳炎，ロタウイルスである。なお，公開解答にB型肝炎とロタウイルスが含まれていないが，B型肝炎は平成28年から，ロタウイルスは令和2年から定期接種になっている。

【27】(1)　×　　(2)　○　　(3)　×　　(4)　○

〈解説〉年金制度について詳細を学習しておくこと。(1)は18歳ではなく20歳，(3)は，公的年金の種類は国民年金と厚生年金の2種類である。給付される公的年金の種類は，老齢年金，障害年金，遺族年金がある。

【28】(1)　①　B　②　A　③　B　④　A　(2)　ジャドママーク(JADMAマーク)　(3)　ア　売買　イ　加盟店　ウ　三者間　エ　借金　(4)　①　2500→3000　②　○　③　○　④　電話→書面(はがき)　(5)　安全性，機能，価格，環境への配慮，アフターサービス

〈解説〉(1)　販売形態について，近年インターネットでの取引も増えている。多様化する契約や取引について学習しておきたい。　(2)　ジャドママークを確認しておくこと。日本通信販売協会の入会審査を通り会員となった事業者のみが使うことのできるマークである。　(3)　三者間契約の仕組みは必ず理解しておくこと。頻出問題である。

(4)　クーリング・オフ制度について，適用できる場合とそうでない場合など詳細を学習しておくこと。　(5)　学習指導要領解説には解答にある5つの観点について理解できるようにするとともに，「関連する品質表示や成分表示，各種マークについても触れるようにする。また，広告やパンフレットなどの情報源から偏りなく情報を収集し，購入目的に応じた観点で適切に整理し，比較検討できるようにする。その際，情報の信頼性を吟味する必要があることにも触れるようにする。」としている。

【29】(1)　①　筋力が低下し，関節が柔軟でなくなること　②　視力が低下すること，視野が狭くなること　(2)　・段差につまずくのを防ぐために，スロープを設置する。　・転倒するのを防ぐために，手すりを設置する。　・つまずいて転倒を防ぐために，通路等に物をおかないようにする。　から2つ　(3)　高齢者の歩行を介助する時は，無理にひっぱったりせず，介助する人の隣に立って，脇を支えて手を添えてあげるといいです。また，相手のペースに合わせて歩いてあげると，無理なく歩行ができますよ。

〈解説〉(1)　高齢者の疑似体験として，足首重り，手袋とサポーター，ヘッドホン型耳栓，膝サポーターなどもある。これらを付けて，階段の昇降，浴槽の出入り，箸やスプーンを使う，財布からのお金の出し

入れなどを体験してみる。　(2)　65歳以上の事故のうち，住宅内で起こったものは全体の7割を超えている。じゅうたん，バスマット，毛布などに足をとられて転倒，風呂場で滑って転倒，玄関の段差でつまずいて転倒などが考えられる。　(3)　歩行の介助，車椅子の介助，移動の介助について，ポイントを理解しておくこと。ボディメカニクスについても確認しておきたい。

【高等学校】

【1】(1)　①　科学的　　②　総合的　　③　生活文化　　(2)　①　生涯発達　　②　導入　　③　食物アレルギー　　④　社会保障制度　　(3)　①　職業人　　②　倫理観　　③　人間性　　(4)　保育実践

〈解説〉(1)　家庭総合の目標から，語句の穴埋め記述式の問題である。目標について文言は必ず覚えること。　(2)　家庭基礎の内容とその取扱いは，A人の一生と家族・家庭及び福祉については5項目，B衣食住の生活の自立と設計については3項目，C持続可能な消費生活・環境については3項目，Dホームプロジェクトと学校家庭クラブ活動について1項目あげられている。今回出題された項目以外の項目についても学習しておくこと。　(3)　主として専門学科において開設される教科「家庭」の目標から語句の穴埋め記述式の問題である。各学科に共通する教科「家庭」との違いを整理して覚えること。　(4)　新学習指導要領では21の科目に編成された。すべての科目名を理解しておくこと。

【2】(1)　合掌造り　　(2)　①　結露　　②　食寝分離　　(3)　エ　　(4)　①　イ　　②　軒　　(5)　エ　　(6)　A　エ　　B　ウ　　(7)　A　一戸建て　　B　空き家(空き屋)

〈解説〉(1)　日本の建築様式について，他にも寝殿造り，書院造り，数寄屋造りなども確認しておくこと。　(2)　結露はカビやダニの繁殖にもつながり健康被害の可能性もある。結露の防ぎ方について問われることもあるため，換気や，押し入れやクローゼットの風通しなどの方法を確認しておくこと。食寝分離についての問題も頻出である。建築家，建築学者の西山夘三が1942年に「住居空間の用途構成に於ける食寝分離論」において，食室と寝室を分けて設けることは秩序ある生活にとって最低限の要求であるとし，食寝分離の必要性を説いた。
(3)　日干しレンガの家は西アジアや北アフリカ，中南米などで見られる。　(4)　夏至は太陽が高く，庇や軒で屋内へ直射日光が当たることが防げる。　(5)　家庭内の不慮の事故についてのグラフからの問いは頻出である。必ず確認しておくこと。Bはイ，Cはウ，Dはアである。
(6)　それぞれの照明の特徴を確認しておきたい。Aの右隣がオ，その右隣がカ，一番右の下がイである。　(7)　住生活基本計画についての問題は頻出なので，概要を確認しておくこと。令和3年に示された計画では，3つの視点及び8つの目標を設定している。①「社会環境の変化からの視点」では，目標1「新たな日常」やDXの推進等に対応した新しい住まい方の実現，目標2　頻発・激甚化する災害新ステージにおける安全な住宅・住宅地の形成と被災者の住まいの確保，②「居住者・コミュニティからの視点」では，目標3　子どもを産み育てやすい住まいの実現，目標4　多様な世代が支え合い，高齢者等が安心して暮らせるコミュニティの形成とまちづくり，目標5　住宅確保要配慮者が安心して暮らせるセーフティネット機能の整備，③「住宅ストック・産業からの視点」では，目標6　脱炭素社会に向けた住宅循環システムの構築と良質な住宅ストックの形成，目標7　空き家の状況に応じた適切な管理・除却・利活用の一体的推進，目標8　居住者の利便性や豊かさを向上させる住生活産業の発展があげられている。

【3】(1) 体温調節の補助・身体の保護(生活活動への適合・皮膚の清潔)
(2) 透湿防水加工 (3) ファストファッション (4) ① a エ b イ ② c ダーツ(タック，フレアー，ギャザー) (5) ウ
(6) デメリット表示 (7) ① 界面活性剤 ② 表面張力
③ 再付着防止 (8) おはしょり

(9)

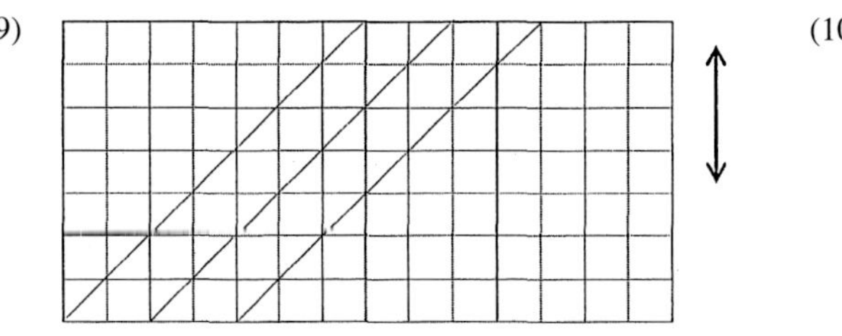

(10) オ

〈解説〉(1) 衣服の働きについて他にも確認しておくこと。生活活動上の働きは，運動や作業などをしやすくする，社会生活上の働きは，所属や職業を表す(学生服，制服，チームのユニフォームなど)，社会慣習にそって礼儀や気持ちなどを表現する，団結力を増す・一体感を得る(おそろいの服など)，個性を表現する・変身する(日常着，外出着，舞台衣装，仮装など)がある。 (2) 衣服素材の加工は他にも，防水加工，撥水加工，UVカット加工，難燃加工，消臭加工など様々あるので確認しておきたい。 (3) ファストファッションの弊害について問われることがあるので，詳細に学習しておくこと。 (4) 平面構成と立体構成，世界の民族衣装がどちらにあてはまるのかと，長所と短所を記述できるようにしておきたい。 (5) 取り扱い表示についての問題は頻出である。洗濯・漂白・乾燥・アイロン・クリーニングの5つの基本表示を整理して覚えること。 (6) デメリット表示の他に，組成表示についても，表示の仕方などを詳細に学習しておくこと。
(7) 界面活性剤の汚れの落とし方についての問題は頻出である。界面活性剤は親水性と親油性の2つの部分をあわせもっている。浸透作用，乳化作用，分散作用の3つの作用がある。図などで，仕組みを理解しておきたい。 (8) 和服には男性用と女性用で異なる部分があるので，理解した上で各部の名称を覚えておくこと。 (9) 正バイアスは布目

に対して45°で裁つ。図で示せるようにしておくこと。 (10) そで山の形と仕上がりの違いは理解しておくこと。また，パンツの型紙から，前後の判断ができるようにしておくこと。

【4】(1) ① 法律　② 承諾　③ 債務　(2) イ，ウ
(3) ① グリーン　② エシカル　③ フェアトレード
(4) ウ，エ　(5) ① a エ　b イ　② 二次元コード決済(QRコード決済，タッチ式決済，バーコード決済) から1つ
(6) A　(7) エ　(8) 家電リサイクル法，自動車リサイクル法(建設リサイクル法，容器包装リサイクル法，小型家電リサイクル法，食品リサイクル法) から2つ

〈解説〉(1) 契約についての問題は頻出である。契約の種類と，成立，契約の無効，三者間契約について学習しておきたい。 (2) アは実支出以外の支出について説明したものである。エは担保ではなく，控除である。オについて，実支出は消費支出と非消費支出をあわせたものである。 (3) エシカル消費についての問題は頻出である。説明できるようにしておきたい。フェアトレードに認定されているものには，コーヒー，バナナ，スパイス，コットン，サッカーボールなどがある。認証ラベルを確認しておきたい。 (4) アはSGマークで，消費生活用製品の安全基準を満たした製品につけられる。イは耳マークで，外見からはわかりにくい聴覚障がい者への配慮を促すものである。ウは省エネ法により定められた省エネ基準をどの程度達成しているかを表示している。省エネ基準を達成している製品には緑色のマーク，達成していない製品には橙色のマークを表示することができる。エは適切な森林管理が行われていることを認証する「森林管理の認証」と森林管理の認証を受けた森林からの木材・木材製品であることを認証する「加工・流通過程の管理の認証」の2種類の認証制度である。 (5) キャッシュレス決済についての問題は近年頻出である。表に示してある分類と特徴は覚えておくこと。リボルビング払いの長所と短所についても記述できるようにしておきたい。 (6) Bは元金均等返済を表し

ている。 (7) アは廃棄物の排出抑制と処理の適正化による生活環境保全を目的として1970年に制定された。法律の目的，廃棄物の定義，処理・保管等の方法，責任の所在と罰則などが記載されている。イは1993年に制定され，国，地方自治体，事業者，国民の責務を明らかにするとともに，環境保全に関する施策の基本事項などを定めている。ウはPL法とも呼ばれ，1995年に施行された。製造物の欠陥によって生じた損害に対して，製造物の不良や欠陥が原因だと証明できた場合，損害賠償責任のもと賠償を受けることができる。オは循環型社会を形成していくために必要な3Rの取り組みを総合的に推進するための法律。特に事業者に対して3Rの取り組みが必要となる業種や製品を政令で指定し，自主的に取り組むべき具体的な内容を省令で定めている。

(8) 2000年成立，2001年施行の循環型社会形成推進基本法により，廃棄物処理法，容器包装リサイクル法，家電リサイクル法，食品リサイクル法，建設リサイクル法，自動車リサイクル法，資源有効利用促進法，グリーン購入法などが束ねられている。

【5】(1) ① 母子健康手帳 ② 新生児期 ③ 生理的早産
(2) ① 初乳 ② 免疫物質 (3) ① 6 ② 8 (4) ハンドリガード (5) ① 脱水 ② けいれん(熱性けいれん)
(6) イ (7) ① 頭部(頭) ② 腹部(ウエスト)

〈解説〉(1) ① 母子健康手帳には妊娠，出産までの記録，出生後小学校入学までの定期検診，予防接種，歯の検査などの記録欄がある。
② 区分の仕方は様々あるが，新生児期から1歳までを乳児，満1歳から就学前までを幼児，それ以降を児童と呼ぶ。児童福祉法などでは満18歳未満を児童と定義している。 ③ 人間は直立二足歩行をするため骨盤幅と産道が狭い。一方で脳を大きく成長させる強い淘汰圧を受けたので，生理的早産が見られ二次的晩成性が発達したと考えられている。胎児の脳が大きくなりすぎて産道の通過が不可能になる前に，未熟な状態で出産する。 (2) 母乳に関する問題は頻出である。母乳と人工乳の利点をそれぞれ確認しておくこと。 (3) 育児・介護休業

法による，育児休業と産後パパ育休についても詳細を学習しておくこと。　(4)　その後自分の手が自分の体の一部であることを初めて認識し，動かしたり，なめたりたたいたりして，手の触感が発達していく。(5)　子どもの病気は急変しやすいので，観察が大切である。乳幼児がかかりやすい病気と，事故について学習しておきたい。　(6)　乳幼児の発達段階については，歯の生え始める時期，寝返り，ハイハイや，歩き始める時期など整理して覚えること。　(7)　乳幼児の服は縫い目を肌にあたらない面にするなど，気にかけなければならないことがある。安全面についても配慮が必要である。衣服による事故を防ぐために，引っかかりやすいひもやフードのある服について基準が示されたJIS L 4129規格についても学習しておきたい。

【6】(1)　発達課題　(2)　①　A.H.マスロー(マスロー，マズロー)　②　自己実現　(3)　a　仕事と生活の調和(ライフ・ワーク・バランス)　b　働き方改革

〈解説〉(1)　エリクソンによる発達区分は，乳児期(0～1歳半)，幼児前期(1歳半～4歳)，幼児後期(4～6歳)，学童期(6～12歳)，青年期(12～20歳)，成人期(20～40歳)，壮年期(40～65歳)，老年期(65歳～)である。それぞれの発達課題を確認しておくこと。　(2)　マスローの欲求5段階説では，人間には5段階の欲求があり，下の欲求が満たされると次の欲求を満たそうとする心理的な行動を表している。　(3)　ライフ・ワーク・バランスについての問題は頻出である。内閣府の推進している仕事と生活の調和憲章は確認しておくこと。その中で，「仕事と生活の調和が実現した社会とは，『国民一人ひとりがやりがいや充実感を感じながら働き，仕事上の責任を果たすとともに，家庭や地域生活などにおいても，子育て期，中高年期といった人生の各段階に応じて多様な生き方が選択・実現できる社会』である。」としている。

【7】(1)　a　重心　b　てこ　(2)　介護支援専門員(ケアマネージャー)　(3)　①　ヤングケアラー　②　進学や就職の機会を逃す，

自身の生活基盤を確立できない，周りに相談できずに孤立する，学校を休みがち，など　(4)　ア

〈解説〉(1)　ボディメカニクスの8つの原則は覚えておきたい。また，歩行，車椅子，移動の介助の方法を詳しく学習しておくこと。　(2)　介護保険制度の仕組みと，介護認定の段階ごとの区分について詳細に学習しておくこと。　(3)　ヤングケアラーについての出題は近年増えている。ヤングケアラーを支援するための施策が行われているが，実態をつかみにくいなど，支援が届きにくい状況がある。　(4)　認知症の種類と特徴について覚えておきたい。

【8】(1)　①　ア　和食　　イ　郷土料理

②

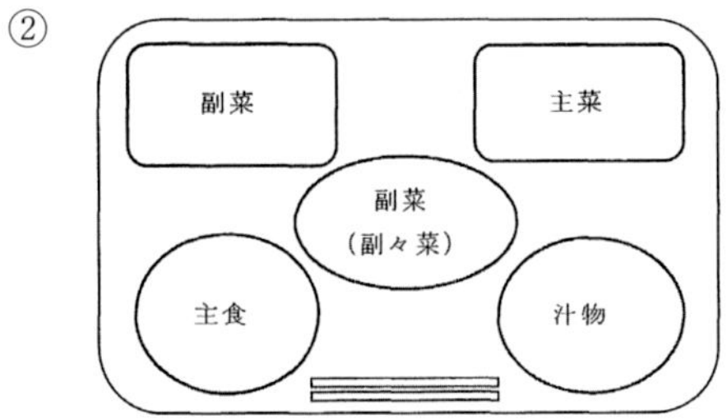

③　a　七草がゆ　　b　かしわもち(草もち，カツオ等)

(2)　①　有機JASマーク　　②　日本農林規格に基づき，農薬や化学肥料を使用せずに栽培された有機農産物や有機農産物加工食品などにつけられる。　　(3)　①　ア　4　　イ　20　　ウ　補足効果

②　ロイシン　　③　64　　④　鶏ひき肉とれんこんのはさみ揚げ(豚肉とれんこんのきんぴら，等)　　(4)　(【A】/【B】の順)　①　イ／c

②　ウ／a　　③　ア／d　　(5)　(【A】/【B】の順)　①　ウ／a

②　25.7　　③　肥満　　(6)　①　ア　異物　　イ　21　　②　アナフィラキシー(アナフィラキシー症状)　　(7)　①　ホモゲンチジン酸

②　ア　ぬかを入れた水でゆでる。　　イ　灰汁や重曹を加えてゆでる。

〈解説〉(1)　①　和食の特徴は記述できるようにしておきたい。郷土料

理と，季節の行事食についても学習しておきたい。　② 配膳の配置についての問題は頻出なので必ず覚えること。焼き魚の盛り付けについても覚えておくこと。　③ それぞれの節句の料理を覚えておくこと。　(2) 有機JASマークは，化学的に作られた肥料や農薬を使わない農産物や加工品，有機農産物と同じように作ったエサを食べさせて，自由に育った家畜の卵や乳，肉などにつけられるマークで，規格が定められている食品は，有機農産物，有機加工食品，有機畜産物である。また，JASマークは，JAS規格に合格した食品についているマークで，規格が定められている食品は，カップめん，しょうゆ，果実飲料などである。　(3) たんぱく質に関する問題は頻出である。必須アミノ酸はすべて覚え，アミノ酸スコアについて詳細に学習しておくこと。計算式は，アミノ酸スコア＝

$$\frac{\text{食品たんぱく質中のアミノ酸含有量(mg/gタンパク質)}}{\text{アミノ酸評点パターンの当該アミノ酸量(mg/gタンパク質)}}\times 100$$

である。補足効果について，理解しておくこと。第一制限アミノ酸は評定パターン対して最も低いアミノ酸のことで，表からロイシンであることがわかる。鶏肉はアミノ酸スコア100なので補足するのに適している。　(4) 食器や調理器具など伝統工芸品の産地は覚えておきたい。(5) 中学生，高校生の食事摂取基準は覚えておきたい。年代に応じた栄養摂取について確認しておくこと。BMIの計算式はBMI＝体重kg÷(身長m)^{2}である。判定基準は覚えておくこと。　(6) アレルギーの義務表示7品目と表示が推奨されている21品目も覚えておきたい。アナフィラキシーが起きたときのエピペンの使用方法について学習しておくこと。　(7) えぐ味の成分には他に，チアミナーゼ，サイカシン，青酸，タンニン，クロロゲン酸，サポニン，カテキンなどがある。食材や成分によって取り除き方が違うので学習しておくこと。水にさらす・漬ける，薄い酢水に漬ける，ゆでるまたは熱湯をかける，米のとぎ汁・米ぬか・小麦粉の吸着性を利用する，中和させる・取り除くなどがある。

2022年度　実施問題

【中学校】

【1】以下の文は，中学校学習指導要領解説　技術・家庭編(平成29年7月)第3節「家庭分野の目標及び内容」について示したものです。次の(1)，(2)の問いに答えなさい。

(1)　次の文は，家庭分野の目標について示したものです。文中の(　①　)～(　⑥　)にあてはまる言葉を書きなさい。

> A生活の営みに係る見方・考え方を働かせ，衣食住などに関する実践的・体験的な活動を通して，よりよい生活の実現に向けて，生活を工夫し創造する資質・能力を次のとおり育成することを目指す。
>
> (1)　家族・家庭の機能について(　①　)を深め，家族・家庭，衣食住，消費や環境などについて，生活の自立に必要な基礎的な(　①　)を図るとともに，それらに係る(　②　)を身に付けるようにする。
>
> (2)　家族・家庭や地域における生活の中から(　③　)を見いだして課題を設定し，解決策を構想し，実践を(　④　)・改善し，考察したことを論理的に表現するなど，これからの生活を展望して課題を解決する力を養う。
>
> (3)　自分と家族，家庭生活と地域との関わりを考え，家族や地域の人々と協働し，よりよい生活の実現に向けて，生活を(　⑤　)し創造しようとする(　⑥　)な態度を養う。

(2)　下線部Aにかかわって，中学校学習指導要領解説　技術・家庭編(平成29年7月)では，次のように解説しています。(　①　)～(　④　)にあてはまる言葉を書きなさい。

> この「生活の営みに係る見方・考え方」に示される視点は，家庭分野で扱う全ての内容に共通する視点であり，相互に関わり合うものである。したがって，生徒の発達の段階を踏まえるとともに，取り上げる内容や題材構成などによって，いずれの視点を重視するのかを適切に定めることが大切である。例えば，家族・家庭生活に関する内容においては，主に「(　①　)」，衣食住の生活に関する内容においては，主に「(　②　)」や「(　③　)」，さらに，消費生活・環境に関する内容においては，主に「(　④　)」の視点から物事を捉え，考察することなどが考えられる。

(☆☆◎◎◎◎◎)

【2】次の文は，家庭分野の内容「A　家族・家庭生活」の内容について述べたものです。以下の(1)，(2)の問いに答えなさい。

> (3)　家族・家庭や地域との関わり
> ア　次のような知識を身に付けること。
> (ア)　家族の互いの立場や(　①　)が分かり，(　②　)することによって家族関係をよりよくできることについて理解すること。
> (イ)　家庭生活は地域との相互の関わりで成り立っていることが分かり，高齢者など地域の人々と(　③　)する必要があることや[a]介護など高齢者との関わり方について理解すること。
> イ　家族関係をよりよくする方法及び高齢者など地域の人々と関わり，(　③　)する方法について考え，工夫すること。

(1)　文中の(　①　)～(　③　)にあてはまる言葉を書きなさい。

(2)　下線部aにかかわって，正しいものには○印，正しくないものには×印を書きなさい。

①　視力や聴力，筋力の低下など中学生とは異なる高齢者の身体の

特徴について学習することは，プライバシーに関わる問題なので，中学生の段階では扱う必要はない。

② 立ち上がりや歩行などの介助の方法については，体験的な活動を通して，実感を伴って理解できるよう配慮する。

③ この学習は，高等学校家庭科における高齢者の介護に関する学習につなげるようにする。

(☆☆◎◎◎◎◎)

【3】家庭生活を支える社会について，次の(1)，(2)の問いに答えなさい。

(1)「男女が，互いにその人権を尊重しつつ責任も分かち合い，性別にかかわりなく，その個性と能力を十分に発揮することができる社会」をめざし，1999年に施行された法律を次のア～ウから一つ選び，その記号を書きなさい。

ア 男女社会参画均等法　　イ 男女雇用機会均等法

ウ 男女共同参画社会基本法

(2)「『仕事』と育児や介護，趣味や学習，休養，地域活動といった『仕事以外の生活』との調和をとり，その両方を充実させる働き方・生き方」のことを何というかカタカナで書きなさい。

(☆☆◎◎◎◎)

【4】次の文は，「児童憲章」の前文に示されているものです。文中の(①)～(③)にあてはまる言葉を書きなさい。

児童は，(①)として尊ばれる 児童は，(②)の一員として重んぜられる 児童は，よい(③)の中で育てられる

(☆☆◎◎◎◎)

【5】児童虐待の防止の取組の1つとして，児童相談所全国共通ダイヤルが設置されています。そこに電話をかけると近くの児童相談所につな

がります。その3桁の共通ダイヤルを書きなさい。

(☆☆◎◎◎◎)

【6】次の文は，「食品群別摂取量のめやす」について，3群と4群の違いを説明したものです。文中の(　①　)～(　⑤　)にあてはまる言葉や数字を書きなさい。

> 3群の緑黄色野菜は可食部(　①　)gあたり，(　②　)含有量が(　③　)μg以上の野菜のことをいう。しかし，ピーマンやトマトは，その定義は満たしていないが，食べる(　④　)が多く，また食べる(　⑤　)も多いため3群の緑黄色野菜に分類されている。

(☆☆◎◎◎◎)

【7】次の文は，食中毒とその対策について述べたものです。以下の(1)，(2)の問いに答えなさい。

> 食中毒の原因となりうる細菌には，O157や(　①　)などがあります。これらの細菌が食品につき，それが繁殖することで食中毒が起こります。しかし，十分に加熱することで，食中毒を起こすほとんどの菌を殺菌することができます。肉の料理では，肉の中心部の温度が(　②　)度以上で(　③　)分間以上の加熱をめやすとします。

(1)　文中の(　①　)～(　③　)にあてはまる言葉を次のア～ケからそれぞれ一つずつ選び，その記号を書きなさい。

ア　カンピロバクター	イ　アレルゲン	ウ　ノロウイルス
エ　45	オ　60	カ　75
キ　1	ク　2	ケ　3

(2)「加熱する」ことは，食中毒予防の三原則の「やっつける」にあたります。この三原則のうち残り2つを書きなさい。

(☆☆☆◎◎◎◎)

【8】普通地(ブロードなど)を縫うときに適するミシン糸とミシン針の組み合わせとして正しいものを次のア～エから一つ選び，その記号を書きなさい。

ア　ミシン糸60番とミシン針11番

イ　ミシン糸80番とミシン針11番

ウ　ミシン糸60番とミシン針14番

エ　ミシン糸80番とミシン針14番

(☆☆◎◎◎◎)

【9】室内空気の汚染について，次の(1)，(2)の問いに答えなさい。

(1)　次の文中の(　①　)～(　③　)にあてはまる言葉を書きなさい。

調理や暖房などの燃焼器具を使うときは，適切に(　①　)をしないと酸素が不足して不完全燃焼が起こり，(　②　)が発生しやすくなります。(　②　)は無色，(　③　)で微量でも吸い込むと命にかかわることがあります。

(2)　住宅の建材や家具などの接着剤や塗料などに含まれる化学物質も室内空気を汚染する原因になります。これらが原因となって起こる体調不良を何というか書きなさい。

(☆☆◎◎◎◎)

【10】消費者トラブルの相談について，次の(1)，(2)の問いに答えなさい。

(1)　消費者トラブルを防ぐために，相談者が電話をかけると最寄りの消費生活センターに案内し，全国どこからでも気軽に電話相談できるように設置された全国共通の電話番号のことを何というか書きなさい。

(2)　(1)を設置するなど，消費者行政の中心的な役割を果たしている国の機関を書きなさい。

(☆☆◎◎◎◎)

【11】クレジットカードの利用について述べたものです。文中の(　①　),(　②　)にあてはまる言葉や数字を書きなさい。

2022年4月1日から民法上の成年年齢が20歳から18歳に引き下げられるため，18歳でクレジットカードを作り，利用できるようになります。クレジットカードによる支払いは「消費者」「販売店」「クレジットカード会社」による(　①　)契約となります。この時，「消費者」と「クレジットカード会社」の間には立替払契約が，「消費者」と「販売店」の間には(　②　)契約が，「販売店」と「クレジットカード会社」の間には加盟店契約が成立しています。

(☆☆◎◎◎◎)

【12】消費生活が社会に与える影響について，次の(1)～(3)の問いに答えなさい。

(1)　次の文中の(　①　)～(　⑤　)にあてはまる言葉を以下のア～ソからそれぞれ一つずつ選び，その記号を書きなさい。

2015年に国連が掲げたSDGsは，(　①　)可能な社会へ向けた取り組みです。SDGsは，人と社会，環境，経済の3つの視点から「誰一人も取り残さない」を基本理念に(　②　)の具体的な国際目標を掲げ，その中には「1　(　③　)をなくそう」「6　安全な(　④　)とトイレを世界中に」などがあります。これは(　⑤　)年までの達成を目指しています。

ア	貧困	イ	実現	ウ	豊かさ	エ	平和	オ	持続
カ	不平等	キ	水	ク	風呂	ケ	開発	コ	15
サ	17	シ	25	ス	2025	セ	2030	ソ	2035

(2)　人や社会，環境，地域などに配慮した消費行動のことを何というか書きなさい。

(3)　(2)の消費行動の一例として，国際フェアトレード認証ラベルの付いた商品を購入することが挙げられます。次の文は，国際フェアトレード認証ラベルについて説明したものです。文中の(　①　)～(　③　)にあてはまる言葉を書きなさい。

> このラベルは，開発途上国で生産された作物や製品を，適正な(　①　)で，(　②　)に取引し，生産者の生活の自立を支える仕組みの中で生産されたもので，国際基準を遵守した製品であることを表しています。
>
> 例えば，チョコレートの包装にこのラベルが付けられています。チョコレートの原材料である(　③　)は，(　①　)が大きく変動し，生産者は十分で安定的な収入が得られず，学校にいけない子どもたちが大勢います。こうした貿易から生まれる経済的貧困を解消するために生まれたのが，この仕組みです。

(☆☆☆◎◎◎◎)

【13】次の文は，住まい方について述べたものです。文中の(　①　)～(　④　)にあてはまる言葉を書きなさい。

> 近年では，住まい方に変化が生じています。家族といっしょに1つの家に住まう以外にも，血縁関係だけでなく地域の人々とコミュニティを形成しつつ暮らしていく住まい方があります。プライバシーが確保された専用の住まいとは別に(　①　)の食堂や台所をもち，生活の一部を(　①　)化している集合住宅である(　②　)ハウス。入居者が組合をつくり，計画段階から参加し，管理も(　①　)で行う集合住宅である(　③　)ハウス。一つの賃貸住宅を非家族の複数人で共有して暮らす(　④　)ハウスがあります。

(☆☆◎◎◎◎)

【14】次の文は，ビタミンについて述べたものです。文中の(　①　)～(　⑧　)にあてはまる言葉を以下のア～ノから一つ選び，その記号を書きなさい。

ビタミンには，水に溶けやすい(　①　)のものと油に溶けやすい(　②　)のものとがあります。この(　②　)のビタミンには，ビタミンAの他にカルシウムの吸収にかかわる(　③　)や，血液凝固にかかわり，骨にカルシウムを定着させる(　④　)，細胞膜の機能の維持や抗酸化作用がある(　⑤　)があります。また，(　①　)性のビタミンには，ビタミンB_1の他に，核酸の生成にかかわる(　⑥　)や免疫機能を強化し欠乏すると壊血病をおこすとされる(　⑦　)や成長促進やエネルギー代謝にかかわるとされる(　⑧　)があります。いずれも体内でつくることができず，毎日食品からとる必要があります。

ア　塩性	イ　アルカリ性	ウ　中性
エ　水溶性	オ　酸性	カ　脂溶性
キ　ビタミンB_2	ク　ビタミンB_6	ケ　セルロース
コ　ペクチン	サ　リノール酸	シ　ビタミンC
ス　ビタミンB_{12}	セ　オレイン酸	ソ　パントテン酸
タ　ビタミンD	チ　葉酸	ツ　グリコーゲン
テ　ガラクトース	ト　パルミチン酸	ナ　アラキドン酸
ニ　ナイアシン	ヌ　ビタミンK	ネ　アルギン酸
ノ　ビタミンE		

(☆☆◎◎◎◎)

【15】次の文は，日本人の伝統的な食文化である「和食」について述べたものです。文中の(　①　)～(　⑥　)にあてはまる言葉を書きなさい。

> 日本人の伝統的な食文化である「和食」を守るために，2013年に(　①　)に登録されました。その特徴は4つあります。1つは，多様で新鮮な食材とその持ち味の(　②　)。2つ目は栄養バランスにすぐれた(　③　)的な食生活。3つ目は，(　④　)の美しさや(　⑤　)の移ろいを表現した盛りつけ。4つ目が，正月などの(　⑥　)との密接なかかわりです。

(☆☆◎◎◎)

【16】次の文は，よりよい地球環境にむけての取り組み等について述べたものです。正しいものには○印，正しくないものには×印を書きなさい。

(1)　カーボンフットプリントを利用しても，ライフサイクル全体で環境負荷の少ない製品を選ぶことにつながらない。

(2)　企業などに対し，国際標準化機構は，環境マネジメントを改善していく管理手法をISO14001として定めた。

(3)　太陽光などの再生可能エネルギーを利用することは，二酸化炭素排出量を削減するために有効な手段である。

(☆☆◎◎◎◎)

【17】次の表は，繊維の種類とその特徴について示したものです。それぞれの繊維の特徴を正しく説明しているものを次表のア～カから三つ選び，その記号を書きなさい。

記号	繊維名	特　徴
ア	綿	植物繊維で、吸湿性が大きい。しわになりにくい。
イ	毛	動物繊維で、保温性が大きい。吸湿性に富むが水をはじく性質がある。
ウ	レーヨン	再生繊維で、吸湿性が大きい。ぬれると弱くなり縮みやすい。
エ	ナイロン	再生繊維で、引っ張りに強い。紫外線で黒変する。
オ	ポリエステル	合成繊維で、強くてしわになりにくい。型崩れしにくい。
カ	ポリウレタン	合成繊維で、伸縮性が大きく塩素系漂白剤に強い。

(☆☆◎◎◎◎)

【18】子育て支援について，次の(1)～(3)の問いに答えなさい。

(1)　保育所に入所したくても定員数の上限等により入所できない児童を何というか書きなさい。

(2)　所轄が内閣府・文部科学省・厚生労働省で，幼稚園と保育所の機能や特長をあわせもった施設を何というか書きなさい。

(3)　地域型保育のタイプは4つあります。次の①～④の説明として適するものを，以下のア～オからそれぞれ一つずつ選び，その記号を書きなさい。

①　小規模保育　　　②　家庭的保育
③　事業所内保育　　④　居宅訪問型保育

ア　企業等が運営する保育施設などで，従業員の子供と地域の子どもをいっしょに保育する。
イ　小学校以降の教育の基礎をつくるための幼児教育を行う。
ウ　家庭的な雰囲気のもとで，5人以下を対象に保育を行う。
エ　障がい・疾患などでケアが必要な場合や，施設が無くなった地域で保育を維持する必要がある場合などに，保護者の自宅で1対1の保育を行う。
オ　定員6～19人を対象に，家庭的保育に近い雰囲気のもとで保育を行う。

(☆☆☆◎◎◎)

【19】次の文は，保健機能食品について述べたものです。①～③の食品をそれぞれ何というか名称を書きなさい。

①　おなかの調子を整えたり，血圧を調節したり，コレステロールの上昇を抑えるなどの効果が科学的に証明されている食品。

②　無機質やビタミンなどの補給を目的とし，国が定めた栄養成分の規格基準に適した食品。

③　事業者の責任で，科学的根拠に基づいた機能性を表示することができる食品。

(☆☆☆◎◎◎)

【20】こどもの成長と発達の特徴として胃の発達があげられます。乳幼児の胃は入り口の閉鎖が不完全なため，食べたものをはきやすいのが特徴です。この胃の入り口を何というか名称を書きなさい。

(☆☆◎◎◎)

【21】「加工食品の選択」の授業について，次の(1)，(2)の問いに答えなさい。

(1) 加工食品の表示には，「賞味期限」や「消費期限」が表示されます。

① それぞれの意味を「保証」「期限」という2つの言葉を使って書きなさい。

② 「賞味期限」が表示されている加工食品を，次のア～オからすべて選び，その記号を書きなさい。

ア ソーセージ　イ サンドイッチ　ウ 弁当　エ 食肉

オ スナック菓子

(2) 加工食品の表示には，アレルギーを引き起こす原因物質の表示が義務付けられています。

① 必ず表示される品目(特定原材料)のうち，三つ書きなさい。

② 表示が勧められている品目(特定原材料に準ずるもの)になっているものを，次のア～オから二つ選び，その記号を書きなさい。

ア じゃがいも　イ ごま　ウ なたね　エ 大豆

オ みかん

(☆☆◎◎◎◎)

【22】「和食の調理」での実習について，次の(1)，(2)の問いに答えなさい。

(1) こんぶとかつおぶしの二つを使って混合だしをとります。

① こんぶに含まれるうま味成分を書きなさい。

② 生徒に混合だしのとり方を説明します。文中の(ア)～(ウ)にあてはまる言葉や文を書きなさい。

・こんぶをぬれ布巾でふき，切れ目を入れます。
・鍋に水とこんぶを入れて30分程度つけておきます。
・火をつけ，(　ア　)にこんぶを取り出します。
・沸騰したらかつおぶしを入れ，(　イ　)したら，火を消します。
・かつおぶしが(　ウ　)まで待ちます。
・ボウルにざるをセットし，ざるにペーパータオルを敷いて静かにこします。

(2)　あるグループの生徒が，鍋の水を沸騰させる際に弱火にしていたので，強火にするように指示しました。すると「どのくらいの火加減にするといいですか。」と質問されました。どのように答えますか。「鍋底」という言葉を使って書きなさい。

(☆☆◎◎◎)

【23】「衣服の手入れ」の授業について，次の(1)～(3)の問いに答えなさい。

(1)　衣服に次のような表示がついています。

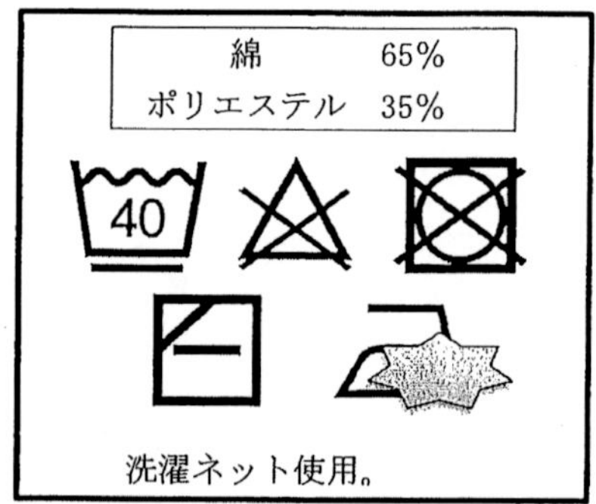

①　この衣服は，中性洗剤と弱アルカリ洗剤のどちらの洗剤を使うのが適していると言えますか，一つ書きなさい。

②　この衣服は，洗濯をした後，どのように干すのがよいか，具体的に書きなさい。

(2)　この衣服にアイロンをかけようと思いますが，表示が汚れていて見えません。

①　この衣服に「高温(200℃程度)」でアイロンをかけるのは正しいですか。正しい場合は○印，正しくない場合は×印を書きなさい。

②　①で答えた理由を「混紡の布」という言葉を使って書きなさい。

(3)　国際規格と同じ記号で，アイロンの表示が「高温(200℃を限度にアイロンできる)」になるように，次の図に描きたしなさい。

(☆☆☆◎◎◎)

【高等学校】

【１】高等学校学習指導要領(平成30年告示)解説「家庭編」に関する次の(1)～(5)の問いに答えなさい。

(1)　次は，各学科に共通する教科「家庭」の「第2章　家庭科の各科目　第2節　家庭総合」の内容構成を示したものである。①，②にあてはまる語句を答えなさい。

> A　人の一生と(　①　)及び福祉
> B　衣食住の(　②　)と文化
> C　持続可能な消費生活・環境
> D　ホームプロジェクトと学校家庭クラブ活動

(2)　次の文は，各学科に共通する教科「家庭」の「第1章　総説　第2節　家庭科改訂の趣旨及び要点　2　家庭科改訂の要点」に示された教科目標の改善および各科目の内容の改善に関するものの一部である。(1)のA～Dを踏まえ，①～⑥にあてはまる語句を答えなさい。

> 教科目標については，今回の改訂の基本方針を踏まえ，育成を目指す資質・能力を三つの柱により明確にし，全体に関

わる目標を柱書として示すとともに，(1)として「知識及び(①)」を，(2)として「思考力，判断力，表現力等」を，(3)として「(②)，人間性等」の目標を示した。

いずれの科目においても，従前の「生涯の生活設計」をまとめとしてだけでなく，科目の導入として位置付けるとともに，AからCまでの内容と関連付けることで，生活課題に対応した(③)の重要性についての理解や生涯を見通した生活設計の工夫ができるよう内容の充実を図った。

高齢化の進展に対応して，いずれの科目においても高齢者の尊厳と介護(認知症を含む)に関する内容を充実するとともに，「家庭基礎」では，高齢者の(④)に関する基礎的な技能，「家庭総合」では，高齢者の心身の状況に応じた(④)に関する技能などの内容の充実を図った。

衣食住については，「家庭基礎」では，自立した生活を営むために必要な基礎的・基本的な内容を，「家庭総合」では，生涯を見通したライフステージごとの生活を科学的に理解させることを重視するとともに，いずれも，日本の(⑤)な生活文化の継承・創造に関わる内容の充実を図った。

消費生活・環境については，成年年齢の引下げを踏まえ，(⑥)の重要性や消費者保護の仕組みに関する内容を充実するなど，消費者被害の未然防止に資する内容の充実を図った。

(3) 主として専門学科において開設される教科「家庭」の科目の中で，原則履修科目として位置付けられている科目をすべて答えなさい。

(4) 主として専門学科において開設される教科「家庭」の科目の中で，名称変更された科目について，改訂前と改訂後の科目名を答えなさい。ただし，整理統合により，名称変更となったものを除く。

(5) 次の文は，主として専門学科において開設される教科「家庭」の，ある科目の目標である。その科目名を答えなさい。

> 家庭の生活に関わる産業の見方・考え方を働かせ，実践的・体験的な学習活動を行うことなどを通して，保育を担う職業人として必要な基礎的な資質・能力を次のとおり育成することを目指す。
> (1) 保育の意義や方法，子供の発達や生活の特徴及び子供の福祉と文化などについて体系的・系統的に理解するとともに，関連する技術を身に付けるようにする。
> (2) 子供を取り巻く課題を発見し，保育を担う職業人として合理的かつ創造的に解決する力を養う。
> (3) 子供の健やかな発達を目指して自ら学び，保育に主体的かつ協働的に取り組む態度を養う。

(☆☆◎◎◎◎◎)

【2】衣生活に関する次の(1)～(7)の問いに答えなさい。

(1) 次の表は，世界の民族衣装の名称と国・地域を示したものである。組み合わせが誤っているものを表のア～オから1つ選び，記号で答えなさい。

	民族衣装の名称	国・地域
ア	チマ・チョゴリ	中国
イ	キルト	スコットランド
ウ	サリー	インド
エ	アオザイ	ベトナム
オ	ポンチョ	アンデス地方

(2) 4つ穴ボタンをエプロンの肩ひもに付ける場合，エプロン本体のボタンホールの大きさはどのように決めればよいか，①，②にあてはまる語句を答えなさい。

> ボタンホールの大きさは，(　①　)に(　②　)を加えたものである。

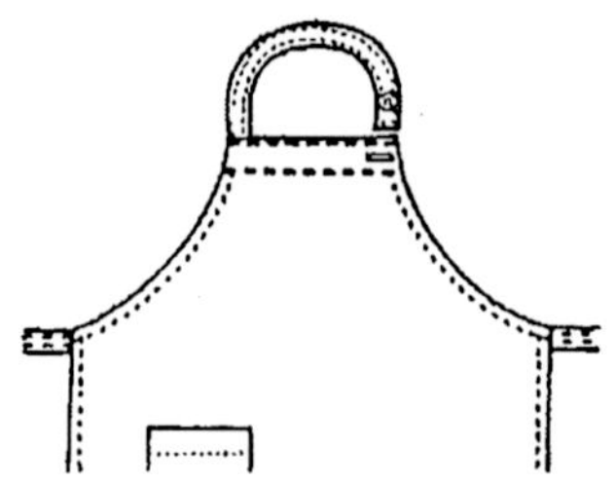

(3)　次の文はシャツやブラウスに使用する繊維や布地について述べたものである。①～⑥にあてはまる語句または文を答えなさい。

シャツ，ブラウスに適している素材の1つに(　①　)がある。この繊維は，断面がストローのように中空で，側面には天然のよじれがあることが特徴である。この素材は長所として(　②　)という性質を持っているが，(　③　)という短所もある。そこで，短所を補うために繊維を混ぜて用いることもある。2種類以上の異なる繊維を組み合わせて糸にして用いることを(　④　)という。

布地は，次図のような(　⑤　)織のものが多い。これは，この織り方の(　⑥　)という長所を生かしている。

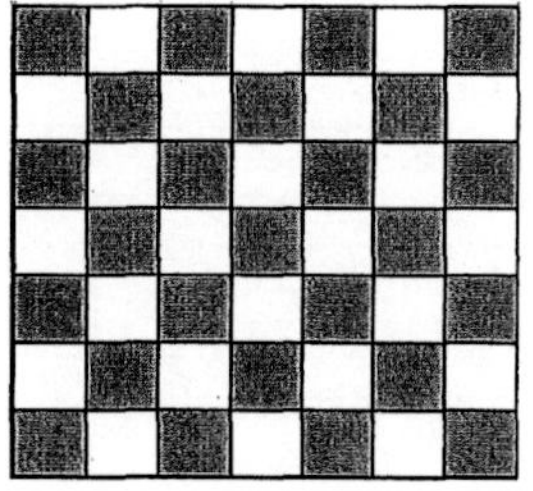

□はよこ糸、
■はたて糸が上側にあることを表す。

(4)　次の文は，針や糸について述べたものである。①～④に入る語句の組み合わせが正しいものを，表のア～オから1つ選び，記号で答えなさい。

・メリケン針は，番号が大きくなるほど，(　①　)くなる。
・ミシン針は，番号が大きくなるほど，(　②　)くなる。
・デニールは数字が大きくなるほど，(　③　)くなる。
・紡績糸の番手は番号が大きくなるほど(　④　)くなる。

	①	②	③	④
ア	太	太	太	細
イ	太	細	太	細
ウ	細	細	細	太
エ	細	太	太	細
オ	細	太	細	太

(5) 被服に刺し子を施すことにより，高められる保健衛生的機能は何か答えなさい。

(6) ジャケットの裏地とその縫い方について，①～③の問いに答えなさい。

① 裏地の役割を2つ答えなさい。

② 裏地は表布ほど伸びないので，表布の横方向の伸び分に対してゆとりを入れる必要がある。そのため，次のような縫い方をする。A，Bにあてはまる語句を答えなさい。

> 裏地の縦方向の縫製は，できあがり線より0.2～0.4cm（　A　）を縫い，縫い代をできあがり線どおりに片返しして（　B　）をかける。

③ 次図は裏地つきジャケットの見返しすその部分を示している。◯で囲んだ部分の縫い方の名称を答えなさい。

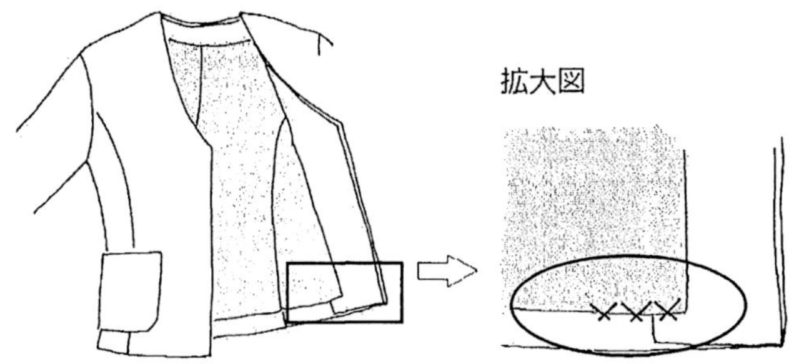

(7) 次の寸法で女物ひとえ長着を製作する場合の総用布を計算し，正しいものをア～オから1つ選び，記号で答えなさい。ただし，そで

幅は34cm，肩幅32cmで，柄合わせが不要な並幅の反物を使用するものとする。

寸法

できあがりそでたけ	50cm
できあがり身たけ	162cm
そで下縫いしろ	3cm
すそくけしろ	2cm
くりこし	2cm
おくみ下がり	23cm
おくみ先縫いしろ	3cm

ア　980cm　　イ　1,152cm　　ウ　1,160cm　　エ　1,164cm
オ　1,168cm

(☆☆☆◎◎◎◎)

【3】住生活に関する次の(1)～(8)の問いに答えなさい。

(1)　次の文は何について説明したものか答えなさい。

> 建築空間の内部，または外部から内部における人や物の動きの軌跡のこと。部屋の間取りや設備機器，家具や物の位置を決める際に，使いやすさなどの面から重要である。

(2)　次の和室の図の破線で囲まれた空間の名称を答えなさい。

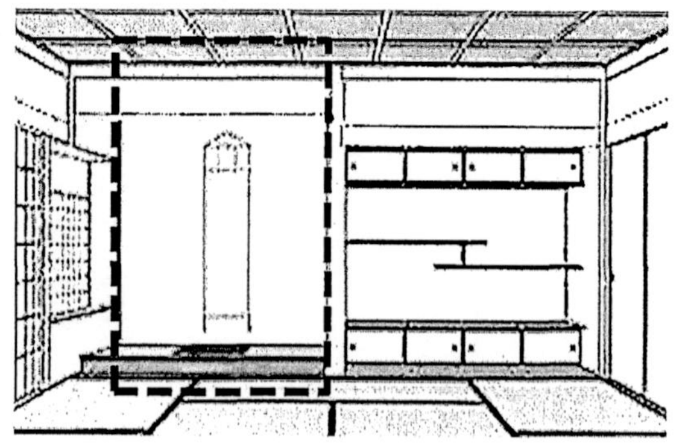

(3) 洋風の住様式における，椅子座の長所と短所をそれぞれ1つずつ述べなさい。

(4) 次のようなじゅうたんの柄は，錯覚によって同じ部屋の形や大きさにどのような印象をもたらすか，①と②を比較して答えなさい。

①
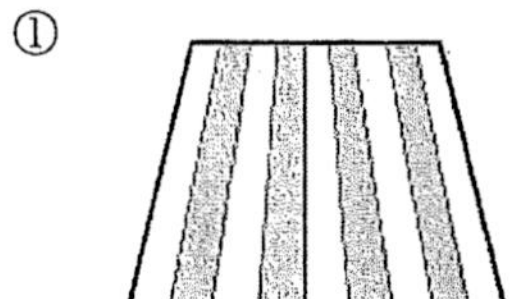

②
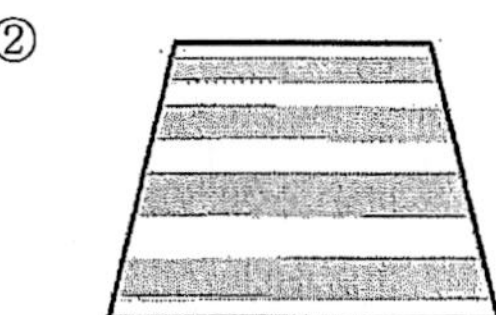

(5) 次の表は，公害対策基本法による騒音の基準値を示したものである。この音の大きさを表す単位を答えなさい。

	昼間	夜間
療養施設などがある地域	５０以下	４０以下
住宅地	５５以下	４５以下

(6) 次の文の①～③にあてはまる語句を答えなさい。

・色相とは，色の属性の一つで，色味の違いのことである。赤・黄・緑・青・紫の5色を基準に並べて円状にしたものを(　①　)という。

・住宅内の温度差は小さくすることが望ましく，冬の居室と廊下，トイレ，風呂などとの温度差に配慮することで，(　②　)と呼ばれる身体の危険な状況を防ぐことができる。

・環境共生住宅の実現には，住宅単体だけではなく，周辺環境全体の緑化も大切である。池や草木など小さな生物が生息できる空間を(　③　)という。

(7) 次の①～③のライフステージにおける住要求について，説明の組み合わせが正しいものを表のア～オから1つ選び，記号で答えなさい。

①　乳幼児期　　②　児童期　　③　青年期

[説明]

A　プライバシーを求め個室要求が強いが，家族団らんの空間と時間を確保することも重要である。

B　親の姿が見える範囲で安全に遊べる環境が必要である。

C　勉学にかかわる持ち物を収納することを目的に，専用の机が必要になる。

	①	②	③
ア	A	C	B
イ	B	C	A
ウ	C	B	A
エ	A	B	C
オ	B	A	C

(8)　幅員6mの市道に4m接している，面積が160m²の敷地に，建築面積が60m²，延べ面積が100m²の2階建ての住宅を建築する場合，この住宅の容積率(%)を計算しなさい。

(☆☆☆◎◎◎◎)

【4】消費生活・環境に関する次の(1)～(8)の問いに答えなさい。

(1)　次の文はSDGsについて説明したものである。①～③にあてはまる数字を答えなさい。

SDGsとは，国連サミットで採択された「Sustainable Development Goals(持続可能な開発目標)」の略称で，(　①　)年までの国際的な目標として決められたものである。持続可能な社会を実現するための(　②　)のゴール(目標)と，さらにそれらを達成するために具体的な(　③　)のターゲット(達成基準)が設定されている。

(2)　次の下線部に該当する，未成年者契約の取り消しができない場合の要件を2つ答えなさい。

民法

> 第5条　未成年者が法律行為をするには，その法定代理人の同意を得なければならない。ただし，<u>単に権利を得，または義務を免れる法律行為については，この限りではない</u>。
>
> 2　前項の規定に反する法律行為は，取り消すことができる。

(3) 次の会話は，食品ロスを削減するための意見交換会の内容の一部である。①～③にあてはまる語句を答えなさい。

食品加工事業者Xさん：

「印字ミスや包装の破損などで販売できない商品も出てしまいます。販売できないけれども食べられる食品を，企業は(①)を通じて生活に困っている人や福祉団体に提供することで，社会貢献に役立つこともあります。」

福祉団体職員Yさん：

「私たちは，寄付された食品を利用して，子どもが1人でも行くことができ，無料または低額で食事の提供を受けられる(②)を運営しています。子どもの貧困対策以外にも，食育や地域交流の場としても，重要な役割を果たしていると思います。」

消費者代表Zさん：

「密閉性の高い缶詰やレトルト食品であれば，食中毒などの安全・衛生面の心配は少ないですね。災害用備蓄品も，多めに買って定期的に消費し使った分だけ買い足す(③)の発想で活用すれば，大量の廃棄や無駄を減らせるのではないでしょうか。」

(4) 資源利用の削減のため，個人や企業が所有している物や空間，能力などを，他の個人や企業も利用可能とする経済活動を何というか，ア～エから1つ選び，記号で答えなさい。

ア ライフサイクルアセスメント　　イ エシカル消費

ウ シェアリング・エコノミー　　エ レインフォレスト

(5) 次の①，②は家計資産の形成に利用される金融商品についてまとめたものである。A，Bにあてはまる語句を答えなさい。

① 主な金融商品とその特徴

株式	株式会社が資金の出資者に対して発行する。株式を保有している間は配当金を受け取れる。
債券	公債（国債、地方債など）や社債、金融債などがある。保有している間は利息を受け取れる。
（ A ）	預けた資金を専門家が、運用方針に従い、株式や債券などに運用してくれるしくみ。

②　金融商品の選択基準

安全性	予想外の損失をこうむらないか、元本割れを起こさないか。
（　Ｂ　）性	どのくらい値上がり益や利回りが見込めるか。
流動性	必要な時にすぐ資金を引き出すことができるか。

(6)　次の文は，何について説明したものか答えなさい。

> 家計の実収入から非消費支出を引いたもの。手取り額ともいい，基本的には住居費や食費，娯楽費などの生活の中で使用できる費用ととらえられている。

(7)　次の文は，消費者の利益や権利を守るための法制度について述べたものである。①，②にあてはまる語句を答えなさい。

> 消費者保護基本法は，2004年に消費者基本法に改正され，消費者の権利を尊重することが明記された。2009年には，消費者委員会と(　①　)が発足した。各地の消費生活センターも改めて消費者行政のしくみの中に位置付けられ，消費者行政の一元化と強化がはかられた。
>
> 消費者の権利の1つに，消費者教育を受ける権利があるが，日本では2012年に(　②　)法が施行された。

(8)　次のグラフは，全国の消費生活センターに寄せられた消費者苦情件数を，契約当事者の年代割合で示したものである。A～Cにあてはまる販売形態の組み合わせが正しいものを，表のア～オから1つ選び，記号で答えなさい。

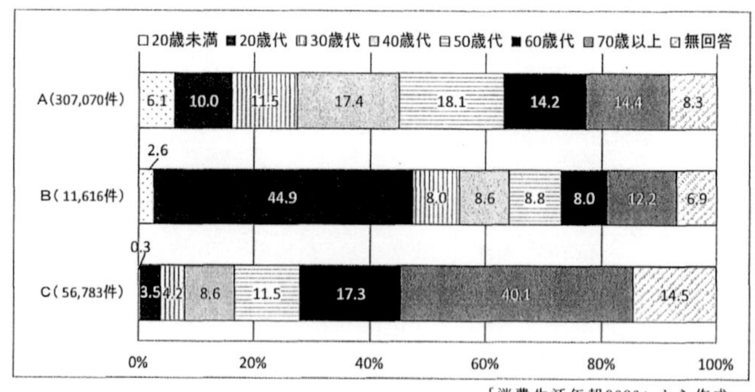

「消費生活年報2020」から作成

	A	B	C
ア	電話勧誘販売	通信販売	マルチ取引
イ	マルチ取引	通信販売	電話勧誘販売
ウ	通信販売	マルチ取引	電話勧誘販売
エ	電話勧誘販売	マルチ取引	通信販売
オ	マルチ取引	電話勧誘販売	通信販売

(☆☆◎◎◎◎)

【5】子どもの発達と保育に関する次の(1)～(7)の問いに答えなさい。

(1) 次の文は，乳幼児の身体の発達について述べたものである。①～④にあてはまる語句または数字を答えなさい。

・出生時の体重が2,500g未満の新生児を(　①　)児という。

・生後2～3日以内に出る黒っぽい便を(　②　)という。

・乳歯はすべてそろうと(　③　)本，永久歯は(　④　)本になる。

(2) 次の保育に関する①～③のマークの名称を答えなさい。また説明文として正しいものをア～キから1つずつ選び，記号で答えなさい。

①

②

③

ア　妊産婦を支援する企業や団体に交付し，その商品・広告に使用することができる。

イ　従業員の子育て支援計画を策定・実施し，その成果が認定された企業に交付する。

ウ　妊産婦が交通機関等を利用する際に身につけ，周囲が配慮しやすくする。

エ　聴覚障害のある子どもが安全に使用できるように工夫された商品につける。

オ　視覚や聴覚に障害のある子どもが，安全に遊べるように工夫された玩具につける。

カ　仕事と育児が両立できるよう多様で柔軟な働き方を導入している企業に交付する。

キ　聴覚障害のある子どもも一緒に遊べるように工夫された玩具につける。

(3)　次の図は新生児の頭蓋骨を示したものである。前頭骨を示すものはア，イのどちらか，記号で答えなさい。

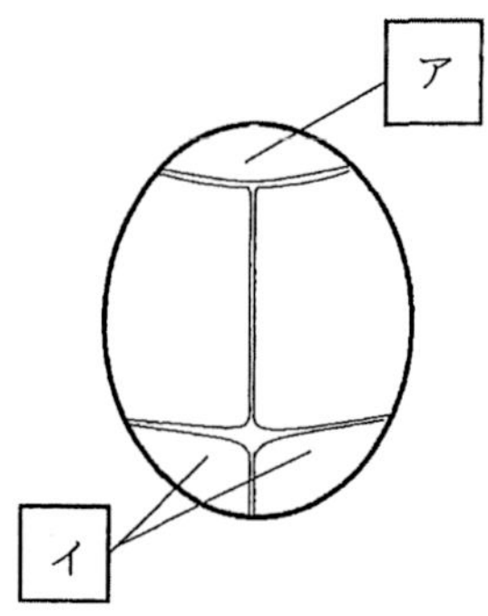

(4)　育児中の人と，育児の援助ができる人が会員となり，保育所の送迎や一時預かり等の育児支援を，地域で相互に行う事業の名称を何というか答えなさい。

(5)　紙芝居，絵本，わらべ歌など，子どもの遊びを誘い出し，創造力や情操を育てるものを総称して何というか答えなさい。

(6)　次の文は，乳幼児の脊柱について述べたものである。①～④にあてはまる語句として，組み合わせが正しいものを表のア～オから1つ選び，記号で答えなさい。

> 脊柱は新生児期～3ヶ月頃までは(　①　)わんしているが，首がすわる頃になると首が(　②　)わんする。6～7ヶ月頃までには胸部が(　③　)わんし，立てるようになると腰部が(　④　)わんする。

	①	②	③	④
ア	前	後	前	後
イ	後	前	後	前
ウ	前	後	後	前
エ	後	後	前	前
オ	前	前	後	後

(7) 次の①～③の文は子どもの福祉と権利について述べたものである。最も関係の深いものをア～ケから1つずつ選び，記号で答えなさい。

① 1947年に制定された，すべての児童の健全な育成と福祉を保障するための総合的な法律である。保護者だけなく，国や地方公共団体にも児童の育成責任があると明記されている。

② 1951年5月5日に制定され，子どもが保護を受ける権利について「児童は，人として尊ばれる。児童は，社会の一員として重んぜられる。児童は，よい環境の中で育てられる。」とうたいあげ，子どもを「ひとりの人間」として位置づけている。

③ 1989年の国連総会において採択され，日本はこの5年後に批准している。子どもの最善の利益を第一に考慮し，生存，発達，保護，参加という包括的権利を保障している。子どもの定義を「18歳未満のすべての者」としている。

ア 児童虐待防止法　　イ 児童手当法
ウ 子どもの権利条約　　エ 母子保健法
オ 児童憲章　　カ 児童福祉法
キ 児童扶養手当法　　ク 子どもの権利宣言
ケ 児童権利宣言

(☆☆◎◎◎◎)

【6】家庭生活及び福祉に関する次の(1)～(7)の問いに答えなさい。

(1) 次のグラフは，日本の女性の年齢階級別労働力率の推移を示したものである。M字型曲線の変化の特徴を2つ答えなさい。また，その特徴が意味する社会的背景をそれぞれ述べなさい。

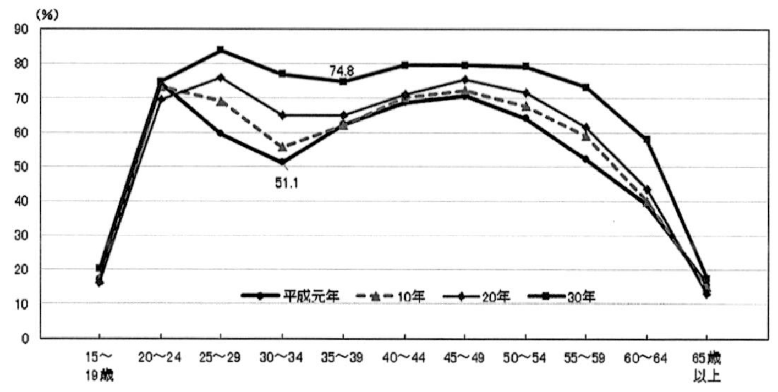

「総務省統計局ホームページ/平成31年/統計トピックス No.119」より

(2)　次の文は，ユニバーサルデザインの7つの原則である。A〜Cにあてはまる語句を答えなさい。

①　誰にでも(　A　)に利用できること。

②　使う上で自由度が高いこと。

③　使い方が簡単ですぐ分かること。

④　必要な(　B　)がすぐ理解できること。

⑤　うっかりミスや危険につながらないデザインであること。

⑥　無理な姿勢をとることなく，少ない力でも楽に使用できること。

⑦　アクセスしやすい(　C　)と大きさを確保すること。

(3)　次の文が示す社会保障の考え方を何というか答えなさい。

・「機会の平等」の保障のみならず，国民が自らの可能性を引き出し，発揮することを支援すること。

・働き方や，介護等の支援が必要になった場合の暮らし方について，本人の自己決定(自律)を支援すること。

・社会的包摂の考え方に立ち，労働市場，地域社会，家庭への参加を保障すること。

(4)　次の文は，高齢者や障害者の介助について説明したものである。①〜③にあてはまる語句の組み合わせが正しいものを，表のア〜カから1つ選び，記号で答えなさい。

＜着脱の介助＞

衣服を脱ぐ時は麻痺の(　①　)側から，衣服を着る時は麻痺の(　②　)側から着替えると体に負担をかけないで着替えることができる。

＜車いすの移動の介助＞

急な坂道を下る際は，介助者が(　③　)向きになり，ゆっくり下る。

	①	②	③
ア	ある	ない	前
イ	ある	ない	後ろ
ウ	ない	ある	前
エ	ない	ある	後ろ
オ	ある	ある	前
カ	ない	ない	後ろ

(5)　介護認定区分で要支援1，要支援2の人が利用可能なサービスを，ア～オからすべて選び，記号で答えなさい。

ア　介護予防ケアプラン　　　イ　居宅療養管理指導

ウ　施設サービス　　　　　　エ　介護予防訪問看護

オ　地域密着型介護予防サービス

(6)　次の語句は社会保険の種類である。残りの1つを答えなさい。

> 医療保険　　介護保険　　年金保険
> 労働者災害補償保険(労災保険)

(7)　次の表は，主な国の社会進出や政治参加における性別格差を示した指標のスコアをまとめたものであり，値が1に近いほど完全平等を示す。この指標を何というか。

順位	国名	値	順位	国名	値
1	アイスランド	0.892	23	イギリス	0.775
2	フィンランド	0.861	30	アメリカ	0.763
3	ノルウェー	0.849	63	イタリア	0.721
4	ニュージーランド	0.840	102	韓国	0.687
5	スウェーデン	0.823	107	中国	0.682
16	フランス	0.784	120	日本	0.656

「世界経済フォーラム（2021年）」より

(☆☆☆◎◎◎◎)

【7】食生活に関する次の(1)～(12)の問いに答えなさい。

(1)　次の文は2016年に改正された食生活指針の一部である。①～③にあてはまる語句を答えなさい。

・(　①　)を楽しみましょう。

・(　②　)は控えめに，脂質は量と質を考えて。

・食料資源を大切に，無駄や(　③　)の少ない食生活を。

(2)　次の①～③の文は何について説明したものか答えなさい。

①　うるち米を蒸し煮してよく練った後，圧力を加えて細い穴から押し出し，再加熱後，冷却・乾燥させたものである。

②　なす，しそなどに含まれる水溶性の色素で，酸やアルカリで変色する。

③　牛乳に含まれるたんぱく質で，酸によって凝固する。

(3)　煮物を作る際に使用する，落としぶたの効用を説明しなさい。

(4)　次のグラフは，厚生労働省の令和元年国民健康・栄養調査をもとに，健康上望ましくない状態にある人の割合を男女別，年代別に示したものである。どのような状態にある人の割合を示しているか，答えなさい。

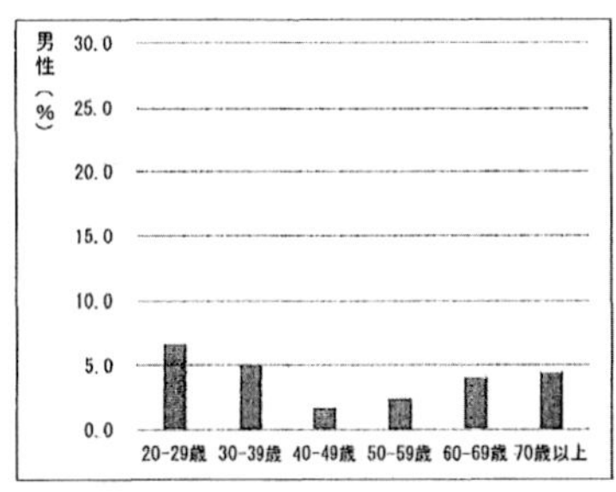

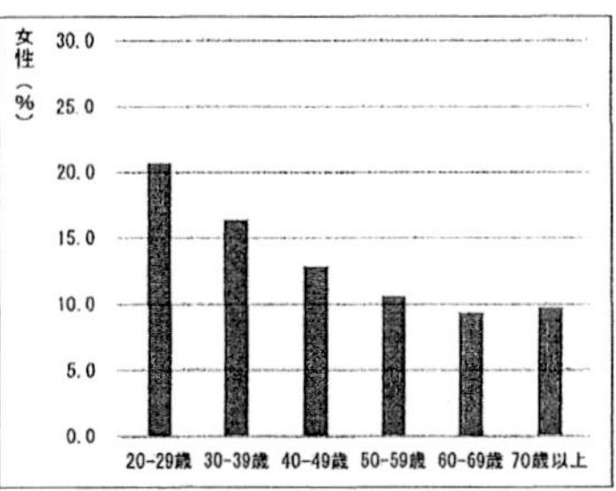

(5)　次の①～③の欠乏症として，正しいものをア～オから1つずつ選び，記号で答えなさい。

①　ビタミンA　　②　ビタミンB_1　　③　ビタミンK

ア　ペラグラ　　イ　血液凝固不良　　ウ　脚気　　エ　壊血病

オ　夜盲症

(6)　食べ物の味について，次の①，②の問いに答えなさい。

①　食品の味と調味料が混ざって味が変化したり，複数の味が組み合わさって感じ方に影響を与えることを何というか。

②　①について対比効果の具体例を書きなさい。ただし，次の形式で解答し，Aに食品，Bに調味料，Cに味覚の名称を入れること。

(　A　)に少量の(　B　)を加えると(　C　)が強まる。

(7)　表①は，ある家族(身体活動レベルⅡ)の1日の食品群別摂取量のめやすを示したものである。A～Eの組み合わせとして最も適するものを，表②のア～エから1つ選び，記号で答えなさい。

表①　　　　（一人一日あたり重量g）

食品群		第1群		第2群		第3群			第4群		
		乳・乳製品	卵	魚介・肉	豆・豆製品	野菜	いも	果物	穀類	油脂	砂糖
家族構成	A	320	50	100	80	350	100	200	290	20	10
	B	320	50	200	80	350	100	200	430	30	10
	C	250	50	120	80	350	100	200	300	15	10
	D	250	50	180	80	350	100	200	390	25	10
	E	250	50	100	80	350	100	200	210	15	10

（香川明夫監修）

表②

	A	B	C	D	E
ア	祖母 75歳	兄　17歳	妹　10歳	父　52歳	母　45歳
イ	妹　10歳	兄　17歳	母　45歳	父　52歳	祖母 75歳
ウ	妹　10歳	父　52歳	母　45歳	兄　17歳	祖母 75歳
エ	母　45歳	父　52歳	妹　10歳	兄　17歳	祖母 75歳

(8)　次の文の①～③にあてはまる語句を答えなさい。

・(　①　)とは，焼いたり熱湯をかけたりして魚肉の表面のみを加熱して肉を引き締める調理法である。

・すりつぶした木の芽に，みそなどの調味料を加えて食材を和えたものを「木の芽和え」というが，この木の芽とは(　②　)の若芽のことである。

・おからやそぼろなどを調理する際に用いられる，加熱しながら水分を飛ばしていく煮方を(　③　)という。

(9)　次の文は正月料理について説明したものである。①～③の問いに答えなさい。

> おせち料理は新年を祝うための伝統食で，それぞれの料理には意味が込められている。祝い肴の中でも(　A　)(　B　)(　C　)を三つ肴といい，(　A　)は元気に働けるように，(　B　)は子孫繁栄，(　C　)は豊作を願っている。

①　A～Cにあてはまる料理名を答えなさい。

②　祝いの席などで出される会席料理の献立の一つで，数種の料理の盛り合わせを何というか，ア～オから1つ選び，記号で答えなさい。

ア　猪口　　イ　口取り　　ウ　向付　　エ　鉢肴　　オ　平

③　正月料理の②は，甘いものが多い。これらは，砂糖が貴重だった時代に長崎で発祥した料理の形式の中に取り入れられた。この料理の形式を何というか。

(10)　次のア～オから正しいものをすべて選び，記号で答えなさい。

ア　日本は食料の約6割を輸入に頼っており，バーチャルウォーターを間接的に大量に輸入している。

イ　遺伝子組み換え食品とは，現在，開発が進められている，特定の遺伝子だけを壊したり改変したりする技術を用いた食品のことである。

ウ　牛肉トレーサビリティ法は，2003年に国内で口蹄疫が発生したことをきっかけに制定された。

エ　2012年4月から，食品衛生法に基づく規格として，食品群ごとに放射性セシウムの上限が定められた。

オ　フード・マイレージとは食料の生産地から消費地までの距離に着目し，環境への負荷を軽減しようとする考え方で，相手国の食料輸入金額に輸送距離を乗じた数値で表される。

(11)　次は加工食品(ロールケーキ)の食品表示例である。①，②の問いに答えなさい。

名　　称	洋菓子
原材料名	植物油脂，砂糖，小麦粉(国内製造)， 卵，生クリーム(乳成分を含む)， 油脂加工品(大豆を含む)，膨張剤， 加工でん粉，乳化剤，香料(一部に小麦， 卵，乳成分，大豆を含む)
内容量	100g
消費期限	21.07.17
保存方法	要冷蔵(3℃～10℃)
販売者	××株式会社　岩手県△△市・・・
製造者	○○食品　岩手県□□市・・・

栄養成分表示

熱　　量	190kcal
たんぱく質	3.6g
脂　　質	12.2g
糖　　質	16.4g
食物繊維	0.3g
ナトリウム	78mg

①　このような食品表示を規定する法律名を答えなさい。

②　この表示には誤りが2つある。それはどこか説明しなさい。

(12)　中国料理の調理法を示す漢字と意味の組み合わせとして，正しいものをア～エから1つ選び，記号で答えなさい。

	煨	溜	拌	炸	烤
ア	煮込む	甘辛くする	細切りにする	揚げる	油で炒める
イ	燻製にする	あんかけにする	細切りにする	炒めて煮込む	直火焼き
ウ	燻製にする	甘辛くする	あえる	炒めて煮込む	油で炒める
エ	煮込む	あんかけにする	あえる	揚げる	直火焼き

(☆☆☆◎◎◎◎)

解答・解説

【中学校】

【1】(1)　①　理解　②　技能　③　問題　④　評価　⑤　工夫　⑥　実践的　(2)　①　協力・協働　②　健康・快適・安全　③　生活文化の継承・創造　④　持続可能な社会の構築

〈解説〉(1)　目標について，文言は必ず覚えること。目標は，育成を目指す資質・能力を(1)「知識及び技能」，(2)「思考力，判断力，表現力等」，(3)「学びに向かう力，人間性等」の三つの柱に沿って示されていることを理解して学習すること。　(2)　学習指導要領解説によると

「生活の営みに係る見方・考え方を働かせとは，家庭分野が学習対象としている家族や家庭，衣食住，消費や環境などに係る生活事象を，協力・協働，健康・快適・安全，生活文化の継承・創造，持続可能な社会の構築等の視点で捉え，生涯にわたって，自立し共に生きる生活を創造できるよう，よりよい生活を営むために工夫することを示したものである」。文言を覚えるだけでなく，同資料により理解を深めること。

【2】(1) ① 役割　② 協力　③ 協働　(2) ① ×
② ○　③ ○

〈解説〉(1) 「B 衣食住の生活」，「C 消費生活・環境」についても確認しておくこと。 (2) 下線部分について，学習指導要領解説では「視力や聴力，筋力の低下など中学生とは異なる高齢者の身体の特徴が分かり，それらを踏まえて関わる必要があることを理解できるようにする。また，介護については，家庭や地域で高齢者と関わり協働するために必要な学習内容として，立ち上がりや歩行などの介助の方法について扱い，理解できるようにする。この学習は，高等学校家庭科における高齢者の介護に関する学習につなげるようにする。」としている。よって①は誤りである。

【3】(1) ウ　(2) ワーク・ライフ・バランス

〈解説〉(1) いずれの法律についても条文を確認しておくこと。男女共同参画社会基本法の第1章第1条目的は「この法律は，男女の人権が尊重され，かつ，社会経済情勢の変化に対応できる豊かで活力ある社会を実現することの緊要性にかんがみ，男女共同参画社会の形成に関し，基本理念を定め，並びに国，地方公共団体及び国民の責務を明らかにするとともに，男女共同参画社会の形成の促進に関する施策の基本となる事項を定めることにより，男女共同参画社会の形成を総合的かつ計画的に推進することを目的とする。」である。 (2) ワーク・ライフ・バランスに関する問題は頻出である。内閣府が2007年に定めた

「仕事と生活の調和(ワーク・ライフ・バランス)憲章」は確認しておくこと。

【4】① 人　② 社会　③ 環境

〈解説〉児童憲章の問題は頻出なので，必ず文言を覚えておくこと。児童福祉法，教育基本法，子どもの権利条約についても目を通し，成り立ちと制定年，重要な条文は覚えて学習し，理解を深めておきたい。

【5】189

〈解説〉「いちはやく」で189。虐待の4つの種類，身体的虐待，性的虐待，ネグレクト，心理的虐待を説明できるようにしておくこと。「児童虐待の防止等に関する法律」が成立したのは2000年5月，施行は同年11月であった。児童虐待防止対策の強化を目的として，2019年に児童福祉法の一部を改正するための改正法が可決され，2020年4月に成立した。これにより，児童の権利擁護(体罰の禁止の法定化等)，児童相談所の体制強化，児童相談所の設置促進，関係機関間の連携強化など，所要の措置を講ずることができるようになった。

【6】① 100　② カロテン　③ 600　④機会(回数)　⑤ 量
※④と⑤は順不同

〈解説〉緑黄色野菜の定義の問題は頻出なので必ず覚えておくこと。6つの食品群の分け方を理解し，摂取量の目安も確認しておきたい。

【7】(1) ① ア　② カ　③ キ　(2) つけない，増やさない

〈解説〉(1) 食中毒の原因になるものは，細菌，ウイルス，動物性自然毒，植物性自然毒，化学物質などがある。それぞれの種類，予防，対応の仕方を理解しておくこと。　(2) 食中毒予防の三原則についての問題は頻出である。家庭でできる食中毒予防の6つのポイントとともに確認しておくこと。

【8】ア

〈解説〉ミシン糸は数字が小さいほど太くなる。針は数字が大きいほど太くなる。一般的には薄地には糸90番，針9番，厚地には糸30番か60番，針14番か16番がよい。

【9】(1) ① 換気 ② 一酸化炭素(CO) ③ 無臭 (2) シックハウス症候群

〈解説〉(1) 一酸化炭素中毒について基本的な問いである。 (2) 近年の住宅は気密性が高いので，有害な物質が家の中にとどまってしまうことにより引き起こされる。シックハウス対策に係る法令等は，2003年7月に施行された。シックハウス対策の規制を受ける化学物質は，クロルピリホス，ホルムアルデヒドが該当する。クロルピリホスに関する規制について，居室を有する建築物には，クロルピリホスを添加した建築材料の使用が禁止されている。ホルムアルデヒドに関する規制については，内装の仕上げの制限：居室の種類及び換気回数に応じて，内装の仕上げに使用するホルムアルデヒド発散建築材料は面積制限を受ける。換気設備の義務付け：内装の仕上げ等にホルムアルデヒド発散建築材料を使用しない場合であっても，家具等からもホルムアルデヒドが発散されるため，居室を有する全ての建築物に機械換気設備の設置が原則義務付けられている。天井裏等の制限：天井裏等は，下地材をホルムアルデヒドの発散の少ない建築材料とするか，機械換気設備を天井裏等も換気できる構造とする必要がある。

【10】(1) 消費者ホットライン(188番) (2) 消費者庁

〈解説〉(1) 国民生活センターと，都道府県等の消費生活センターで対応している。消費生活相談員，消費生活アドバイザー，消費生活コンサルタントなどの資格を持った相談員や，それに準じた専門知識・経験を持つ相談員が相談を受け，迅速な解決を図る手伝いをする。

(2) 2000年代後半は，中国製冷凍餃子事件や，事故米穀の不正規流通問題，ガス湯沸かし器による一酸化炭素中毒事故，エレベーター事故などの消費者事故，また，相次ぐ食品表示偽装問題や，高齢者等を狙った悪質商法の横行などの消費者の財産被害など，国民生活の安全，安心を脅かす問題が次々と明らかになり，大きな社会問題となった。これをうけ，従来の縦割り的体制に対する消費者行政の一元化を実現するため，新組織の創設が検討され，消費者行政の新しい組織に関する関係法律が2009年6月に成立，公布され，同年9月に，消費者庁が正式に発足した。

【11】①　三者間　　②　売買

〈解説〉三者間契約について説明できるよう，学習しておくこと。契約の種類について，契約の取消しについても学習しておきたい。ローンとリボ払いについての問題も頻出なので，良い点と悪い点を把握しておきたい。

【12】(1)　①　オ　　②　サ　　③　ア　　④　キ　　⑤　セ
(2)　エシカル消費(倫理的な消費)　　(3)　①　価格　　②　継続的
③　カカオ豆

〈解説〉(1)　SDGsについての問題は頻出である。17の目標はすべて覚えておきたい。　(2)　エシカル消費はSDGsの目標の特に「12　つくる責任　つかう責任」に関係する。具体例としては，障がい者支援につながる商品，フェアトレード商品，寄付付きの商品，エコ商品，リサイクル製品，資源保護等に関する認証がある商品，地産地消，被災地産品，エシカルファッションを選ぶなどがある。　(3)　③で，「カカオ」は不可である。国際フェアトレード基準は経済的基準，社会的基準，環境的基準の3つの原則による。その内容を確認しておくこと。また認証ラベルを見て判断できるようにしておくこと。

【13】①　共同　　②　コレクティブ　　③　コーポラティブ　　④　シェア

〈解説〉血縁関係に関わらないコミュニティでの住まいの形についての問

題は近年頻出である。環境に配慮した住宅についても頻出傾向なので，学習しておきたい。

【14】① エ　② カ　③ タ　④ ヌ　⑤ ノ　⑥ チ　⑦ シ　⑧ キ

〈解説〉ビタミンB群（B_1，B_2，B_6，B_{12}，ナイアシン，パントテン酸，葉酸，ビオチン），ビタミンCが水溶性ビタミン，ビタミンA，ビタミンD，ビタミンE，ビタミンKが脂溶性ビタミンにあたる。ビタミンの種類とその働きは整理して覚えておきたい。

【15】① ユネスコ無形文化遺産　② 尊重　③ 健康　④ 自然　⑤ 四季(季節)　⑥ 年中行事

〈解説〉和食については，一汁三菜，配膳の仕方，会席料理，懐石料理，精進料理などについて学習しておきたい。

【16】(1) ×　(2) ○　(3) ○

〈解説〉カーボンフットプリントは，商品・サービスのライフサイクルの各過程で排出された「温室効果ガスの量」を追跡した結果，得られた全体の量をCO_2量に換算して表示することなので，(1)は間違い。カーボンフットプリントのマークを確認しておくこと。また，カーボンオフセット，ライスサイクルコスト(LCC)についても学習しておきたい。

【17】イ，ウ，オ

〈解説〉繊維の種類と特徴は覚えておくこと。大きく天然繊維と化学繊維に分かれる。天然繊維には植物繊維と動物繊維などがあり，化学繊維には再生繊維と半合成繊維，合成繊維がある。繊維の断面や側面図の問題も出題されることがあるのであわせて学習しておきたい。

【18】(1) 待機児童　(2) 認定こども園　(3) ① オ　② ウ　③ ア　④ エ

〈解説〉(1)　2020年4月1日時点の待機児童数は12,439人(対前年▲4,333人)。待機児童数調査開始以来最少の調査結果で，2017年の26,081人から，3年で13,642人減少し，待機児童数は半数以下になった。　(2)　認定こども園には，幼保連携型，幼稚園型，保育所型，地方裁量型がある。それぞれ認定基準と内容に違いがあるので確認しておくこと。　(3)　地域型保育事業により，都市部では，認定こども園等を連携施設として，小規模保育等を増やすことによって待機児童の解消を図り，人口減少地域では，隣接自治体の認定こども園等と連携しながら，小規模保育等の拠点によって地域の子育て支援機能を維持・確保することを目指す。

【19】①　特定保健用食品　　②　栄養機能食品　　③　機能性表示食品

〈解説〉食品には一般食品と保健機能食品がある。保健機能食品は，医薬品や医薬部外品とは異なり，選択肢の3つがあるので，違いを整理して覚えておきたい。トクホのマークを確認しておくこと。

【20】噴門(部)

〈解説〉乳児の胃はとっくりのような形をしている。その上，噴門の締まりが悪いので，生後3か月までは，はきやすい状態である。乳幼児の身体の特徴として，大泉門と小泉門についても確認しておきたい。

【21】(1)　①　賞味期限…食品のおいしさなどの品質が保証されている期限　　消費期限…食品の安全が保証されている期限　　②　ア，オ
(2)　①　小麦，そば，えび，かに，卵，らっかせい，乳　から三つ
②　イ，エ

〈解説〉(1)　賞味期限と消費期限の問題は頻出なので，どの食品に記載されるのかも含めて説明できるようにしておくこと。　(2)　表示義務品目と，推奨品目をすべて覚えておくこと。食品表示について，表示方法を学習しておきたい。

【22】(1) ① グルタミン酸 ② ア 沸騰直前 イ 再び沸騰(再沸騰) ウ 沈む (2) 鍋底全体に火が当たるようにします。

〈解説〉(1) うま味の相乗効果についても説明できるように学習しておくこと。 (2) 調理指導について，実習で想定されるような事項について説明できるようにしておきたい。

【23】(1) ① 弱アルカリ洗剤 ② 日陰で平干しにする

(2) ① × ② 混紡の布の場合は，アイロンの温度を低い方の繊維に合わせるから

(3)

〈解説〉(1) 洗濯表示の問題は頻出なので，洗濯，タンブル乾燥，自然乾燥，アイロン，クリーニング，漂白について整理して覚えること。 (2) 他には，点が1つの低温マークには，スチーム禁止の意味も含まれている。当て布が必要な場合は，以前は波線で表記されていたが，現在は文字で記載されている。 (3) アイロン表示は，点3つが上限200℃，2つが150℃，1つが110℃である。

【高等学校】

【1】(1) ① 家族・家庭 ② 生活の科学 (2) ① 技能 ② 学びに向かう力 ③ 意思決定 ④ 生活支援 ⑤ 伝統的 ⑥ 契約 (3) 生活産業基礎，課題研究 (4) 改訂前…リビングデザイン 改訂後…住生活デザイン (5) 保育基礎

〈解説〉各学科に共通する教科の家庭について，学習指導要領解説にある改訂の趣旨及び要点の事項から出題された。この箇所は，問題として頻出であるだけでなく，改訂された学習指導要領の指針が示されているので理解を深めておくこと。また，従前の学習指導要領との変更箇所は整理して覚えること。主として専門学科において開設される教科

の家庭についても同項目を確認しておくこと。科目の変更がありそれについて，「具体的には，『総合調理実習』を新設するとともに，『子どもの発達と保育』と『子ども文化』を『保育基礎』と『保育実践』に整理統合した。また，『リビングデザイン』を『住生活デザイン』に名称変更を行い，従前の20科目を次の21科目に改めた。」としている。

【2】(1)　ア　(2)　①　ボタンの直径　②　ボタンの厚み
(3)　①　綿　②　吸湿性が大きい(熱に強い)　③　しわになりやすい(乾きにくい)　④　混紡(混用)　⑤　平　⑥　しっかりしていて丈夫である　(4)　エ　(5)　保温効果(体温調節，身体の保護)
(6)　①　・表地のシルエットをきれいに見せる　・すべりを良くして着やすくする　・保温効果を高める　・組織の荒い布や透ける布の透過を防ぐ　・表地の傷みを防ぐ　・着用による型崩れを少なくする　から2つ　②　A　外側(縫い代側)　B　きせ
③　千鳥がけ　(7)　オ

〈解説〉(1)　アは朝鮮の伝統的な衣装である。チョゴリが上衣，それに男性はパジ(袴)女性はチマ(裳)を着る。世界の民族衣装について平面構造か立体構造かも理解しておきたい。　(2)　ボタンホールの大きさは，大きすぎるとかかりが悪くなり，小さすぎるとボタンを通しづらくなるので適正な大きさにすることが重要である。平らで足のない円形ボタンや，円形の足付きボタンの場合は，ボタンの直径＋ボタンの厚みが，ボタンホールの長さとなる。球形ボタンの場合は，ボタンの直径に，ボタンの厚みの半分を足したものがボタンホールの長さになる。
(3)　天然繊維には植物繊維と動物繊維，化学繊維には合成繊維，再生繊維，半合成繊維などがある。それぞれの繊維がどこに分類され，どのような特徴を持つのか，また繊維の断面図と側面図も確認しておきたい。また三原組織について図を合わせて理解しておくこと。三原組織とは，織物(textile　テキスタイル)の最も基本的な平織り，綾織り，朱子織りの3つの織組織のことをいう。　(4)　一般的なミシン糸と針の組み合わせは，薄地は90番・針9号，普通地は糸60番・針11号，厚地は糸30～60番・針14～16号と覚えておこう。メリケン針は，「長針」と「短針」があり，長さも太さによって号数が付けられている。1号～12号までの数字で，数字の小さい方が長く太い針である。和針の場合は「四ノ三」，「四ノ五」という表記があり，前の数字が針の太さを，後の数字が針の長さを表す。厚地には太い針を，薄地には細い針を使う。糸を9000mに伸ばしたときの重さによって，デニールの数字は決まる。デニールは糸を9000mに伸ばした糸が1gの時に1デニールとしている。グラム数が大きくなれば太くなる。番手は紡績した糸の太さを表す単位で，一定の重量に対して，長さがいくらあるかで表す。番手数が大きいほど糸の太さは細くなる。綿番手の1番手とは，重さが1ポンドで長さが840ヤードあるものを指す。 (5) 傷んだ衣類を繕い，補強して保温効果を高め，古くなっても長く使うためであったり，昔は質の良い布が簡単に手に入らなかったため，木綿や麻布に刺し子で丈夫にして使用していた。日本の三大刺し子は，こぎん刺し，菱刺し，庄内刺し子で，麻の葉模様や青海波，矢羽根，四つ菱などその他数百種の伝統模様が使われていた。 (6) ① 裏地にはキュプラ，ポリエステル，アセテート，シルクなどの素材が使われる。 ② 裏地にゆとりをもたせて仕立てることを，きせをかけるという。 ③ 千鳥がけの他にもまつり縫いの方法を確認しておくこと。 (7) 反物の取り方は，裁切袖丈×4，裁切身丈×4，裁切衽丈×2である。洋裁についても，生地の方向と取り方を学習しておくこと。

【3】(1) 動線　(2) 床の間　(3) 長所…・活動的である　・立ち上がりや作業がしやすい　・脚部の負担が軽い　から1つ
短所…・家具を多く必要とする　・広い空間を必要とする　・部屋の転用性が低い　から1つ　(4) ①は部屋に奥行きがあるように見え，②は横に幅広い部屋に見える。　(5) デシベル(dB)
(6) ① 色相環　② ヒートショック　③ ビオトープ
(7) イ　(8) 62.5(％)
〈解説〉(1) 家族の人員ごとにそれぞれ異なる動線があるが，無駄な移動がないことと，動線が交わらないことが重要である。水周りの配置場所や，キッチンとパントリー，勝手口の位置など，考慮したい。(2)　和室の各部の名称は覚えておくこと。また日本建築の様式について，寝殿造り，書院造り，数寄屋造りについて説明できるようにしておくこと。　(3)　椅子座と床座のメリットとデメリットは整理して覚えておくこと。　(4)　横のラインをそろえると横の広がりが感じられ，縦のラインをそろえると縦に長く感じる。衣服にもあてはまるので効果を確認しておきたい。　(5)　療養施設，社会福祉施設等が集合して設置される地域など特に静穏を要する地域，専ら住居の用に供される地域，主として住居の用に供される地域，相当数の住居と併せて商業，工業等の用に供される地域の3つに分けられている。時間の区分は，昼間を午前6時から午後10時までの間とし，夜間を午後10時から翌日の午前6時までの間としている。　(6)　色彩理論では，色は，色相・明度・彩度により構成される。ヒートショックについての問題は頻出なので，学習しておくこと。環境に配慮した建築，ZEH(ネット・ゼロ・エネルギー・ハウス)についての学習をしておくこと。　(7)　ライフステージによって，住まいの形も変えていく必要がある。子どもの育ちの特徴に応じて対応できるようなデザインであると良い。日本の建築の変遷についても学習しておきたい。　(8)　容積率＝延べ床面積÷敷地面積×100で求められる。

【4】(1)　①　2030　②　17　③　169　(2)　・小遣い程度の金額である　・結婚している　・年齢を偽る　・保護者の同意があると偽る　から2つ　(3)　①　フードバンク　②　子ども食堂　③　ローリングストック(方式)　(4)　ウ　(5)　A　投資信託　B　収益　(6)　可処分所得　(7)　①　消費者庁　②　消費者教育推進　(8)　ウ

〈解説〉(1)　SDGsについての問題は頻出なので，17の目標はすべて覚えておきたい。　(2)　未成年の契約取り消し，契約の取り消しができる場合とできない場合について整理して覚えておくこと。成人年齢の引き下げに合わせて，こういった問題は頻出なのでしっかり対策しておきたい。 (3) 2019年度の日本の食品ロス量は年間約570万トン。事業系が309万トン，家庭系が261万トンである。2018年度より30万トン減ってはいるが，一層の取り組みの強化が求められている。 (4) アの，LCA(Life Cycle Assessment)は，ある製品・サービスのライフサイクル全体(資源採取，原料生産，製品生産，流通・消費，廃棄・リサイクル)またはその特定段階における環境負荷を定量的に評価する手法である。イは，消費者それぞれが各自にとっての社会的課題の解決を考慮したり，そうした課題に取り組む事業者を応援しながら消費活動を行うこと。SDGsの12番目「つくる責任・つかう責任」に関連する取り組みである。エは認証製品または原料が，持続可能性の3つの柱(社会・経済・環境)の強化につながる手法を用いて生産されたものであることを認定する。生産者は，認証の取得または更新に先立ち，独立した第三者機関の審査員(認証プログラムの公正性に不可欠)から，3つの分野のすべてにわたる要件に基づいて評価を受ける。緑のカエルのマークを確認しておくこと。 (5) 金融商品について理解を深めておくこと。安全性，収益性は両立しない，収益性と流動性は両立しない。 (6) 実収入は，一般に言われる税込み収入であり，世帯員全員の現金収入を合計したものである。収入総額は，実収入の他に，実収入以外の収入，前月からの繰入金を含み，支出総額と一致している。実支出は，消費支出と非消費支出を合計した支出である。消費支出はいわゆる生活費のことであり，日常の生活を営むに当たり必要な商品やサービスを購入して実際に支払った金額である。非消費支出は，原則として税金や社会保険料など世帯の自由にならない支出である。実支出以外の支出は，見せかけの支出であり，預貯金，投資，財産購入，借金返済など，手元から現金が支出されるが，一方で資産の増加あるいは負債の減少を伴うものである。可処分所得は実収入から税金，社会保険料など非消費支出を差し引いた額で，いわゆる手取り収入のことである。(7) 消費者基本法は概要を確認しておくこと。2000年代後半，中国製冷凍餃子事件や，事故米穀の不正規流通問題，ガス湯沸かし器による一酸化炭素中毒事故，エレベーター事故などの消費者事故，また，相次ぐ食品表示偽装問題や，高齢者等を狙った悪質商法の横行などの消費者の財産被害など，国民生活の安全，安心を脅かす問題が次々と明らかになり，大きな社会問題となったことを受けて，消費者庁が発足した。　(8)　消費生活センターの消費者ホットラインは188である。国民生活センターと各都道府県の消費生活センター等では，商品やサービスなど消費生活全般に関する苦情や問合せなど，消費者からの相談を専門の相談員が受け付け，公正な立場で処理にあたっている。

【5】(1)　①　低出生体重　　②　胎便　　③　20　　④　32
(2)　(名称／説明文　の順)　①　くるみんマーク／イ　　②　マタニティマーク／ウ　　③　うさぎマーク／キ　　(3)　イ　　(4)　ファミリーサポートセンター(ファミリーサポート制度)　　(5)　児童文化財
(6)　イ　　(7)　①　カ　　②　オ　　③　ウ

〈解説〉(1)　1500g未満の出生児を極低出生体重児，1000g未満の出生児を超低出生体重児と定義する。乳幼児の発達について，体重や身長について成長曲線も合わせて学習しておきたい。　(2)　他にも安全面に配慮された玩具につけられるSTマークなど，保育に関するマークについて，確認しておきたい。　(3)　前頭葉にあるのが大泉門，後頭部にあるのが小泉門である。それぞれ閉じる時期を確認しておくこと。(4)　2009年からは，病児・病後児の預かり，早朝・夜間等の緊急時の預かりなどの事業(病児・緊急対応強化事業)を行っている。2015年より，子ども・子育て支援新制度において，地域子ども・子育て支援事業の1つに位置づけられ，子ども・子育て支援交付金にて実施されている。　(5)　演技や技術によって表現される無形のものと，物体として表現される有形のものとに大別できる。無形のものには，口演童話，紙芝居，人形劇，舞踊，子どもの歌などがあり，有形のものには，おもちゃ，児童図書，絵本と童画，児童漫画，映画とテレビなどがある。(6)　このようにわん曲が増えていくことにより，首がすわり，立ち上がるようになり，歩行ができるようになる。　(7)　子どもに関する法律について，選択肢に挙げられているものは，条文を確認し，説明できるようにしておくこと。

【6】(1) (特徴／背景　の順)　・台形型に近づいてきた。(M字型曲線の底が上がった。)／結婚，出産，育児を理由とした退職を選ばず，仕事を続ける女性が増えた。　・M字型曲線の底の部分が右側にずれた。／女性の晩婚化，晩産化や，子育ての年齢の上昇が進んだ。
(2) A　公平　B　情報　C　スペース(広さ)　(3) 参加型社会保障(ポジティブウェルフェア)　(4) エ　(5) ア，エ，オ　(6) 雇用保険　(7) (グローバル)ジェンダーギャップ指数(男女格差指数)

〈解説〉(1) M字カーブについての問題は頻出である。世界の各国との比較についても確認しておきたい。女性の労働力と，家事にさく時間についての統計についても学習しておきたい。　(2) バリアフリーとの違いを説明できるようにしておきたい。　(3) かつての社会保障は「消費型・保護型」で，保護すべきニーズを満たすことに主眼が置かれ，サービスが消費されるだけで終わってしまい，それだけでは何も生み出さなかった。「参加型」では，本人の能力を最大限に引き出し，労働市場，地域社会や家庭への参加を促すことを目的とする。
(4) 他にも，車いすの各部の名称と取扱い方，車いすやベッドからの体移動の介助についても確認しておくこと。　(5) 要支援区分では，介護予防サービスを受けることができる。要支援1～2，要介護1～5について，分類の内容について確認しておきたい。　(6) 社会保険の5つは覚えておくこと。介護保険についての問題は頻出である。第2号被保険者は40歳から64歳までの健康保険の加入者で，65歳以降は介護保険の第1号被保険者となり適用される。　(7) ジェンダーギャップ指数は，「経済」「政治」「教育」「健康」の4つの分野のデータから作成され，0が完全不平等，1が完全平等を示している。2021年の日本の総合スコアは，先進国の中で最低レベル，アジア諸国の中で韓国や中国，ASEAN諸国より低い結果となった。特に，「経済」及び「政治」における順位が低く，「経済」の順位は156か国中117位(前回は115位)，

「政治」の順位は156か国中147位(前回は144位)である。

【7】(1)　①　食事　②　食塩　③　廃棄　(2)　①　ビーフン　②　アントシアン　③　カゼイン　(3)　煮崩れを防ぐ(加熱及び調味料のしみ込みを助ける)　(4)　低体重(やせ)　(5)　①　オ　②　ウ　③　イ　(6)　①　味の相互作用　②　A　おしるこ　B　食塩　C　甘味　(A　だし汁　B　食塩　C　うま味)　(7)　イ　(8)　①　霜降り　②　さんしょう　③　妙り煮　(9)　①　A　黒豆　B　数の子　C　田作り　②　イ　③　卓袱(しっぽく)料理　(10)　ア，エ　(11)　①　食品表示法　②　・使用された原材料の量が多い順に表示されていない。　・原材料と食品添加物を明確に区別していない。　(12)　エ

〈解説〉(1)　指針は他に，「1日の食事のリズムから，健やかな生活リズムを。」「適度な運動とバランスのよい食事で，適正体重の維持を。」「主食，主菜，副菜を基本に，食事のバランスを。」「ごはんなどの穀類をしっかりと。」「野菜・果物，牛乳・乳製品，豆類，魚なども組み合わせて。」「日本の食文化や地域の産物を活かし，郷土の味の継承を。」「食に関する理解を深め，食生活を見直してみましょう。」である。　(2)　①　アジアの食材で米や米粉から作られているものについて，確認しておきたい。　②　ポリフェノールの一種で，視力・視覚機能の改善や眼精疲労の予防に効果があるとされており，サプリメントなどにも利用されている。　③　カルシウムを大量に含んだたんぱく質である。カゼインには腸のぜん動運動を抑制する効果があり，食べ物が腸の中にいる時間が長くなることで栄養の吸収が高まる可能性がある。　(3)　他にも，まんべんなく熱を伝え，味を染み込ませることができる。落し蓋によって煮物が空気に触れなくなるので煮汁が対流し，全体にまんべんなく熱が伝わり味も染み込む。効率良く熱が伝わるので調理にかかる時間も短くなる。　(4)　低体重の者の割合は，若い女性で増加しており，20年前に比べ，20歳代，30歳代では2.0倍となっている。肥満者の割合は，男性では30～69歳で約3割であり，いずれの

年齢層においても20年前に比べ1.5倍程度に増加している。女性では，60歳以上で肥満者の割合が多く，約3割である。　(5)　ビタミンの働きと，不足した場合の欠乏症について整理して覚えておくこと。(6)　5つの基本味は，甘味・塩味・酸味・苦味・うま味の5種である。味の相互作用には対比効果(甘味＋塩味)，抑制効果(苦味＋甘味)(酸味＋甘味)(酸味＋塩味)，相乗効果(うま味＋うま味)がある。出汁に関する問題でうま味の相乗効果についての問題は頻出なので，覚えておくこと。　(7)　食材をそれぞれの群に正しく分類できること。活動レベル，年齢ごとの摂取量のめやすを覚えておくこと。　(8)　食材の切り方，焼き方，蒸し方など基本的なことは実践できるのはもちろん，説明できるようにしておきたい。　(9)　①　日本の和食文化である，おせち料理には，それぞれの料理に願いが込められている。　②　懐石料理，会席料理，精進料理について確認しておきたい。　③　中国や西欧の料理が日本化した長崎発祥の宴会料理である。円卓を囲んで，大皿に盛られたコース料理を，膳ではなく，円卓に乗せて食事することに大きな特徴がある。吸い物の「お鰭」，刺身といった冷たい前菜にあたる「小菜」，天ぷらなどの温かい「中鉢」，和の料理盛り合わせ「大鉢」，果物などの「水菓子」，しめの甘味「梅椀」が豪勢に盛られ並べられる。シュガーロードの起点だった長崎では，当時貴重だった砂糖をふんだんに使うことが，最上級のおもてなしだったといわれている。「梅椀」で，紅白の丸餅入りのお汁粉をふるまう。　(10)　イは，他の生物から有用な性質を持つ遺伝子を取り出し，その性質を持たせたい植物などに組み込む技術を利用して作られた食品。ウは口蹄病ではなく，牛海綿状脳症(BSE)が発生したことを受け制定された。オは食料輸入金額に輸送距離を乗じたものでなく，食料の輸送量に輸送距離を掛け合わせた指標である。　(11)　食品表示について，アレルギー表示の義務品目と推奨品目は必ず覚えておくこと。表示の仕方について，加工食品と生鮮食品，添加物の区分，消費期限と賞味期限の違いも確認しておくこと。　(12)　他にも，「炒」短時間でサッと炒める，「燻」燻製にする，「蒸」せいろなど，蒸気で過熱する調理方法がある。

2021年度　実施問題

【中学校】

【1】次の文は，中学校学習指導要領解説　技術・家庭編(平成29年7月)第1節「技術・家庭科の目標」について示したものです。文中の(　①　)~(　⑤　)にあてはまる言葉を書きなさい。

> (　①　)に係る見方・考え方や技術の見方・考え方を働かせ，生活や技術に関する実践的・体験的な活動を通して，よりよい生活の実現や持続可能な社会の構築に向けて，生活を工夫し創造する資質・能力を次のとおり育成することを目指す。
> (1)　(　②　)についての基礎的な理解を図るとともに，それらに係る技能を身に付けるようにする。
> (2)　生活や社会の中から問題を見いだして(　③　)し，解決策を構想し，実践を評価・改善し，表現するなど，(　④　)する力を養う。
> (3)　よりよい生活の実現や持続可能な社会の構築に向けて，生活を工夫し創造しようとする(　⑤　)を養う。

(☆☆☆◎◎◎)

【2】中学校学習指導要領解説　技術・家庭編(平成29年7月)に示されている「2　家庭分野の内容構成」に関する次の(1)，(2)の問いに答えなさい。

(1)　内容構成の考え方を踏まえ，内容の示し方の特色として，空間軸と時間軸の視点から小・中・高等学校における学習対象を明確化しています。中学校における空間軸と時間軸の主な視点をそれぞれ書きなさい。

(2)　次の文は「⑥　社会の変化に対応した各内容の見直し」について

の一部を示したものです。文中の(　①　)~(　④　)にあてはまる言葉を書きなさい。

ア 「A家族・家庭生活」においては，(　①　)の進展に対応して，家族や地域の人々と関わる力の育成を重視し，高齢者など地域の人々と協働することや高齢者との関わり方について理解することなどを扱うこととしている。

イ 「B衣食住の生活」においては，(　②　)を一層推進するために，献立，調理に関する内容を充実するとともに，グローバル化に対応して，和食，和服など日本の(　③　)に関わる内容を扱うこととしている。

ウ 「C消費生活・環境」においては，(　④　)の構築に対応して，計画的な金銭管理，消費者被害への対応について扱うとともに，資源や環境に配慮したライフスタイルの確立の基礎となる内容を扱うこととしている。

(☆☆☆◎◎◎)

【3】次の文は，家庭分野の内容「B　衣食住の生活」における「住生活」の内容について述べたものです。下の(1)，(2)の問いに答えなさい。

(6)　住居の機能と安全な住まい方

ア　次のような知識を身に付けること。

(ア)　家族の生活と住空間との(　①　)が分かり，A<u>住居の基本的な機能について理解する</u>こと。

(イ)　(　②　)の防ぎ方など家族の安全を考えた住空間の(　③　)について理解すること。

イ　家族の安全を考えた住空間の(　③　)について考え，工夫すること。

(1)　文中の(　①　)~(　③　)にあてはまる言葉を書きなさい。

(2)　下線部Aにかかわって，正しいものには○印，正しくないものには×印を書きなさい。

① 住居の基本的な機能は，自然から人々を守る生活の器としての働きが主なので，雨や風，暑さ・寒さ，音などを取り上げ理解させる。

② 主に家族の生活について考えるために共同生活の空間のみ取り上げる。

③ 具体的に理解できるように住空間を想像できるような簡単な図や写真，動画などを用いる。

④ 必ず自分の部屋の家具の配置を取り上げて理解させる。

(☆☆☆◎◎◎)

【4】子どもの権利条約では，4つの子どもの権利を守ることが述べられています。その4つの権利を書きなさい。

(☆☆☆◎◎◎)

【5】次の各文は，それぞれの衣服の構成について説明したものです。次の(　①　)，(　②　)にあてはまる言葉を書きなさい。

・和服は，直線的に裁断し縫合して形作られている(　①　)構成である。

・洋服は，平面の布を体に合わせて裁断し，曲線のあるパーツを縫い合わせて形作られている(　②　)構成である。

(☆☆☆◎◎◎)

【6】次の文は，繊維について述べたものです。文中の(　①　)～(　③　)にあてはまる言葉を書きなさい。

繊維の短所を補い，長所を生かすために異なる繊維を混ぜて使うことを(　①　)という。糸の段階で繊維を混ぜることを(　②　)といい，たて糸とよこ糸を異なる繊維の糸を用いて織ることを(　③　)という。

(☆☆☆◎◎◎)

【7】私たちは，住まいにおいて様々な生活行為を行っています。次の(①)～(③)にあてはまる言葉を下のア～コからそれぞれ一つずつ選び，その記号を書きなさい。

・家族が集まる食事や団らんのための空間 → (①)の空間
・調理や洗濯などの空間 → (②)の空間
・入浴・洗面・排泄のための空間 → (③)の空間

ア 個人　イ 介護　ウ 家事　エ 育児
オ 水回り　カ 健康　キ 集団　ク 生理·衛生
ケ 憩い　コ 家族共有

(☆☆☆◎◎◎)

【8】現代の住まいは，和式，様式，和洋折衷など様々な住まい方が見られます。次の(1)，(2)にあてはまる最もふさわしい理由を下のア～カからそれぞれ一つずつ選び，その記号を書きなさい。

(1) 和室で使用される畳の長所
(2) 開き戸と壁で仕切られた洋室の長所

ア 吸湿性がある　イ 保温性が低い　ウ 親和性が高い
エ 吸水性が高い　オ 気密性が高い　カ 耐熱性が高い

(☆☆☆◎◎◎)

【9】次の文は消費生活について述べたものです。次の(1)，(2)の問いに答えなさい。

(1) 2012年に制定された消費者教育推進法で述べられている「自らの消費行動が将来にわたって内外の社会，経済，環境に影響を及ぼしうることを自覚し，公正かつ持続可能な社会の形成に積極的に参画する社会」のことを何というか書きなさい。

(2) 循環型社会形成推進基本法に基づき「3R」の取り組みが行われている。さらに「2つのR」を加え，「5R」とすることも広がっている。この5つの「R」が示す言葉をカタカナで全て書きなさい。

(☆☆☆◎◎◎)

【10】次の文は，健康と住まいについて述べたものです。文中の(　①　)～(　⑥　)にあてはまる言葉を書きなさい。

室内の空気をきれいにするためには通風と(　①　)を心がけることが大切です。(　①　)には窓を開けることによる(　②　)と，換気扇など送風機による(　③　)があります。現代の住宅は気密性の高い建築が進んでいます。そのため，2003年には(　④　)法が改正され，住宅では(　⑤　)設備の設置が(　⑥　)化されました。

(☆☆☆◎◎◎)

【11】次の表は，被服材料の性能改善のために施した主な加工法について示したものです。それぞれの加工の性能を正しく説明しているものを次の表のア～オから一つ選び，その記号を書きなさい。

記号	加工の種類	性　能
ア	シルケット加工	ぬれても縮まない。
イ	防縮加工	型崩れを防ぎ、折り目やプリーツがとれない。
ウ	パーマネント・プレス加工	光沢や接触感がよい。
エ	ウォッシュアンドウエア加工	アイロンかけをしなくてもよい。
オ	透湿防水加工	水を吸いやすい。

(☆☆☆◎◎◎)

【12】次の文は，脂質について述べたものです。文中の(　①　)～(　⑦　)にあてはまる言葉をあとのア～ヌからそれぞれ一つずつ選び，その記号を書きなさい。

中性脂肪は，脂肪酸とグリセリンが結合してできている。この脂肪酸は，パルミチン酸やステアリン酸を代表例とする(　①　)脂肪酸，(　②　)脂肪酸に大別され，(　②　)脂肪酸にはオレイン酸を代表とする(　③　)脂肪酸，リノール酸やα－リノレン酸を代表とする(　④　)脂肪酸がある。(　④　)脂肪酸は，細胞の膜のはたらきに大きな影響を与えており，これらはさらに(　⑤　)と(　⑥　)に分けられる。いずれも体内でつくることができず，毎日適量を食物からとらなければならない(　⑦　)脂肪酸である。

ア	酢酸	イ	α－1	ウ	α－2
エ	α－3	オ	β－4	カ	β－5
キ	β－6	ク	必須	ケ	リン脂質
コ	脂肪	サ	多価不飽和	シ	アラキドン酸
ス	DHA	セ	不飽和	ソ	コレステロール
タ	n－1系	チ	n－2系	ツ	n－3系
テ	n－4系	ト	n－5系	ナ	n－6系
ニ	一価不飽和	ヌ	飽和		

(☆☆☆◎◎◎)

【13】高齢社会を支える制度やサービスについて，次の(1)～(4)の問いに答えなさい。

(1) 介護が必要になった高齢者を社会全体で支えようとする制度を何というか書きなさい。

(2) (1)の制度のもとになっている法律の名称を書きなさい。

(3) 地域住民の保健・福祉・医療の向上，虐待防止，介護予防マネジメントなどを総合的に行う機関の名称を書きなさい。

(4) 介護サービスのうち，高齢者の自立を地域で支えることをめざして設けられたサービスの名称を書きなさい。

(☆☆☆◎◎◎)

【14】こどもの成長と発達の特徴として，乳児の頃，体を支える力がつくにしたがってわん曲していく骨格の一部の名称を書きなさい。

(☆☆☆◎◎◎)

【15】次の文は，環境について述べたものです。文中の(①)～(③)にあてはまる言葉を書きなさい。

地球環境を守り，次世代に受け継ぐためには，限りある資源を循環させて使い続ける(　①　)社会をつくることが求められています。また，地球温暖化の原因となる(　②　)ガスを排出しない(　③　)社会をめざす必要があります。

(☆☆☆◎◎◎)

【16】「布を用いた物の製作」で，ミシンを使用した実習について，次の(1)，(2)の問いに答えなさい。

(1)　ミシンを使用している生徒から「ミシンの調子がよくない」と言われました。生徒がミシンをかけた上の布を見ると，次の図のような縫い目になっていました。

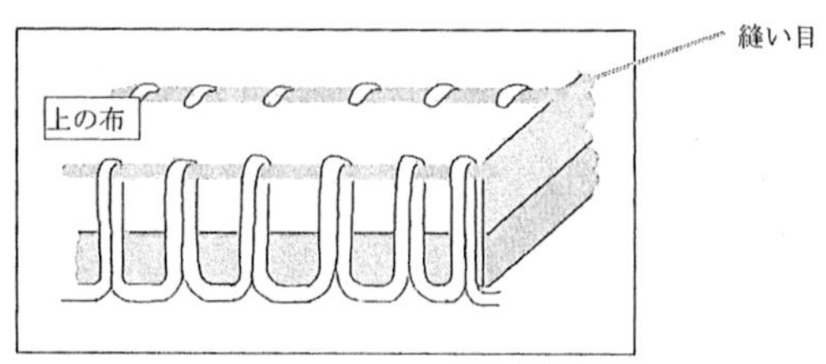

①　上の図のような縫い目になった原因を「上糸」という言葉を使って書きなさい。

②　①の原因を解決するために，生徒にどのような指示を出しますか。「目盛り」という言葉を使って書きなさい。

(2)　ミシンを使用している別の生徒から「上糸がすぐに切れる」と言われました。考えられる原因を2つ書きなさい。ただし，ミシン糸自体には問題がないことにします。

(☆☆☆◎◎◎)

【17】「消費生活と契約」の授業について，次の(1)～(4)の問いに答えなさい。

(1)　あとの図は買物の場面を表しています。

① 売買契約が成立したのはア～エのうち，どの場面ですか。あてはまる記号を書きなさい。

② ①で答えた理由を「消費者」と「販売者」という言葉を使って書きなさい。

(2) 契約が成立すると消費者にはどんな義務と権利が生じますか。それぞれ1つずつ書きなさい。

(3) 未成年者が法定代理人(通常は親)の同意を得ないで行った契約は，取り消すことができますが，契約を取り消すことができない場合もあります。どのような場合に契約を取り消すことができないのか，具体的に1つ書きなさい。

(4) 次の文は，太郎さんの1日の生活の様子です。契約に当たるものはいくつありますか。数字を書きなさい。

【太郎さんの1日】
今日は友達とバスケットボールをする約束をしていたので，近くの公園で一緒に遊びました。バスケットボールをしたら喉が渇いたので，自動販売機でジュースを買って飲みました。夕方にバスに乗って，父のお使いでいとこの家に向かいました。いとこの家の帰り道，スーパーマーケットでパンを買いました。家に着くと，家族で夕食を食べ，お風呂に入りました。本を読んでいたら，母に肩をたたいて欲しいと言われたので，肩をたたいてあげました。

(☆☆☆◎◎◎)

【18】「幼児の体の発達」の授業について，次の(1)，(2)の問いに答えなさい。

(1)　下の図は「幼児と中学生」の体型の違いを表しています。

①　図から読み取れる幼児の体型的な特徴を一つ書きなさい。

②　①で答えた特徴のために，生活面で注意が必要なことを書きなさい。

(2)　幼児は成人と比べて呼吸数，脈拍が多くなっているという生理的特徴があります。

①　幼児の生理的特徴をもう一つ書きなさい。

②　①で答えた特徴のために，生活面で注意しなければいけないことを具体的に一つ書きなさい。

(☆☆☆◎◎◎)

【高等学校】

【１】高等学校学習指導要領(平成30年)解説「家庭編」に関する次の(1)～(5)の問いに答えなさい。

(1)　次の文は，各学科に共通する教科「家庭」　第1章　第3節「家庭科の目標」を示したものである。①～③にあてはまる語句を答えなさい。

> 生活の営みに係る見方・考え方を働かせ，実践的・体験的な学習活動を通して，様々な人々と(　①　)し，よりよい社会の構築に向けて，男女が協力して主体的に家庭や地域の生活を創造する資質・能力を次のとおり育成することを目指す。
> (1)　人間の生涯にわたる発達と生活の営みを総合的に捉え，家族・家庭の意義，家族・家庭と社会との関わりについて理解を深め，家族・家庭，衣食住，消費や環境などについて，生活を主体的に営むために必要な理解を図るとともに，それらに係る(　②　)を身に付けるようにする。
> (2)　家庭や地域及び社会における生活の中から問題を見いだして課題を設定し，解決策を構想し，実践を評価・改善し，考察したことを根拠に基づいて論理的に表現するなど，生涯を見通して生活の課題を解決する力を養う。
> (3)　様々な人々と(　①　)し，よりよい社会の構築に向けて，地域社会に参画しようとするとともに，自分や家庭，地域の生活を主体的に創造しようとする(　③　)な態度を養う。

(2)　次の文は，各学科に共通する教科「家庭」　第2章　第1節「家庭基礎」の内容構成を示したものである。①，②にあてはまる語句を答えなさい。

> A　人の一生と家族・家庭及び福祉
> B　衣食住の生活の自立と(　①　)
> C　(　②　)な消費生活・環境
> D　ホームプロジェクトと学校家庭クラブ活動

(3)　次の文は，各学科に共通する教科「家庭」　第3章「各科目にわたる指導計画の作成と内容の取扱い」の一部を示したものである。①～③にあてはまる語句を答えなさい。

> 「家庭基礎」は，原則として，(　①　)で履修させること。

食に関する指導については，家庭科の特質を生かして，(②)の充実を図ること。

(③)や高齢者など様々な人々と触れ合い，他者と関わる力を高める活動，衣食住などの生活における様々な事象を言葉や概念などを用いて考察する活動，判断が必要な場面を設けて理由や根拠を論述したり適切な解決方法を探究したりする活動などを充実すること。

(4)　次の文は，主として専門学科において開設される教科「家庭」の科目「課題研究」の指導項目を示したものである。(　　)にあてはまる語句を答えなさい。

(1)　調査，研究，実験
(2)　(　　)
(3)　産業現場等における実習
(4)　職業資格の取得
(5)　学校家庭クラブ活動

(5)　主として専門学科において開設される教科「家庭」の科目の中で，新設された科目を1つ答えなさい。

(☆☆☆◎◎◎)

【2】住生活に関する次の(1)～(5)の問いに答えなさい。

(1)　次の表は住生活のユニバーサルデザインに関する法律を，施行された順にまとめたものである。(　　)にあてはまる法律名を答えなさい。

施行された年	法律名
１９９４年	ハートビル法
２０００年	交通バリアフリー法
２００６年	(　　)

(2) 敷地面積250m^2，建築面積150m^2，延べ床面積300m^{2}の2階建ての家を建てる場合，建ぺい率は何%か答えなさい。

(3) 次の文は，これからの住居のあり方について説明したものである。( )にあてはまる語句を答えなさい。

住宅やビルなどの建築物を解体すると大量の廃棄物がでる。そのため，建築用建材に製造，使用，リサイクル・廃棄の各段階において環境負荷が少なく，機能的にも優れた( )と呼ばれる材料を用い，廃棄物を削減し，資源やエネルギーの消費を減少させることが求められている。

(4) 住宅設計図に用いられる，次の①，②の平面表示記号(JIS A 0150)を描きなさい。

① 片開き窓 ② 片引き戸

(5) 氷や雪をれんが状にして積み上げて造られた，狩猟で移動生活を送る際に用いるイヌイットの伝統的な住居を何というか答えなさい。

(☆☆☆◎◎◎)

【3】衣生活に関する次の(1)～(9)の問いに答えなさい。

(1) 次の説明文にあてはまる布の名称を答えなさい。

短く切った繊維を薄いシート状に集合させ接着剤などで接合したり，繊維を絡ませたりしたもの。芯地や複合布の基布，人工皮革，おむつなどのさまざまな製品に利用され，生産量は増加している。

(2) 次の①，②の文は被服材料について説明したものである。それぞれ何について説明したものか答えなさい。

① 閉じ目と開き目がある，たてメリヤスの代表的な編み方。

② 衣服の滑らかさや柔らかさを表し，布がたれ下がりゆるやかな波状のひだをつくる性能。

(3) 仮縫いのスカートを着用したとき左の図のような状態になった場

合，型紙の補正として最も適する方法をア～ウから1つ選び記号で答えなさい。

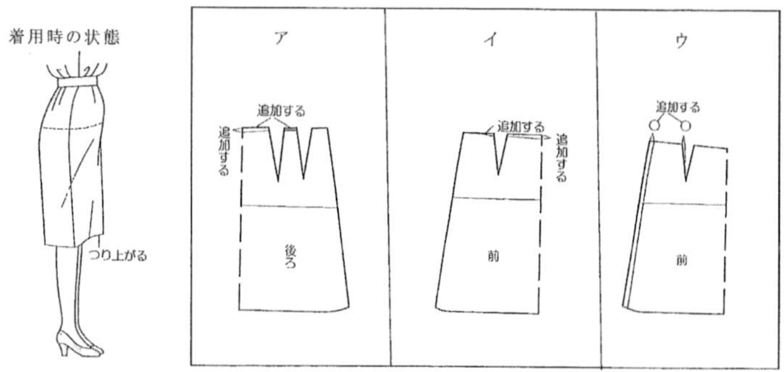

(4)　日本の伝統的な模様である次の①，②の名称を答えなさい。

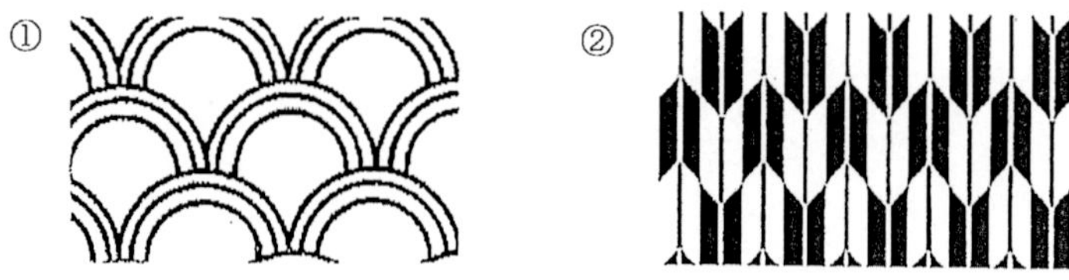

(5)　次の文の①，②にあてはまる語句を答えなさい。

女性の和服の着装では，えりの後ろを背中の方に落として着る(　①　)という着方をすることが多い。そのためには，えり肩あきを肩山の位置より後ろ身ごろ側へずらしておかなければならない。このずらし分を(　②　)という。

(6)　次の織物の地直しの方法について，説明の組み合わせが正しいものを表のア～カから1つ選び記号で答えなさい。

綿織物　　毛織物　　化繊織物

〔説明〕

A　布目を正しながらドライアイロンを布の裏から軽くかける。

B　布全体にたっぷり霧を吹き，ビニル袋に入れてしばらく置き，布目を正しながらアイロンをかける。

C　1時間くらい水につけ，軽く脱水し，干す。生乾きのうちに布目を正しながらアイロンをかける。

	綿織物	毛織物	化繊織物
ア	A	B	C
イ	B	A	C
ウ	C	B	A
エ	C	A	B
オ	B	C	A
カ	A	C	B

(7)　次の①，②の文は，商業洗濯(クリーニング)を利用して衣類を受け取ったあと袋から出して保管する理由を述べている。ア，イにあてはまる語句を答えなさい。

①　衣類に変質・変色がおきたり，(　ア　)が発生することがあるため。

②　人体への影響として，(　イ　)の残留による化学やけどなどの原因になることがあるため。

(8)　次の図はJISによる成人男子の既製服のサイズ表示の例である。(　　)にあてはまる語句を答えなさい。

サイズ絵表示による表示

寸法表示による表示

サイズ
(　　　)　92
ウエスト　80
身　長　165
⑨②　Ⓐ　④

(9)　次の図は19世紀後期に流行したスカートの着装法である。この図のように2枚重ねた上のスカートを後ろ腰にたくし上げ，ボリュームを出す着装のスタイルを何と呼ぶか，ア～エから1つ選び記号で答えなさい。

ア　バッスルスタイル　　　イ　クリノリンスタイル
ウ　エンパイアスタイル　　エ　S字ライン

(☆☆☆☆◎◎◎)

【4】子どもの発達と保育に関する次の(1)～(5)の問いに答えなさい。

(1)　次の①～④の文は，妊娠や乳幼児の発達，子どもの保育環境に関するものである。ア～エにあてはまる語句を答えなさい。

①　胎児と母体は(　ア　)と臍帯(さいたい)(へその緒)でつながっており，胎児に必要な酸素・二酸化炭素の交換，栄養補給，老廃物の排泄などが行われる。

②　新生児の反射運動は(　イ　)と呼ばれ，吸啜(きゅうてつ)反射，把握反射，モロー反射などがある。

③　児童福祉法では，「児童とは，満(　ウ　)歳に満たない者」と定義している。

④　(　エ　)は，乳児ボツリヌス症予防のため1歳未満の乳児の食事には用いないようにする。

(2)　子どもの精神的な健康と発達において，愛着(アタッチメント)の形成が重要であると指摘した，イギリスの精神科医の名前を答えなさい。

(3)　次の文は，子どもの発育状態の評価について説明したものである。(　　)にあてはまる語句を答えなさい。ただし，どちらの(　　)にも同じ語句が入る。

> 次の図は乳幼児の身長・体重を(　　)値で表した発育値のグラフである。それぞれの子どもの計測値が，同じ性別・年齢の人のなかでどの程度の位置にいるのかを表す数値として(　　)値が用いられる。

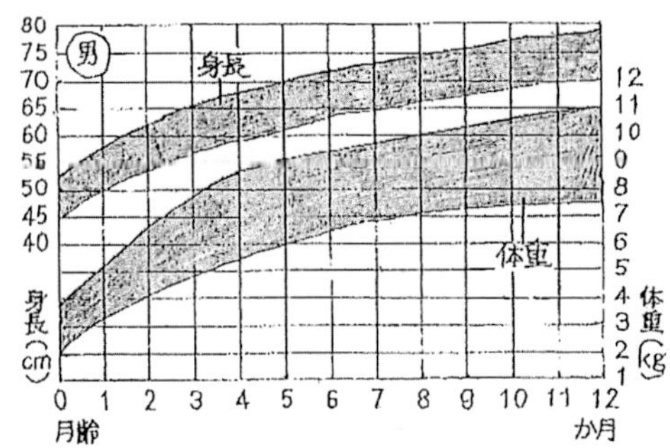

(4)　次のア～エの文は，子どもの遊びの種類について説明したものである。「受容遊び」についての説明を1つ選び記号で答えなさい。

ア　他の子どもに関心を持ち，遊ぶのを見ている状態。

イ　絵本や音楽，映像などの様々な情報を見聞きし，楽しむ遊び。

ウ　目・耳・触覚を使って楽しむ遊び。乳児期に多く見られる。

エ　同じ場所で複数の子どもが同じ遊びをするが，それぞれがひとり遊びになっている状態。

(5)　認定こども園が認定を受けるしくみには4類型がある。(　　)にあてはまる語句を答えなさい。

①　(　　)連携型　　②　幼稚園型　　③　保育所型

④　地方裁量型

(☆☆☆◎◎◎)

【5】人の一生と家族・家庭及び福祉に関する次の(1)～(7)の問いに答えなさい。

(1)　次のア～エの文は，年金に関する説明である。正しいものをすべて選び記号で答えなさい。

ア　国民年金は20歳以上60歳未満の日本国内に居住している全ての人が加入することになっている。

イ　原則65歳以上になれば老齢基礎年金を受け取ることができるが，20年以上保険料を納付していることが給付の条件である。

ウ　学生納付特例制度の利用申請をすることで，在学中は納付を猶予でき，年金加入期間としても認められる。

エ　国民年金基金，厚生年金基金，企業年金は世代間扶養を基本とした公的年金である。

(2)　婚外子の遺産相続の取り分として民法上正しいものを，次のア～エから1つ選び記号で答えなさい。

ア　婚内子の$\frac{1}{2}$　　イ　婚内子の$\frac{1}{4}$　　ウ　婚内子と同等

エ　相続できない

(3)　表1は介護保険サービスについてまとめたものである。①～④にあてはまる語句の組み合わせが正しいものを，表2のア～オから1つ選び記号で答えなさい。

表1

	（　①　）サービス	施設サービス	（　②　）サービス
種類	訪問介護 訪問看護 （　③　）	特別養護老人ホーム 介護老人保健施設 介護療養型医療施設	小規模多機能型居宅介護 夜間対応型訪問介護 （　④　）

表2

	①	②	③	④
ア	短期入所	在宅型	ショートステイ	デイサービス
イ	地域密着	介護予防型	グループホーム	ショートステイ
ウ	通所	訪問型	ホームヘルプ	グループホーム
エ	訪問	複合型	グループホーム	ショートステイ
オ	居宅	地域密着型	デイサービス	グループホーム

(4)　次の文は高齢期に多い病気に関する説明である。(　　)にあてはまる病名を答えなさい。ただし，どちらの(　　)にも同じ語句が入る。

嚥下(えんげ)機能が低下すると痰や食べ物が気管に入りやすくなり，( )を引き起こすことがある。これを誤嚥(ごえん)性( )という。

(5) 「エイジズム」の説明として正しいものを，次のア～エから1つ選び記号で答えなさい。

ア 高齢者を一様に機能の低下した存在だと考える，年齢に基づく差別のこと。

イ 高齢者は，年齢とともに経験や知識が増え，総合的な判断力が身につくという考え方。

ウ 視力や聴力，筋肉量の減少など，加齢にともない身体機能が低下すること。

エ 老化の過程には個人差があり，高齢者を一様に判断することはできないという考え方。

(6) 文字が読めない人にも視覚的に意味を伝えることができ，公共施設の案内表示などに使われる絵文字を何というか答えなさい。

(7) 男女労働者の間に生じている「営業職に女性がほとんどいない」「管理職は大半が男性」などの差を解消するため，男女のいずれか一方に対し，改善の機会を積極的に提供する取り組みのことを何というか答えなさい。

(☆☆☆◎◎◎)

【6】消費生活・環境に関する次の(1)～(5)の問いに答えなさい。

(1) 次のア～エの文は，クーリング・オフに関する説明である。誤っているものを1つ選び記号で答えなさい。

ア マルチ商法の適用期間は法定の契約書面が交付された日から14日間である。

イ 通信販売は不意打ち性がないため対象外である。

ウ 店舗外での，契約期間1年を超える生命保険・損害保険契約は対象である。

エ 3,000円未満の現金取引販売の場合は適用されない。

(2)　次は，特定商取引法で特定継続的役務提供として指定されている7業種のうちの6つである。残りの1つを答えなさい。

エステティック	美容医療	語学教室
結婚相手紹介サービス	家庭教師	学習塾

(3)　次の表は債務整理の方法をまとめたものである。①，②にあてはまる語句を答えなさい。

（　①　）整理	弁護士などを通じて債権者と話し合い、返済方法を決める。
特定調停	裁判所に調停（仲介）を申し立て、調停の場で返済方法を決める。
（　②　）手続き	原則として借金の一部を３年で返済する計画を立て、その計画を裁判所が認め、計画通り返済が完了すると残りの債務を免除される。
自己破産	債務者が裁判所に自己破産を申し立て、免責許可を得る。

(4)　次の①～④のマークと関連するA～Fとの組み合わせが正しいものを，下の表のア～オから1つ選び記号で答えなさい。

①

②

③

④

A　経済産業省　　　B　電気用品安全法
C　消費生活製品安全法　　　D　日本ガラスびん協会
E　日本環境協会　　　F　製品安全協会

	①	②	③	④
ア	B	C	E	D
イ	A	F	B	D
ウ	C	B	F	E
エ	B	F	A	C
オ	A	C	B	E

(5)　CO_2を排出しない住まい方の提案として環境共生住宅がある。具体的に活用が期待される自然エネルギーの例を2つ答えなさい。

(☆☆☆☆◎◎◎)

【7】食生活に関する次の(1)～(9)の問いに答えなさい。

(1) 次の①～④の文は食品に関する説明である。ア～エにあてはまる語句を答えなさい。

① ほうれん草に含まれる(　ア　)は鉄やカルシウムなどの無機質の吸収を阻害するため，ゆでて取り除いてから用いることが多い。

② 硬化油の製造工程で，副産物として生じる脂肪酸を(　イ　)という。

③ (　ウ　)とは，食べ物を口に入れてから飲み込むまでに感じられる，口ざわり，舌ざわり，歯ごたえ，のどごしなどの食感のことをいう。

④ 原材料だけでなく製造工程から輸送にまで設けられた基準をクリアした，イスラム教の戒律に違反していないと認められる食品を(　エ　)という。

(2) 次の①～③と最も関係の深いものをA群・B群からそれぞれ1つ選び記号で答えなさい。

① 鉄　② ナトリウム　③ リン

A群　ア 甲状腺機能の低下　イ 高血圧　ウ 貧血
　　　エ 骨と歯の発達障害　オ 味覚障害

B群　a 野菜　b 加工食品　c レバー
　　　d 食塩　e 海藻

(3) いわし，さんまなどの青魚に含まれる多価不飽和脂肪酸を1つ答えなさい。

(4) 真いかの廃棄率は35％である。可食部200gが必要な場合，真いかを何g購入すればよいか答えなさい。(小数点以下は切り上げ，整数で答えなさい。)

(5) 次の包丁の部位A，Bの名称を答えなさい。

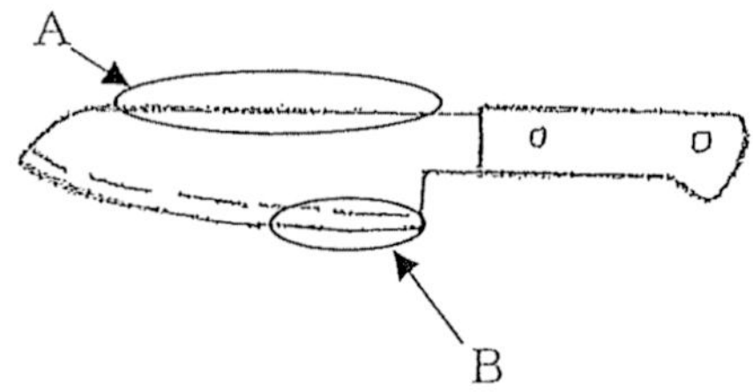

(6)　豚肉を加熱調理する際，下ごしらえとして，肉と脂肪層の間にある筋を包丁の先で切る。なぜこのような処理が必要なのか説明しなさい。

(7)　ゼラチンゼリーを作る際，生のパイナップルを加えると凝固しない。なぜ凝固しないのか説明しなさい。

(8)　食品製造企業で食中毒を予防するために導入されている国際的に認められた衛生管理システムで，原料の受け入れから出荷までのすべての工程にわたり連続的に安全を確保する手法を何というか答えなさい。

(9)　次のア～オの文は洋風のテーブルコーディネートについて述べたものである。正しいものをすべて選び記号で答えなさい。

ア　最初に席についた時点でテーブルに並べられている大きめの皿のことを位置皿という。

イ　塩・こしょう入れやナプキンリングなどテーブルの上に置く小物類を，センターピースという。

ウ　寒色系の色は，気持ちをリラックスさせ，食べ物をおいしそうに感じさせる効果がある。

エ　ナプキンは口元や指先をふいたり，衣服を汚さないように使用するほか，温めたパンや冷えたワインボトルを包むのにも使用する。

オ　テーブルを保護したり，テーブルクロスのすべり止めのために，ネルやゴムを敷く。これらをクロスウェイトという。

(☆☆☆◎◎◎)

解答・解説

【中学校】

【1】① 生活の営み　② 生活と技術　③ 課題を設定　④ 課題を解決　⑤ 実践的な態度

〈解説〉中学校学習指導要領解説　技術・家庭編(平成29年7月)　第2章　技術・家庭科の目標及び内容　第1節 「技術・家庭科の目標」からの出題であるが，中学校学習指導要領(平成29年3月告示)では「第2章　第8節　技術・家庭　第1　目標」が該当する部分である。教科の目標は，中学校・家庭科の果たすべき役割やねらいについて総括して示したものであり，「技術分野」「家庭分野」においてもそれぞれ「目標」が掲げられているので，あわせて確認しておくこと。なお，「解説」は学習指導要領の内容を文節ごとに具体的に説明しているので，熟読しておくこと。

【2】(1) 空間軸…家庭と地域　時間軸…これからの生活を展望した現在の生活　(2) ① 少子高齢社会　② 食育　③ 生活文化の継承　④ 持続可能な社会

〈解説〉(1) 中学校学習指導要領解説　技術・家庭編(平成29年7月)　第2章　技術・家庭科の目標及び内容　第3節　家庭分野の目標及び内容　2　家庭分野の内容構成　「(1) 内容構成の考え方」および「(2) 内容の示し方」の箇所である。今回の改訂での内容構成は，3つの考え方に基づいている。その2つ目として「空間軸の視点では，家庭，地域，社会という空間的な広がりから，時間軸の視点では，これまでの生活，現在の生活，これからの生活，生涯を見通した生活という時間的な広がりから学習対象を捉え，学校段階を踏まえて指導内容を整理している。」とし，「中学校における空間軸の視点は，主に家庭と地域，時間軸の視点は，主にこれからの生活を展望した現在の生活である。」としている。 (2) 中学校学習指導要領解説　技術・家庭編(平成29

年7月)　第2章　第3節　2　家庭分野の内容構成　「(2)　内容の示し方　⑥」の部分である。社会の変化に伴い生じている諸問題への対応として，少子高齢化，グローバル化，持続可能な社会の構築などへのアプローチが示されている。

【3】(1)　①　関わり　②　家庭内の事故　③　整え方
(2)　①　×　②　×　③　○　④　×

〈解説〉(1)　この度の改訂で，〔家庭分野〕の内容は，A　家族・家庭生活，B　衣食住の生活，C　消費生活・環境，となった。設問はこのB　衣食住の生活の「(6)　住居の機能と安全な住まい方」からである。アは目標の(1)の生活に関する知識及び技能を示したもので，イは目標の(2)の思考力，判断力，表現力等を示したものとなっている。　(2)　中学校学習指導要領解説　技術・家庭編(平成29年7月)　第2章　技術・家庭科の目標及び内容　第3節　家庭分野の目標及び内容　3　家庭分野の内容　B　衣食住の生活　住生活に，設問について詳細に述べられている。例えば，住居の基本的機能の「雨や風，暑さ・寒さなどの過酷な自然から人々を守る生活の器としての働き…」は小学校の学習内容であり，中学校では主として「心身の安らぎと健康を維持する働き，子どもが育つ基盤としての働き…」であること。また，住居には「共同生活の空間，個人の生活空間などが必要である…」とあり，指導に際しては家族の生活と住空間との関わりについて具体的に理解できるよう配慮すること。また，家族を想定し，家族の生活行為から家具などの配置を考えさせる，としている。

【4】生きる権利，育つ権利，守られる権利，参加する権利

〈解説〉「児童の権利に関する宣言」(1959年)から30年後，国際児童年10周年に当たる1989年11月に「子どもの権利条約(児童の権利に関する条約)」が国連総会で採択された。日本は，1994年4月にこの条約を批准した。この条約は，すべての子どもの尊厳と，生存，保護，発達についての権利を最大限に保障し，世界中の子どもが最善の利益を受けら

れるようにしようとしたものである。なお，この条約の児童とは，18歳未満のすべての者をいう。

【5】① 平面 ② 立体

〈解説〉衣服の構成は，大きく平面構成と立体構成に分けることができる。平面構成は，日本の和服のほかに，主に中南米で着用されるポンチョやインド等のサリーがある。ゆとりが多く，着方を調節できるため体型の変化にも順応する。たたむと平らになり収納しやすい。立体構成は，主にジャケット，パンツ，スカート等に多く用いられる構成で，ゆとり量を計算して作るため体にフィットした衣服ができる。また，自由な形の衣服をデザインしやすい。

【6】① 混用 ② 混紡 ③ 交織

〈解説〉混紡の主な目的は，メインの繊維の欠点を補うことにある。例えば，ワイシャツでは，綿のしわになりやすい，乾きにくいという欠点を補うために，ポリエステルと混紡して用いる。また，メインの繊維が高価なので商品の価格を下げるために似たような安価な繊維を混ぜるものもある。セーターでの毛とアクリルの混紡はその例である。なお，交織は，横糸とたて糸の繊維を別の繊維にすることにより，風合いに変化を持たせたものである。スーツでは毛と絹糸を使った交織などがある。また，混紡，交織のほかに異なる種類の糸を用いて編んだ交編もある。

【7】① コ ② ウ ③ ク

〈解説〉生活行為と住空間では，家族(共有)空間，生理・(衛生)空間，家事空間と個人空間の4つに分類するのが一般的であるが，通路空間，収納空間を取り上げたりもする。家族(共有)空間の生活行為には，休養や接客が含まれる。家事空間には，衣類整理や家事事務もある。生理・(衛生)空間には，化粧や着替えなどもある。なお，収納空間はクローゼットや押し入れなど，通路空間は廊下，階段，玄関，勝手口などである。

【8】(1)　ア　　(2)　オ

〈解説〉(1)　畳は吸湿性があるため，睡眠中の汗で布団が湿気を含んだときに，畳が布団の湿気を吸収してくれる。フローリングの床に直接布団を敷いて寝ると布団が濡れている状態になり見た目でわかる。また，畳の原料のい草はよい香りがし，鎮静効果がある。さらにはクッション性もあり，階下への物音を軽減する防音効果もある。　(2)　気密性の高い家は防音・断熱といった効果が期待できるが，短所として空気の流れが少なくなり，空気を循環・換気させることが必要となる。そのため，2003年，建築基準法が改正され，新築住宅では24時間換気設備の設置が義務づけられた。

【9】(1)　消費者市民社会　　(2)　リサイクル，リデュース，リユース，リペア，リフューズ

〈解説〉(1)　消費者市民社会の構築に向けて消費者が身につけるものとして，a　消費者が持つ影響力の理解，b　持続可能な消費の実現(消費生活が環境に与える影響を考え，環境に配慮した生活の実践等)，c　消費者の参画・協働(身近な消費者問題や社会課題の解決や，公正な社会の形成について考える等)，がある。　(2)　1993年に環境基本法が，2001年に循環型社会形成推進基本法がそれぞれ施行され，循環型社会のための法制度がスタートした。5Rについて具体例をあげると次の通りである。リデュース(発生抑制)は，例えば買い物のときにマイバッグを持参する。リユース(再使用)は，不要な服を人に譲る。リサイクル(再生利用)は，ごみは地域の分別回収に出したり，販売先で回収してもらう。リフューズ(拒否する)は，不要なものは無料であっても，もらわずに断る。リペア(修理する)は，壊れたものや傷んだものを修理しながら使う等である。

【10】① 換気　② 自然換気　③ 機械換気　④ 建築基準　⑤ 24時間換気　⑥ 義務

〈解説〉換気は室内の空気を入れ換えることをいい，通風は室内に外から風を通すことをいう。現代の住宅は気密性が高いため，建材や日用品に使用されている化学物質，例えばホルムアルデヒド等によってシックハウス症候群等の様々な症状が現れる危険性も高まっている。そのため，2003年に建築基準法の改正が行われた。なお，換気をするときは空気を外に出す排気だけでなく，新しい外部の空気も取り入れる給気も大切である。

【11】エ

〈解説〉シルケット加工は光沢を付与し染色性を増す。防縮加工は洗濯時の収縮を少なくする。綿は防縮加工により収縮率が1％以下になる。パーマネント・プレス加工は綿とポリエステル等の混紡織物に樹脂加工を施して防しわ性，プリーツ保持性等の特性を与える。透湿防水加工は透湿性を持ちながら防水性を与える加工である。他に，防しわ加工，形態安定加工，はっ水加工，防汚加工，紫外線カット加工，赤外線カット加工，帯電防止加工，抗菌・防臭加工等がある。

【12】① ヌ　② セ　③ ニ　④ サ　⑤ ナ(ツ)　⑥ ツ(ナ)　⑦ ク

〈解説〉脂質の種類は，単純脂質…中性脂肪(脂肪酸＋グリセリン)・ろう，複合脂質…リン脂質・糖脂質，誘導脂質…脂肪酸・ステロールである。設問は，中性脂肪の脂肪酸の種類についてである。飽和脂肪酸は，血液中のコレステロールを上昇させる作用がある。逆に多価不飽和脂肪酸のn-6系は，コレステロールを低下させる作用があり，n-3系の脂肪酸は，血液を固まりにくくする働きがある。

【13】(1) 介護保険制度　(2) 介護保険法　(3) 地域包括支援センター　(4) 地域密着型サービス

〈解説〉(1)　介護保険制度は2000年から導入され，日本に住所を持つ40歳以上の者は全て加入し，月々保険料を支払うようになった。これは，高齢者が自分に必要な介護サービスを選び，料金の1～3割の金額を負担して利用するものである。　(2)　介護保険法は1997年に制定され，要介護者等について，介護保険制度を設け，その行う保険給付などに関して必要な事項を定めることを目的とする法律である。2005年に改正された。　(3)　2005年の介護保険制度の改正により地域包括支援センターが創設され，また介護予防給付が追加された。　(4)　地域密着型サービスは，認知症高齢者や要介護高齢者が，介護度が重くなっても，住み慣れた地域でいつまでも生活できるように創設された介護サービスである。

【14】脊柱(背骨も可)

〈解説〉脊柱は，成長とともにわん曲を生じるが，これは直立歩行するヒトに特有のものである。わん曲が生じる部位と時期は発達と関係があり，首が据わる前は，脊柱は全体に後わんしているが，首が据わるころ頸部に前わんが生じ，直立すると腰部に前わんが生じる。幼児期には腰の前わんが目立つため，腹部が突出して見える。

【15】①　循環型　　②　温室効果　　③　低炭素

〈解説〉循環型社会と3Rの流れは，リデュース(廃棄物質の発生抑制)→リユース(再使用)→マテリアルリサイクル(再生利用)→サーマルリサイクル(熱回収)→適正処分，の順である。また，「環境を考えた持続可能な社会」として，持続可能な社会を中心に，「循環型社会(3Rを通じた資源循環)」「自然共生社会(自然の恵みの享受と継承)」「低炭素社会(温室効果ガス排出量の大幅削減)」を掲げている。

【16】(1)　①　上糸(の調子)が強い　　②　上糸調節装置の目盛りを小さくする　　(2)　・上糸のかけ方が正しくない　・針の付け方が正しくない　・上糸調節装置のダイヤルをしめ過ぎている。　・上糸の調子

が強すぎる　から2つ

〈解説〉糸調子の調整と関連して，発生しがちな問題(状態)とその主な原因をまとめておく。・針が折れる…針どめねじがゆるんでいる，針のつけ方が浅い，おさえがゆるんでいる，針が曲がっている。・針棒が動かない…糸巻き軸が下糸を巻く状態になっている。・布が進まない…送り調節ダイヤルの目盛りが0になっている。・針目がとぶ…針のつけ方が正しくない，針が曲がっている，針の先が折れている。・下糸が切れる…下糸の巻き方が悪い。

【17】(1)　①　イ　　②　消費者と販売者が合意(意思が合致)をしているから　など　　(2)　義務…代金を支払う　権利…商品を受け取る　(3)　・小遣いの範囲内分の契約だった場合　・20歳以上だと年齢を偽っていた場合　・契約書の法定代理人の承認欄に無断で記入するなど，偽って契約をした場合　・結婚している場合　から1つ　民法に定められていることであれば可　　(4)　3つ

〈解説〉(1)　消費者と販売店などの合意によって成立する法律行為を契約という。両者が合意すれば口約束でも契約は成立するが，契約書の作成は契約内容を書面に残すことでトラブルを防ぐ役割がある。設問では，イの段階で売買契約は成立しており，ウが契約締結後の請求・支払である。　(2)　設問は，消費者の権利と義務である。このとき，店側にも同様に権利と義務が生じる。店側の義務は商品を渡すこと，権利は代金を請求することである。　(3)　法律上，未成年者は社会的経験が乏しく，一人で完全に法律行為を行う能力がないとみなされ，契約行為に制限がある。契約後に取り消すことのできる場合について，民法第5条に明記してある。なお，2022年4月より成年年齢は18歳，婚姻年齢は男女とも18歳になるので留意すること。　(4)　太郎さんの行った金銭に関わる生活行為は，自動販売機でのジュース購入，バスへの乗車，スーパーマーケットでのパン購入である。

【18】(1) ① (身長に対して)頭が大きい。 身長に対する頭の割合が大きい。 から1つ ② 転倒したり転落したりすること(しないようにすること) (2) ① 体温が高い(汗をかきやすいでも可) ② 着替えをする。 汗で体が冷えないようにする。 十分な水分補給をする。 から1つ

〈解説〉(1) 設問の絵の一番左は頭部が身長に対し5分の1で，2歳頃である。真ん中は6分の1で，5歳の頃である。右側は7分の1で14歳頃である。頭の割合が大きい場合，低い位置の段差があるときは特に気をつけること。 (2) 乳幼児は代謝が盛んで運動も活発なことから，体温は大人に比べ高く36.7～37℃ぐらいである。汗をかきやすいので生後1か月後は，大人より一枚薄着でもよい。ただし，気温の変化には留意すること。

【高等学校】

【1】(1) ① 協働 ② 技能 ③ 実践的 (2) ① 設計 ② 持続可能 (3) ① 同一年次 ② 食育 ③ 子供 (4) 作品製作 (5) 総合調理実習

〈解説〉(1) 高等学校学習指導要領における目標は，家庭科で育成を目指す資質・能力が「知識及び技術」「思考力，判断力，表現力等」「学びに向かう力，人間性等」の3つの柱に沿って示されている。今回の改訂に当たっては，今までの目標の趣旨を継承するとともに，少子高齢化等の社会の変化や持続可能な社会の構築，食育の推進，男女共同参画社会の推進，成年年齢の引下げ等への対応について一層重視するとしている。 (2) 改訂では，共通する教科家庭は「家庭基礎」と「家庭総合」の2科目となった。両科目を比較してみるとよい。

(3) 設問の箇所は，解説とあわせ，しっかりと確認し理解すること。

(4) 課題研究は従前と同じく原則履修科目である。 (5) 改訂前は20科目であったが，この度の改訂で21科目となった。整理統合された科目，名称が変更された科目もある。解説では内容の改善を図った科目がまとめられているので，どう変わったか確認しておくこと。また，

新設科目「総合調理実習」のねらいも理解しておきたい。

【2】(1)　バリアフリー(新)法　　(2)　60％　　(3)　エコマテリアル
(4)　①　　②

(5)　イグルー

〈解説〉(1)　バリアフリー新法は，バリアフリーについて，建築物を対象としたハートビル法と，公共交通機関を対象とした交通バリアフリー法の両者を統合・拡充し，より包括的にバリアフリー化を進めるための法律である。　(2)　建ぺい率は，150m²÷250m²×100＝60％となる。　(3)　エコマテリアルは，優れた機能や特性を持ちながらも，人にも環境にも優しい材料を指し，エコマテリアル・フォーラムによって提唱された概念である。　(4)　建築の図面は，JIS(日本産業規格)による平面表示記号を用いて，実寸の$\frac{1}{50}$または$\frac{1}{100}$等の縮尺で描く。他に両開き窓，引き違い窓，片開き扉，両開き扉，引き違い戸，引き込み戸等もある。なお，家具についても平面表示記号があるので，あわせて覚えること。　(5)　イヌイットは，カナダ北部などの氷雪地帯に住む先住民族のエスキモー系民族である。イグルーはアザラシ猟をするために，移動する時に雪でつくる家のこと。

【3】(1)　不織布　　(2)　①　トリコット編み　　②　ドレープ性
(3)　イ　　(4)　①　青海波　　②　矢絣(矢羽根)　　(5)　①　抜衣紋(衣紋抜き)　　②　くりこし　　(6)　ウ　　(7)　ア　かび　　イ　有機溶剤(石油系溶剤)　　(8)　チェスト　　(9)　ア

〈解説〉(1)　繊維から作られる平面上の布には，織物，編物，組物，不織布などがある。不織布は応用製品が様々ある。　(2)　①　たてメリヤスは織物のように一定の幅に編まれ，裁断，縫製して被服に作られる。用途としては，ユニホーム，水着等のスポーツウェア等がある。
②　ドレープ性は，繊維製品の外観とその形態安定性能をいい，柔ら

かく重い布ほどひだが多く，ドレープ性が大きいといえる。 (3) 設問は，スカートの着用時に前がつりあがった状態なので，前の部分を追加する。アは後ろがつっている状態，ウは前全体が窮屈で腰の張りが強い場合の補正と考えられる。 (4) 幾何学の形が基本形になって，単純なつなぎ模様として生まれたものを「文様」という。 (5) くりこしの寸法は2～3cmであるが，えりを多く抜いて着る場合や，肩に厚みのある人はこれより多くする。 (6) 地直しのアイロンの温度は，綿織物は180～200℃，毛織物は160℃，化学繊維は120～130℃である。化学繊維と同じ方法は絹織物にも行うが温度は150℃内外である。なお，ドライアイロンとは水分を与えずにアイロンをかけることである。(7) ビニル袋の中は空気が循環せず，湿気をため込みやすくなり，かびが発生する。また，空気中の窒素ガスなどで変色してしまうこともある。商業洗濯(クリーニング)は基本的にドライクリーニングなので有機溶剤を使用する。 (8) チェストは腕つけ根の下端を通り，胸の回りを水平に測る。「寸法表示による表示」のうち，中央のⒶは，チェストとウエストの寸法の差が12cmの場合である。④は身長を表し165cmである。 (9) 年代順にみると，エンパイアスタイルから始まり，このスタイルはナポレオンの第一帝政期に定着し，帝政のスタイルという意味である。続く1850年代のクリノリンスタイルが貴族主義の名残であった。1870年代に姿を消し，ふくらみが後ろだけのバッスルスタイルに移行したが，これも1890年代には姿を消した。1900年代になると化学繊維や合成染料の発明がなされ，アールヌーボーの影響を受けたS字ラインが流行した。

【4】(1) ア 胎盤 イ 原始反射 ウ 18 エ はちみつ
(2) (ジョン・)ボウルビィ (3) パーセンタイル (4) イ
(5) 幼保

〈解説〉(1) ① 母体と胎児の間には複雑な機能的関係があり，胎児胎盤機能という。 ② 新生児の反射運動は，生まれつき持っている刺激に対する反射的な反応で，脳の発達とともに徐々にみられなくなる。

吸啜反射は口に触れた物に吸いつく反応。把握反射は手のひらに触れた物をつかむ反応。モロー反射は大きな音などに反応して両腕を広げ抱きつくような動作をする反応である。 ③ 児童福祉法により，児童福祉の基本理念やそれを行うための機関・施設が定められた。
④ 乳児の体内はボツリヌス菌の芽胞が発芽するのによい環境であり，乳児の消化器官が未熟のためボツリヌス菌の繁殖を防ぐことができず発症する。 (2) ジョン・ボウルビィ(1907～1990年)は，行動観察を重視し，親子の絆の研究や母親的な世話を受けられなくなったときの子どもたちの反応の研究を行い「愛着理論」を築いた。 (3) パーセンタイル法は，数値を小さい値から順に並べ，小さい方から数えて何パーセントめの値はどれくらいかという見方をする統計的表示法である。発育には個人差があり，10～90パーセンタイルは問題ないといわれる。 (4) アは傍観遊び，ウは感覚遊び，エは並行遊びという。
(5) 幼保連携型は，幼稚園と保育所が連携して一体的な運営を行うタイプ。幼稚園型は，幼稚園が保育の必要な子どものための保育時間を確保するなど，保育所的機能を備えるタイプ。保育所型は，保育所が保育の必要な子ども以外の子どもも受け入れる等，幼稚園的な機能を備えるタイプ。地方裁量型は，幼稚園，保育所いずれの認可もない地域の教育・保育施設が，認定こども園として必要な機能を果たすタイプ。

【5】(1) ア，ウ (2) ウ (3) オ (4) 肺炎 (5) ア
(6) ピクトグラム (7) ポジティブ・アクション

〈解説〉(1) イについては，国民年金は20歳から保険料を支払い，加入期間が10年以上になると死ぬまで年金を受け取ることができる。2017年に加入期間が25年から10年へと短縮された。エは，国民年金基金と厚生年金基金は世代間扶養だが，企業年金は保険料という形で個人がお金を積み立てたものである。 (2) 婚外子の遺産相続分は，2013年の民法改正までは嫡出子の2分の1とされていた。 (3) 要介護認定として，要介護5～1の場合，ケアプランに基づいて設問の表に掲げられ

ているサービスが受けられる。　(4)　嚥下とは，通常口から食道を通って胃に入っていく。口腔内に存在している細菌が原因で誤嚥が起こることもあり，口腔を清潔にしておくことも大切である。　(5)　エイジズムは，1969年にアメリカの老年医学者ロバート・バトラーによって初めて使われた言葉で，「年をとっているという理由で高齢者たちを組織的に一つの型にはめ差別すること」と規定している。　(6)　ピクトグラムは，視覚記号(サイン)の一つである。日本においては1964年の東京オリンピックが発端で使われ始めた。　(7)　ポジティブ・アクションは，改正男女雇用機会均等法に盛り込まれた概念である。男，女といった固定的な性別による役割分担意識や過去の経緯から，男女労働者の間に事実上生じている差をどのように解消していくかという諸問題に積極的に取り組むことを意味して「ポジティブ」といった言葉が用いられている。

【6】(1)　ア　　(2)　パソコン教室　　(3)　①　任意　　②　個人再生　(4)　イ　　(5)　太陽光，風力，地熱，水力，バイオマス，海洋　から2つ

〈解説〉(1)　クーリング・オフは，店舗や営業所以外で契約した場合に適用される。　(2)　特定継続的役務提供は，「特定商取引法」で規制されている販売形態である。　(3)　多重債務に陥った場合などの救済措置として，設問にあげられた4つの債務整理の方法がある。

(4)　①はエネルギースターで，アメリカで始まった省エネルギー型電気製品のための国際的な環境ラベリング制度。日本においては経済産業省が運営している。②はSGマークで，消費生活用製品安全法に基づき，製品安全協会が運用している。③は，電気用品安全法(PSE)により，対象となる電気用品を製造または輸入を行う事業者は，法に定められた手続きなどの義務を履行し，電気用品に「PSEマーク」を表示しなければならないことになっている。④は，リターナブル瓶であることを容易に識別できるようにしたマークである。リターナブル瓶は，様々な製品で安心して利用できるよう，日本ガラスびん協会の定めた

統一規格に基づいて認定・製造されており，瓶のリユースの効率アップが図られている。　(5)　環境共生住宅とは，「地球環境を保全するという観点から，エネルギー・資源・廃棄物の面で充分な配慮がなされ，また周辺の自然環境と密接に美しく調和し，住み手が主体的に係りながら，健康で快適に生活できるよう工夫された住宅」である。したがって，エネルギーをつくるのではなく，例えば，屋上緑化により断熱効果をよくする等，省エネルギーの面でもいろいろな工夫が考えられる。

【7】(1)　ア　しゅう酸　　イ　トランス脂肪酸　　ウ　テクスチャー　エ　ハラール(ハラル)食品(フード)　　(2)　①　A群…ウ　B群…c　②　A群…イ　B群…d　　③　A群…エ　B群…b　　(3)　DHAまたはIPA(EPA)　　(4)　308〔g〕　　(5)　A　みね(背)　　B　刃もと　(6)　(筋を切らないで加熱すると)身が反り返り縮み，固くなるから。　(7)　生のパイナップルにはたんぱく質分解酵素が含まれているから。　(8)　HACCP(ハサップ)　　(9)　ア，エ

〈解説〉(1)　①　しゅう酸は，アクと呼ばれるものの一つで，えぐ味や渋味の原因となる。料理の味を損なわないために，あく抜きと称する下処理が必要である。　②　トランス脂肪酸は，植物油や魚油の脱臭，固体化などの過程で生まれ，ショートニングやマーガリンに多く含まれる。LDL(悪玉)コレステロールを増加させ，HDL(善玉)コレステロールを減少させるため，動脈硬化や心疾患のリスクが高まるといわれる。　③　テクスチャーは，歯ごたえ，舌触り，歯触り，のどごしなどである。　④　イスラム法でハラール(合法なもの)とされた食品である。日本をはじめ非イスラム圏でも，ハラール認証を受けた食材を販売している。　(2)　無機質にはほかに，マグネシウム，カルシウム，カリウム，イオウ，塩素，セレン，銅，コバルト，モリブデン，マンガン，クロム等がある。これらについても一通り目を通すこと。　(3)　DHAとはドコサヘキサエン酸のことで，IPAはイコサペンタエン酸のことである。これらには，動脈硬化や心疾患を防ぐ働きがある。　(4)　求

める量は，可食部÷(100－廃棄率)×100で算出する。200÷(100－35)×100＝307.69≒308。　(5)　刃もとは，野菜や果物の皮をむく，魚の骨を切る等の役割がある。　(6)　設問の処理を，筋切りという。ソテーやフライなどで下準備として行う。　(7)　ゼラチンゼリーの場合は，生のパイナップルに火を通してたんぱく質分解酵素の働きをとめるか，缶詰を使用するとよい。　(8)　HACCPは，食品を製造する際に，原材料の入荷から製品出荷にいたる全工程上において，危害を起こす要因(ハザード：Hazard)を分析し，危害要因を最も効率よく管理(除去または低減)できる工程(CCP：必須管理点)を連続的に管理すること。対象食品には，牛乳・乳製品，食肉製品，レトルト食品，清涼飲料水などがある。　(9)　イのセンターピースとは，テーブル中央に置く少し高さのある装飾品である。ウの寒色系(青や紫など)は消化作用をにぶらせ，食欲を下げることが多い。オのテーブルクロスのすべり止めのクロスウェイトは，ネルやゴムを敷くのではなく，クロスの四すみに付けるおもりのことである。

2020年度　実施問題

【中学校】

【1】「中学校学習指導要領(平成29年3月)告示」及び，「中学校学習指導要領解説　技術・家庭編(平成29年3月)」について，次の(1)，(2)の問いに答えなさい。

(1)　次の文は，家庭分野の目標について示したものです。文中の(　①　)～(　⑥　)にあてはまる言葉を書きなさい。

> A生活の営みに係る見方・考え方を働かせ，衣食住などに関する(　①　)な活動を通して，よりよい生活の実現に向けて，生活を工夫し創造する資質・能力を次のとおり育成することを目指す。
>
> (1)　家族・家庭の(　②　)について理解を深め，家族・家庭，衣食住，消費や環境などについて，生活の自立に必要な基礎的な理解を図るとともに，それらに係る(　③　)を身に付けるようにする。
>
> (2)　家族・家庭や地域における生活の中から問題を見いだして課題を設定し，解決策を構想し，(　④　)を評価・改善し，考察したことを論理的に(　⑤　)するなど，これからの生活を展望して課題を解決する力を養う。
>
> (3)　自分と家族，家庭生活と地域との関わりを考え，家族や地域の人々と(　⑥　)し，よりよい生活の実現に向けて，生活を工夫し創造しようとする実践的な態度を養う。

(2)　(1)の下線部Aについて，文中の(　①　)～(　④　)にあてはまる言葉を書きなさい。

> 生活の営みに係る見方・考え方を働かせとは，家庭分野が学習対象としている家族や家庭，衣食住，消費や環境などに

係る生活事象を，(　①　)，(　②　)，(　③　)，(　④　)等の視点で捉え，生涯にわたって，自立し共に生きる生活を創造できるよう，よりよい生活を営むために工夫することを示したものである。

(☆☆◎◎◎◎)

【2】次の①～⑤の文は，「中学校学習指導要領解説　技術・家庭編(平成29年7月)第3章　指導計画の作成と内容の取扱い」について述べたものです。正しいものには○印，正しくないものには×印を書きなさい。

① 家庭分野の指導において，「生活の課題と実践」に当たる三項目を，すべて履修させる。

② 家庭分野の内容の各項目に配当する授業時数及び履修学年については，生徒や学校，地域の実態等に応じて，各教員が適切に定める。

③ 情報通信ネットワークやコンピュータを用いることは，技術分野で行うので，家庭分野では行う必要がない。

④ 生活や社会における課題を解決するために言葉や図表，概念などを用いて考えたり，説明したりするなどの学習活動の充実を図ること。

⑤ 障害のある生徒などについては，生徒の安全性を考慮した上で，他の生徒と必ず同じ指導内容や指導方法で指導を行うこと。

(☆☆☆◎◎◎)

【3】次の文は，「中学校学習指導要領(平成29年3月)告示」家庭分野の内容「A　家族・家庭生活」について示したものです。文中の(　①　)～(　③　)にあてはまる言葉を書きなさい。

(2) 幼児の生活と家族

ア 次のような知識を身に付けること。

(ア) 幼児の発達と(　①　)の特徴が分かり，子供が育つ環境としての(　②　)について理解すること。

(イ) 幼児にとっての遊びの(③)や幼児との関わり方について理解すること。
イ 幼児とのよりよい関わり方について考え，工夫すること。

(☆☆☆◎◎◎)

【4】次の文は，日本型食生活について述べたものです。文中の(①)～(⑤)にあてはまる言葉を書きなさい。

1980年頃の日本では，米飯を(①)として，(②)と副菜を組み合わせ，適度に牛乳・乳製品と(③)を食べていました。このような食事スタイルを「日本型食生活」と呼んでいます。「日本型食生活」は，食物繊維が多くとれ，エネルギーとなる栄養素である炭水化物や脂質，(④)のバランスや動物性食品と(⑤)食品のバランスがよいと注目されています。

(☆☆◎◎◎)

【5】調理について，次の(1)～(3)の問いに答えなさい。

(1) 調理中に酢を計量する場合，大さじ2は，小さじいくつ分になるか書きなさい。

(2) 指先で計量する場合，「少々」と「ひとつまみ」をそれぞれ説明しなさい。

(3) 「中火」について，「なべ底」という言葉を用いて説明しなさい。

(☆☆☆◎◎◎)

【6】次の文は，代金の支払い方法について述べたものです。文中の(①)～(④)にあてはまる言葉を書きなさい。

商品の代金を支払う方法には，商品と引き換えに，その場で代金を支払う(①)，プリペイドカードや商品券などで代金を支払う(②)，クレジットカードなどにより支払う(③)がある。また，(①)で用いられるカードを(④)という。

(☆☆☆◎◎◎)

【7】次の文は，衣服の手入れについて述べたものです。文中の(　①　)～(　⑦　)にあてはまる言葉を下のア～ネからそれぞれ一つ選び，その記号を書きなさい。

・　衣服に付いた部分的な汚れを落とすことを(　①　)という。(　①　)は，衣服を長持ちさせるための有効な手段である。部分的な汚れの(　②　)から(　③　)に向けて，しみのついた側の(　④　)からたたき，ほかの布に汚れを(　⑤　)。

・　ズボンやスカートのすそがほつれた場合には縫い代の裁ち目を(　⑥　)折りにして，(　⑦　)縫いで補修します。

ア　二つ	イ　糸巻き	ウ　表側	エ　裏側
オ　色うつり	カ　なみ	キ　三つ	ク　乾燥
ケ　脱水	コ　玉どめ	サ　玉結び	シ　アイロンがけ
ス　しみ抜き	セ　半返し	ソ　移し取る	タ　ブラシがけ
チ　なで	ツ　周囲	テ　本返し	ト　すくいとる
ナ　中心	ニ　まつり	ヌ　くぐらせる	ネ　巻きつける

(☆☆☆◎◎◎)

【8】次の文は，幼児期の生活習慣の形成について述べたものです。文中の(　①　)，(　②　)にあてはまる言葉を書きなさい。

> 生活習慣には，健康に生きていくうえで必要な，毎日くり返し行われている(　①　)習慣と社会の一員として家族や地域の人との生活の中で身につけていく(　②　)習慣があります。(　①　)習慣は，心身の発達に合わせて家族や周囲の人が丁寧にくり返し教えることで身につき，生活の自立につながります。

(☆☆◎◎◎)

【9】青年期は大人として自立していくための準備をする時期です。自立の五つの側面のうち，次の(1)，(2)の説明にあてはまるものを書きなさい。

(1) 人との関わりにおいて合意を形成したり，人間関係を調整したりできること。

(2) 収入を得てそれを管理して生活できること。

(☆☆◎◎◎)

【10】児童福祉について，次の(1)，(2)の問いに答えなさい。

(1) 児童福祉法や子どもの権利条約では，「児童」の年齢をどのように定義しているか書きなさい。

(2) 児童虐待の種類を四つ書きなさい。

(☆☆☆◎◎◎◎)

【11】次の文は，骨格の成長について述べたものです。文中の(①)～(⑥)にあてはまる言葉を書きなさい。

骨は(①)に(②)が付着してかたくなることでつくられる。これを(③)という。年齢により各骨の(③)の時期が決まっているため，レントゲン写真をとることで骨年齢が分かる。通常，骨年齢は，手首にある(④)，とう骨，尺骨の骨端部で判定する。また，脊柱は成長と共に湾曲が生じる。新生児期から3ヶ月ぐらいまでは脊柱の(⑤)湾が見られるが，首がすわる頃には，首に(⑥)湾が生じ，直立すると腰の(⑥)湾がめだつため，腹部が突出して見える。

(☆☆☆◎◎◎)

【12】次の文は，年金制度について述べたものです。下線部分が正しい場合には○，間違いの場合には正しい言葉を書きなさい。

国民年金は，日本に住所を持つ(1)<u>20歳以上65歳未満</u>のものが全員加入する。また，一定の条件を満たすサラリーマン等が加入する(2)<u>厚生年金</u>がある。

(☆☆☆◎◎◎◎)

【13】次の表は炭水化物の種類と特徴について示したものです。表のA～Hにあてはまる言葉の組み合わせとして正しいものを下のア～オから一つ選び，その記号を書きなさい。

<table>
<tr><th colspan="4">名称（構成する糖）</th><th>多く含む食品</th></tr>
<tr><td rowspan="4">A</td><td>単糖類</td><td colspan="2">ぶどう糖</td><td>果実</td></tr>
<tr><td>二糖類</td><td colspan="2">D</td><td>砂糖（サトウキビ）</td></tr>
<tr><td>多糖類</td><td colspan="2">でんぷん</td><td>F</td></tr>
<tr><td>オリゴ糖類</td><td colspan="2">大豆オリゴ糖</td><td>大豆</td></tr>
<tr><td rowspan="2">B</td><td rowspan="2">C</td><td>水溶性</td><td>E</td><td>G</td></tr>
<tr><td>不溶性</td><td>セルロース</td><td>H</td></tr>
</table>

ア　A　食物繊維　B　糖質　C　しょ糖
　　D　二糖類　E　グルコマンナン　F　野菜
　　G　こんにゃく　H　えび・かに

イ　A　糖質　B　食物繊維　C　多糖類
　　D　麦芽糖　E　アルギン酸　F　いも
　　G　海藻　H　果実

ウ　A　糖質　B　食物繊維　C　多糖類
　　D　しょ糖　E　ペクチン　F　いも
　　G　果実　H　野菜

エ　A　食物繊維　B　糖質　C　多糖類
　　D　乳糖　E　ペクチン　F　米
　　G　こんにゃく　H　大豆

オ　A　糖質　B　食物繊維　C　二糖類
　　D　しょ糖　E　グルコマンナン　F　小麦
　　G　野菜　H　貝類

(☆☆☆◎◎◎)

【14】次の表は，無機質の種類と働きについて示したものです。表の(　1　)～(　4　)にあてはまる言葉をあとのア～シからそれぞれ一つ選び，その記号を書きなさい。

名称	働き	欠乏症状	多く含む食品
（ 1 ）	体液量の調節 心臓の機能を調節	疲労感	海藻・野菜
（ 2 ）	骨や歯の形成　核酸などの成分	骨軟化症	卵黄・食肉
（ 3 ）	たんぱく質の合成　酵素の材料となる	味覚障害	魚介類（牡蠣）
（ 4 ）	甲状腺ホルモンの材料	甲状腺肥大	海藻

ア　カリウム　　イ　カルシウム　　ウ　鉄　　エ　硫黄
オ　コバルト　　カ　銅　　キ　亜鉛　　ク　ナトリウム
ケ　ヨウ素　　コ　塩素　　サ　マンガン　　シ　リン

(☆☆☆◎◎◎◎)

【15】じゃがいもを可食部として180g必要としている場合，準備するじゃがいもの重量(g)を書きなさい。ただし，廃棄率を10%とします。

(☆☆☆◎◎◎◎)

【16】衣類用洗剤に含まれる界面活性剤の作用を四つ書きなさい。

(☆☆☆◎◎◎◎)

【17】次の表は漂白剤の種類と特徴についてまとめたものです。A～Gにあてはまる答えの組み合わせとして正しいものを下のア～オから一つ選び，その記号を書きなさい。

種類		主成分	液性	特徴
酸化型	（ A ）	次亜塩素酸ナトリウム	（ C ）	色柄物に（ E ）
	（ B ）	過酸化水素	（ D ）	色柄物に使える
		過炭酸ナトリウム	弱アルカリ性	色柄物に（ F ）
還元型		二酸化チオ尿素	弱アルカリ性	色柄物に（ G ）

ア　A　塩素系　　B　酸素系　　C　アルカリ性
　　D　弱酸性　　E　使えない　　F　使える
　　G　使えない
イ　A　酸素系　　B　塩素系　　C　弱酸性
　　D　アルカリ性　　E　使える　　F　使えない
　　G　使える

ウ	A	塩素系	B	酸素系	C	弱酸性
	D	弱酸性	E	使えない	F	使える
	G	使える				
エ	A	酸素系	B	塩素系	C	アルカリ性
	D	弱酸性	E	使えない	F	使える
	G	使える				
オ	A	塩素系	B	酸素系	C	アルカリ性
	D	弱酸性	E	使えない	F	使える
	G	使える				

(☆☆☆◎◎◎◎)

【18】次の文章は，金融商品の三つの指標について説明したものです。(①)～(⑤)にあてはまる言葉を下のア～ソからそれぞれ一つ選び，その記号を書きなさい。

一般に金融商品を考える時には，もとのお金が返ってくる保証の程度を示す(①)性，すぐに現金に変えやすい程度を示す(②)性，お金が増える程度を示す(③)性の三つの指標で考える。

普通預金と投資商品についてこの三つの指標を考える時，(①)性と(②)性が低いのは(④)であり，(①)性と(②)性が高いのは(⑤)である。

ア	信頼	イ	投資商品	ウ	歩合	エ	安全
オ	元本割れ	カ	固定	キ	流動	ク	資産
ケ	家計	コ	収益	サ	リスク	シ	普通預金
ス	利息	セ	返済	ソ	当座預金		

(☆☆☆◎◎◎)

【19】環境負荷の少ない生活について説明したものです。文中の(①)～(③)にあてはまる言葉を書きなさい。

食料の生産地から消費地までの距離に着目し，輸送に伴うエネルギーを減らすことで，環境への負荷を軽減しようとする考えを(①)

という。地元で生産された食料をその地域で消費する(　②　)などの場合は(　①　)は小さくなる。また，商品の原料調達から廃棄・リサイクルまでに排出される温室効果ガスを二酸化炭素相当量に換算して表示する仕組みを(　③　)という。

(☆☆☆◎◎◎◎)

【20】住生活の授業について，次の(1)，(2)の問いに答えなさい。

(1)　和式の住まいには，引き違いの戸(ふすまや障子)が用いられます。引き違いの戸が用いられる部屋のよさを書きなさい。

(2)　家庭内事故の防止のために，住まいのバリアフリーについて取り上げます。

①　体の老化による高齢者の家庭内での事故例を，具体的な場所を挙げて一つ書きなさい。

②　①に対する防止策を一つ書きなさい。

③　誰もが安全に暮らせるように考えられたデザインのことを何と言うか書きなさい。

(☆☆◎◎◎◎)

【21】「食生活と栄養」について，中学生の時期にはエネルギーやタンパク質，カルシウム，鉄などの栄養素を十分にとる必要があります。その理由について書きなさい。

(☆☆☆◎◎◎)

【22】「生鮮食品と加工食品」の授業について，次の(1)，(2)の問いに答えなさい。

(1)「賞味期限」と「消費期限」について指導を行います。

①　スナック菓子にはどちらが表示されていますか。

②　①で答えた表示になっている理由を書きなさい。

(2)　ほうれんそうは，スーパーに1年中陳列される野菜の一つですが，あるビタミン含有量を調べると下のグラフのようになりました。

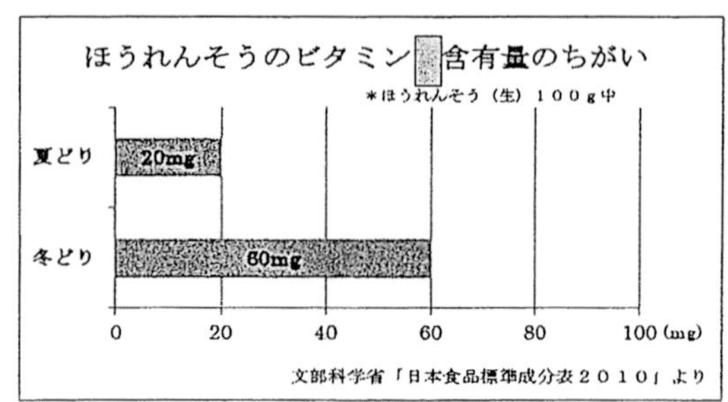

①　ほうれんそうに含まれる，あるビタミンとは何か書きなさい。

②　生鮮食品には，生産量が多く味が良い時期があります。この時期を何というか，書きなさい。

③　あるほうれんそうには，下のマークがついていました。このマークの名称を書きなさい。

(☆☆☆◎◎◎◎)

【高等学校】

【1】高等学校学習指導要領家庭(平成21年3月告示)に関する次の(1)～(4)の問いに答えなさい。

(1)　次の文は，共通教科「家庭」の科目「家庭基礎」の目標を示したものである。①，②にあてはまる語句を答えなさい。

> 人の一生と家族・家庭及び福祉，衣食住，消費生活などに関する(　①　)な知識と技術を習得させ，家庭や地域の生活課題を(　②　)するとともに，生活の充実向上を図る能力と実践的な態度を育てる。

(2)　次のA，Bは，共通教科「家庭」の各科目にわたる指導計画の作成と内容の取扱いの一部を示したものである。①～④にあてはまる語句を答えなさい。

A 「家庭基礎」,「家庭総合」及び「生活デザイン」の各科目に配当する総授業時数のうち，原則として(　①　)以上を実験・実習に配当すること。

B 実験・実習を行うに当たっては，関連する法規等に従い，施設・設備の(　②　)に配慮し，学習環境を整備するとともに，(　③　)，用具，材料などの取扱いに注意して(　④　)の指導を徹底し，安全と衛生に十分留意するものとする。

(3) 専門教科「家庭」の科目の中で，保育に関する科目を2つ答えなさい。

(4) 次の文は，専門教科「家庭」の科目「生活産業基礎」の目標を示したものである。①，②にあてはまる語句を答えなさい。

衣食住，(　①　)などに関する生活産業や関連する職業への関心を高め，必要な知識と技術を進んで習得し(　②　)意欲と態度を育てる。

(☆☆☆◎◎◎)

【2】住生活に関する次の(1)～(5)の問いに答えなさい。

(1) 次の文を読み，①，②にあてはまる語句を答えなさい。

室内では，さまざまな汚染物質により空気が汚れる。室内の空気をきれいにするためには，通風と換気が必要である。換気には，風や温度差によって空気が入れ換わる自然換気と，換気扇など送風機による(　①　)換気がある。室内に熱や湿気がこもり室内外の温度差が大きくなると結露が生じ，ダニやかびの発生，建物の劣化につながる。また近年，住まいにはさまざまな化学物質が使用されていることが多く，新築や改築後の住まいで体調不良が生じる，いわゆる(　②　)が問題となっている。

(2)　住生活基本計画(2006年)において策定された，健康で文化的な住生活の基礎として世帯人数に応じて必要不可欠な住宅面積に関する水準のことを何というか答えなさい。

(3)　住宅図面において，床からおおむね1～1.5mの高さで建築物を水平に切って，上から見下ろした図面のことを何というか答えなさい。

(4)　自然災害による被災想定区域や避難場所・避難経路などを表示した地図のことを何というか答えなさい。

(5)　次の図は，階段を横から見たものである。A(1段の高さ)の部分の名称を答えなさい。

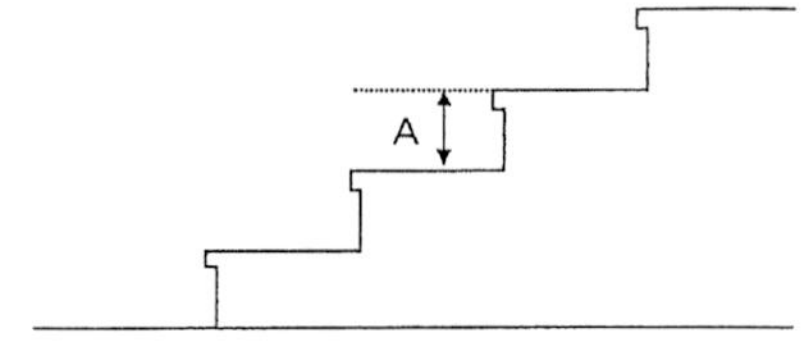

(☆☆☆◎◎◎)

【3】衣生活に関する次の(1)～(8)の問いに答えなさい。

(1)　綿や毛などでつくられた繊維製品を，再利用のため針状の機具で崩して毛羽立たせもとの単繊維にもどしたものを何というか答えなさい。

(2)　被服の管理について，①～④にあてはまる語句を答えなさい。

柔軟仕上げ剤を使うと，布を風合いよく，やわらかく仕上げるだけでなく，(　①　)防止効果もあるが，高濃度で使用すると(　②　)性が低下することがある。

防虫剤の昇華したガスは空気よりも(　③　)い。(　④　)系の防虫剤は臭いがほとんどなく，他の防虫剤と併用することができる。

(3)　1枚200gのワイシャツ3枚を洗濯機で洗濯するとき，標準浴比1：15の場合の水量(洗浄液)を計算し，リットル(L)で答えなさい。

(4)　次のフランス刺しゅうの名称を答えなさい。

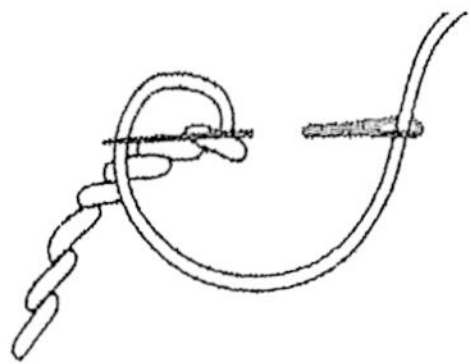

(5) 被服を着ると，被服と皮膚のすきまにわずかな空気層ができ，この空気層を被服気候という。人間が最も快適に感じる皮膚の表面に近い温度(℃)と湿度(%)の組み合わせが正しいものを表のア～エの中から1つ選び記号で答えなさい。

	温度（℃）	湿度（%）
ア	３２±１	５０±１０
イ	３２±１	６０±１０
ウ	３０±１	５０±１０
エ	３０±１	６０±１０

(6) 次の文は，糸について説明したものである。①～④にあてはまる語句として，組み合わせが正しいものを表のア～エの中から1つ選び記号で答えなさい。

繊維を引きそろえて，よりをかけたものが糸である。麻・(　①　)・毛などの短い繊維を(　②　)という。これを集めて平行に伸ばしながらよりをかけて糸にしたものを紡績糸といい，毛羽が多く，かさ高である。(　③　)や化学繊維などの長い繊維に適当なよりをかけたものを(　④　)糸といい，なめらかで光沢がある。

	①	②	③	④
ア	綿	フィラメント	絹	ステープル
イ	絹	フィラメント	綿	ステープル
ウ	綿	ステープル	絹	フィラメント
エ	絹	ステープル	綿	フィラメント

(7) 次の文は，立体構成について説明したものである。(　A　)にあてはまる語句を答えなさい。

身体の形に合わせて立体的に組み立てられるものを立体構成の被

服という。さまざまなカーブに裁断された布を縫い合わせるとともに，ダーツ，ギャザー，タック，縫い縮めて膨らみを持たせる(　A　)などの技法を用いて立体化する。パッドや芯を入れて形を整える工夫もなされている。

(8)　次の製図で製作するジャケットの襟の名称を答えなさい。

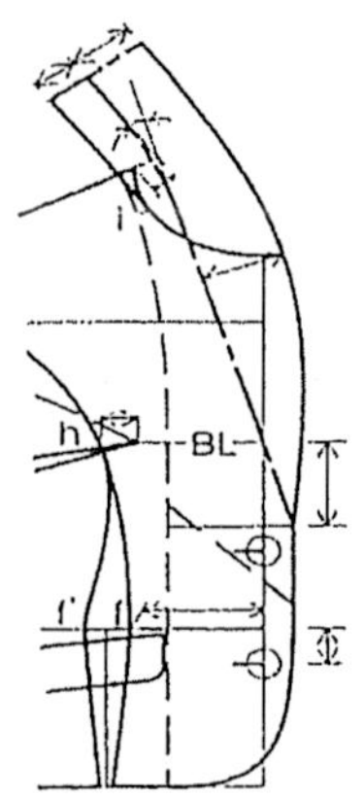

(☆☆☆◎◎◎)

【4】子どもの発達と保育に関する次の(1)～(6)の問いに答えなさい。

(1)　次の①～④の文は，妊娠や子どもの発達に関するものである。それぞれ何について説明したものか答えなさい。

①　母体が妊娠前の状態に戻るまでの6～8週間の期間。

②　新生児期の原始反射の1つで，大きな音がした時に両腕を広げ抱きつくような動作をすること。

③　命がないものでも生きているように考える幼児の物事のとらえ方。

④　全てのカップルと個人が，身体的，精神的，社会的に良好な状態で，妊娠や出産について自己決定できる権利のこと。

(2)　乳児の死亡事故原因として最も多いものは何か答えなさい。

(3)　次は，児童虐待の種類を4つ示したものである。(　A　)にあてはまる語句を答えなさい。

[心理的虐待]・[身体的虐待]・[性的虐待]・[(　A　)]

(4) 子どもの予防接種のうち，国が勧奨する定期予防接種に入らないものを次のア～キの中からすべて選び，記号で答えなさい。

ア　日本脳炎　　イ　MR(麻疹・風疹)　　ウ　肺炎球菌
エ　流行性耳下腺炎　　オ　水ぼうそう　　カ　インフルエンザ
キ　BCG

(5) 自然発生的に生まれ，大人から子どもへと受け継がれてきた遊びの総称を何というか答えなさい。また，その遊びで使用する玩具の例を1つ答えなさい。

(6) 幼児が描く人物像「頭足人」について，その特徴がわかるように描きなさい。

(☆☆☆◎◎◎)

【5】人の一生と家族・家庭及び福祉に関する次の(1)～(8)の問いに答えなさい。

(1) 人間は生涯を通して発達し続けると唱え，自我を形成する過程を8つに分け，その中で青年期は，アイデンティティを模索する猶予の時期であるとしたアメリカの発達心理学者(精神分析学者)を答えなさい。

(2) 1人の女性が一生の間に生む平均子ども数で，その年次の15～49歳の女性の年齢別出生率を合計したものを何というか答えなさい。

(3) 性愛の対象が同性や，性自認が身体の性と異なるなど，性的少数者を意味する英語の頭文字を並べた略称を何というか答えなさい。

(4) 判断能力が不十分な認知症高齢者などについて，本人の権利を守る代理人を選ぶことで，本人を法律的に保護・支援する国の制度を何というか答えなさい。

(5) 次のグラフは一般世帯における家族構成の割合の推移を表している。①～③にあてはまる家族構成の組み合わせが正しいものを表のア～エの中から1つ選び記号で答えなさい。

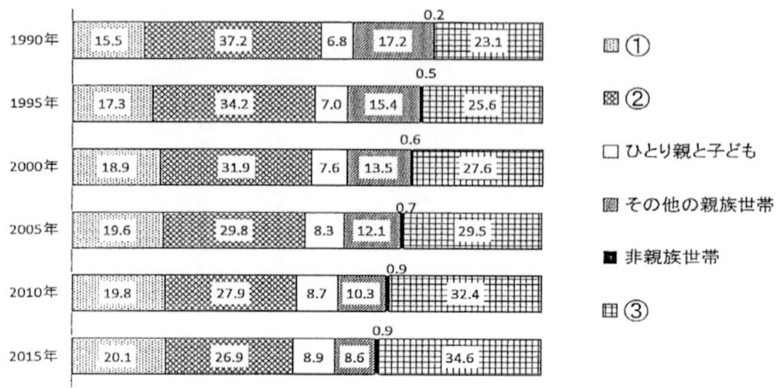

一般世帯における家族構成の割合（%）

（総務省「国勢調査」より）

	①	②	③
ア	夫婦と子ども	単独世帯	夫婦のみ
イ	夫婦のみ	夫婦と子ども	単独世帯
ウ	単独世帯	夫婦のみ	夫婦と子ども
エ	夫婦のみ	単独世帯	夫婦と子ども

(6)　関節や脊椎の病気，加齢に伴う筋力低下，骨粗鬆症などにより運動器の機能が低下し要介護となる危険性が高い状態を何というか答えなさい。

(7)　認知症の家族同士が介護をしている状態を何というか答えなさい。

(8)　日本で介護保険制度が施行されたのは西暦何年からか答えなさい。

(☆☆☆◎◎◎◎)

【6】消費生活・環境に関する次の(1)～(4)の問いに答えなさい。

(1)　次の文はクレジットカードの支払い方法について述べたものである。支払い方法の名称を答えなさい。

・元利定額式と元金定額式の2種類がある。
・長期化しやすいため，総額と支払い回数がわかりにくい。

(2)　次の①～③とその説明の組み合わせとして正しいものを，表のア

～カの中から1つ選び記号で答えなさい。

① CFP　② LCA　③ CSR

A　企業の社会的責任

B　原材料調達から廃棄・リサイクルまでに排出される温室効果ガスを，二酸化炭素相当量に換算して表示する仕組み。

C　生産から廃棄に至る全過程において環境への影響を評価すること。

	①	②	③
ア	A	B	C
イ	B	C	A
ウ	C	A	B
エ	A	C	B
オ	B	A	C
カ	C	B	A

(3) 消費者が自らの消費生活に責任を持ち，公正で持続可能な社会に向けて積極的に参画する社会を何というか答えなさい。

(4) 次の①～④の文は，消費者の権利と責任に関する説明である。正しいものには○，誤っているものには×と書きなさい。

① 国際消費者機構は消費者の5つの権利と8つの責任を提唱した。

② フォード大統領は消費者の4つの権利に「消費者教育を受ける権利」を追加した。

③ 消費者保護基本法は，2004年に消費者基本法に改正された。

④ 「健全な環境の中で働き，生活する権利」は国際消費者機構が提唱した。

(☆☆☆◎◎◎◎)

【7】食生活に関する次の(1)～(8)の問いに答えなさい。

(1) 次の①，②は調理に関する用語について説明したものである。それぞれ何について説明したものか，あてはまる語句を答えなさい。

① 日本酒やみりんなどのアルコール分を加熱して飛ばすこと。

② 解凍や鮮度の低下にともない食品から溶け出してくる液体。

(2) 次は，炭水化物の種類を表にまとめたものである。(①)～(③)にあてはまる名称を答えなさい。

<table>
<tr><th colspan="3">分類</th><th>糖の名称</th></tr>
<tr><td rowspan="4">糖質</td><td rowspan="3">エネルギー源になる</td><td>単糖類</td><td>ブドウ糖、(②)、ガラクトース</td></tr>
<tr><td>二糖類</td><td>(③)、しょ糖、乳糖</td></tr>
<tr><td>多糖類</td><td>でんぷん、グリコーゲン</td></tr>
<tr><td rowspan="2">エネルギー源になりにくい</td><td>オリゴ糖類</td><td>フラクトオリゴ糖 他</td></tr>
<tr><td>(①)</td><td>多糖類</td><td>セルロース、アルギン酸　他</td></tr>
</table>

(3) 生のでんぷんを水とともに加熱することにより，味や消化が良くなることを何というか答えなさい。

(4) 次の(ア)～(ウ)にあてはまる語句を答えなさい。

① いも類に含まれる(ア)は，でんぷんに囲まれて存在するため，貯蔵や熱による損失が少ない。

② (イ)を多く含む果実類は，その性質を利用してジャムなどに加工される。

③ きのこ類は紫外線によって(ウ)に変わる成分や，ビタミンB_2，ナイアシンなどを含む。

(5) 次の表のア～カから，だしの材料名とうまみ成分の組み合わせが正しいものをすべて選び，記号で答えなさい。

	材料名	うま味成分
ア	かつおぶし	イノシン酸
イ	こんぶ	グルタミン酸
ウ	鶏ガラ	グアニル酸
エ	干ししいたけ	コハク酸
オ	牛すね肉	グアニル酸
カ	煮干し	イノシン酸

(6) 次の図は本膳料理(二汁五菜)の配膳例である。①～③にあてはまる語句の組み合わせが正しいものを表のア～エの中から1つ選び記号で答えなさい。

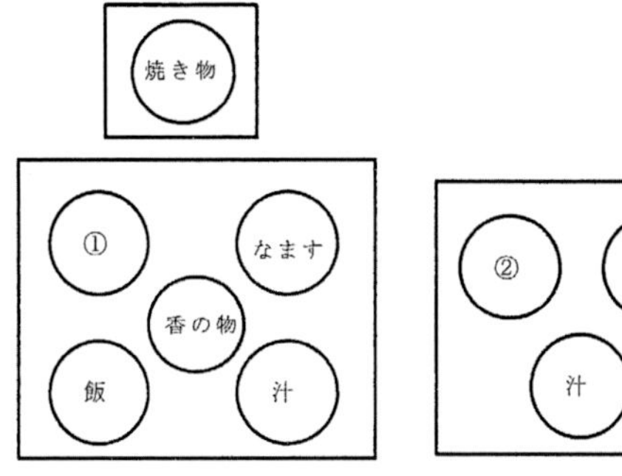

	①	②	③
ア	猪口	坪	平
イ	坪	猪口	平
ウ	猪口	平	坪
エ	坪	平	猪口

(7) 次の①～③の文中の下線部が正しい場合は○を，誤っている場合は正しい語句を答えなさい。

① 煮物を作る際，材料が煮汁から少し出ている水加減のことをひたひたの水という。

② 水と油のように本来は混ざり合わないものの一方を細かい粒子として他方に分散させた状態のことを浸透という。

③ 煮物などで，材料の裏面に包丁で切り込みを入れることを面取りという。

(8) 次は，世界の料理とその国を示したものである。料理名と国名の組み合わせが誤っているものを表のア～エの中から1つ選び，記号で答えなさい。

	料理名	国名
ア	ナシゴレン	インドネシア・マレーシア
イ	フェジョアーダ	ブラジル
ウ	ウガリ	ケニア
エ	ケバブ	インド

(☆☆☆◎◎◎)

解答・解説

【中学校】

【1】(1)　①　実践的・体験的　②　機能　③　技能　④　実践　⑤　表現　⑥　協働　(2)　①　協力・協働　②　健康・快適・安全　③　生活文化の継承・創造　④　持続可能な社会の構築

〈解説〉(1)　平成29年改訂の学習指導要領では，全ての教科等において育む資質・能力を三つの柱で再整理しており，家庭分野の目標についても，(1)は「知識及び技能」，(2)は「思考力，判断力，表現力等」，(3)は「学びに向かう力，人間性等」と，それぞれの柱に対応している。(2)　この内容として，三項目が挙げられている。「A家族・家庭生活」は家族・家庭生活の多様化や少子高齢社会の進展，「B衣食住の生活」は食育の一層の推進やグローバル化，「C消費生活・環境」は消費生活の変化や持続可能な社会の構築等，社会の変化に対応した形で内容の見直しが行われた。「生活の営みに係る見方・考え方」については，Aは主に「協力・協働」，Bは主に「健康・快適・安全」及び「生活文化の継承・創造」，Cは主に「持続可能な社会の構築」の視点から，内容の選択や題材構成を行うことが求められている。目標はそれぞれの語句の意味や関連性も含めて理解を深めておくとよい。

【2】①　×　②　×　③　×　④　○　⑤　×

〈解説〉①「三項目を，すべて履修させる」が誤り。「三項目のうち，一以上を選択し，履修させる」が正しい。　②　本資料では，家庭分野の内容の「A家族・家庭生活」の(1)については，家庭分野を学習する意義を明確にするとともに，小学校での学習を踏まえ，3学年間の学習の見通しを立てさせるガイダンス的な内容として，第1学年の最初に履修させることが配慮事項として明記されている。　③　本資料において「家庭分野では，課題解決に向けて計画を立てる場面において，情報通信ネットワークを活用して調べたり，実践を評価・改善する場面において，コンピュータを活用して結果をまとめ，発表したりする活動が考えられる」と示されている。 ⑤ 一人一人の生徒の障害の状態や発達の段階に応じた指導や支援を一層充実させていく必要がある。よって，個々の生徒の困難さに応じた指導内容や指導方法を工夫することが求められる。

【3】① 生活　② 家族の役割　③ 意義

〈解説〉① 「幼児の生活の特徴」とは，遊びを中心とした1日を過ごすこと，昼寝等，全体の睡眠時間が長いこと，3回の食事以外にも間食をとること等の生活リズムを指す。 ② 「子供が育つ環境としての家族の役割」とは，幼児の心身の発達を支え，生活の自立に向けた生活習慣の形成を促すために，幼児にふさわしい生活を整える役割を指す。 ③ 「幼児にとっての遊びの意義」とは，幼児にとって遊びは生活そのものであり，身体の発育や運動機能，言語，認知，情緒，社会性などの発達を促すことや，特に成長に応じて友達と関わりながら遊ぶことが大切であること等を指す。

【4】① 主食　② 主菜　③ 果物　④ たんぱく質　⑤ 植物性

〈解説〉エネルギー比率はPFCバランスで表され，P(たんぱく質)13～20%，F(脂質)20～30%，C(炭水化物)50～65%が適正であるとされている。1980年代の日本型食生活はPFCの適正比率が実現していたが，Fの比率が増加し，Cの比率が減少する傾向が続き，欧米型のPFCバランスに近づきつつある。

【5】(1) 6つ分　(2) 少々…親指と人さし指の指先で軽くつまんだ量
ひとつまみ…親指と人さし指，中指の指先で軽くつまんだ量
(3) 炎の先がなべ底にあたるくらいの火加減

〈解説〉(1) 計量スプーンの大さじ1は15g，小さじ1は5g。大さじは小さじの3倍量である。 (2) 「少々」は2本の指で，「ひとつまみ」は3本の

指でつまんだ量。ひとつまみの方が多い。　(3)　強火はなべ底全体に炎が当たっている状態。弱火は中火の半分程度で，なべ底に炎が当たらない状態。

【6】①　即時払い　②　前払い(プリペイド)　③　後払い　④　デビットカード

〈解説〉キャッシュレス化が進んでいる現代では，現金による支払い方法だけでなく，さまざまなカードや電子マネーを利用して支払うことができる。また，今回の学習指導要領改訂に伴い，小・中学校の系統性を図るため「計画的な金銭管理の必要性」の理解が新設され，クレジットによる支払い，三者間契約についても扱うようになった。代金の支払い方法の違いは基礎知識として理解しておく。

【7】①　ス　②　ツ　③　ナ　④　エ　⑤　ソ　⑥　キ　⑦　ニ

〈解説〉しみ抜きは，まず，しみの種類を判別する。油性のしみはベンジンや洗剤液で，水性のしみは水で溶かし，他の布に移し取る。下に乾いたタオル等を置き，こすらないようにしてたたき出す。輪じみができないように，しみの周囲から中心に向かって処理をする。裾のほつれの処理は，まつり縫いの場合，縫い目が表に出ないというメリットがある。縫い目が表に出ても構わない場合は，折り返しのきわをミシンで縫う。アイロンの熱で接着できる裾上げテープ等を使う場合もある。

【8】①　基本的生活　②　社会的生活

〈解説〉基本的生活習慣とは，食事，排泄，衣服の着脱，清潔(手洗い・入浴等)，睡眠に関する習慣のこと。社会的生活習慣とは，集団での生活を円滑にするための，挨拶をする，順番やルールを守る，友達と協力するといった習慣のこと。

【9】(1)　社会的自立　　(2)　経済的自立

〈解説〉青年期の自立は，社会的自立，経済的自立の他に，生活的自立，精神的自立，性的自立といった側面がある。生活的自立とは，衣食住に関わる身の回りのことや家事，健康管理等を自分で行うことができること。精神的自立とは，さまざまな問題に対して自分で決定し，責任を持って行動できること。性的自立とは，自分の性だけでなく他者の性を尊重した責任ある行動がとれること。

【10】(1)　満18歳に満たない者(18歳未満)　　(2)　身体的虐待，性的虐待，育児放棄(ネグレクト)，心理的虐待

〈解説〉(1)　児童福祉法では，児童は18歳未満の全ての子どもをさし，児童とその保護者，および妊産婦等が児童福祉の対象となる。

(2)　ネグレクトとは，食事を与えない，長時間の放置等の育児放棄や怠慢のことをさす。児童虐待をする親が抱えている問題には，育児への負担感，育児の孤立化，経済的な困窮，子ども時代に虐待を受けた経験，夫婦の結びつきとしての精神的安定の欠如(離婚，死別，未婚，非婚等)，精神的・身体的な疾患や障害，夫婦間の暴力等がある。

【11】①　軟骨　　②　リン酸カルシウム　　③　化骨　　④　手根骨　⑤　後　　⑥　前

〈解説〉骨の発達は，身体の成熟度を知る手がかりとなる。6ヶ月以上の乳幼児の場合，手根部の化骨数で発育の判定をする。この数はほぼ年齢に一致しており，骨年齢という。脊柱は歩行が始まるにつれて，体重を支える必要から成長とともに脊柱の湾曲が生じる。これは直立歩行する人間特有のものである。

【12】(1)　20歳以上60歳未満　　(2)　○

〈解説〉(1)　日本は「国民皆年金」であり，強制加入や世代間扶養の仕組みが特徴である。基礎年金の国庫負担割合は$\frac{1}{2}$。　(2)　厚生年金に加入するのは正社員だけでなく，通常の社員の労働時間・労働日数の

約$\frac{3}{4}$以上働いていれば，パートやアルバイト，契約社員等も全て加入することになっている。手続きは事業所が行う。

【13】ウ

〈解説〉しょ糖やでんぷん等の糖質は，消化酵素で単糖類まで分解され，小腸から吸収されたのち，筋肉や肝臓に蓄えられて血液で必要な場所に運ばれ，余った糖質は肝臓でグリコーゲンや体脂肪に変えて貯蔵される。食物繊維は人間の持つ消化酵素では分解されにくく，ほぼ便とともに排泄される。水を含んで膨らむ作用があり，腸の働きを活発にして便秘予防や大腸がん予防に役立つ。

【14】1　ア　　2　シ　　3　キ　　4　ケ

〈解説〉1　カリウムはナトリウムが腎臓で再吸収されるのを抑制し，尿への排泄を促す働きがあるため，血圧を下げる作用がある。

2　リンは多くの加工食品に添加されている。カルシウムの吸収を妨げるため加工食品の食べ過ぎに注意する。　3　亜鉛は味蕾の形成や生殖機能の正常維持に作用している。アルコールを摂り過ぎると排泄量が増加するため注意する。　4　ヨウ素の欠乏症状は甲状腺肥大であるが，海産物をよく食べる日本人には欠乏症は少ない。

【15】200g

〈解説〉準備する重量(g)の計算は，$\frac{\text{可食部の重量(g)}}{100-\text{廃棄率}}\times 100$で算出する。

この場合，$\frac{180}{100-10}\times 100=200$〔g〕。

【16】浸透作用，乳化作用，分散作用，再付着防止作用　または　再汚染防止作用

〈解説〉洗剤の主成分である界面活性剤は，親水基と親油基(疎水基)を持つ。界面活性剤が繊維の汚れの表面に吸着し，繊維内に浸透する(浸透作用)。汚れを少しずつ繊維から引きはがして水中に運び出す(乳化作

用)。汚れは水中でさらに細かくなる(分散作用)。界面活性剤が繊維や汚れを覆って再び付着させない(再付着防止作用)。最後に水ですすぐことによって，汚れと界面活性剤が洗い流されるという仕組みである。

【17】ア

〈解説〉漂白とは繊維製品に付着した有色物質を化学的に分解して無色にすること。一般的には酸化型が用いられる。塩素系漂白剤は漂白効果が大きく除菌も行えるが，綿，麻，ポリエステル，アクリル等の白物に限られる。

【18】①　エ　②　キ　③　コ　④　イ　⑤　シ

〈解説〉金融商品には，普通預金，定期預金，株式投資，保険，投資信託，国債等さまざまなものがある。普通預金は出し入れが自由で流動性が高い。金融機関の破綻等が無い限り，元本が保証されて安全性は高いが，金利が低く収益性は低い。投資商品は投資家から集めたお金を投資の専門家がさまざまな金融商品に分散投資して運用する。値上がり益や分配金に期待できるが，値下がりの可能性もある。三つの指標を同時にかなえるものは無い。

【19】①　フードマイレージ　②　地産地消　③　カーボンフットプリント(CFP)

〈解説〉①　フードマイレージ(Food Mileage)はイギリスの消費者運動家ティム・ラング氏が1994年から提唱している「フードマイルズ」の考え方をもとに，農林水産政策研究所によって2001年から導入されたもの。フードマイレージ〔t/km〕=食料の重さ〔t〕×食料の輸送距離〔km〕によって算出する。日本は輸入食料の割合が高いため，国際的に見て高い数値となっている。　②　地産地消とは「地域生産・地域消費」の略である。　③　CFP(Carbon Footprint of Products)は，商品やサービスだけでなく，個人や企業の活動にも適応される。

【20】(1)　開放的であること，通気性(風通し)がよいこと　等
(2)　①　段差で躓いて転倒する，浴槽で滑って転倒する，階段ですべり落ちる　等　　②　段差をなくす，手すりを設置する，滑り止めを設置する　等　　③　ユニバーサルデザイン

〈解説〉(1)　伝統的な日本家屋には引き戸が用いられているが，現代の住まいは開き戸(ドア)が多く用いられている。開き戸を用いた家は気密性が高く，遮音性が高いという特徴がある。　(2)　①　高齢者の家庭内の事故は，溺死，窒息，転落，転倒等が多い。飲み込む力の低下，筋力・関節等の柔軟性の低下，視力や聴力の低下，視野が狭くなる等の老化が影響している。　②　他に，階段や段差に手すりをつける。床にコードを這わせることやひっかかる敷物をなくす。滑りにくく足元の明るい廊下や階段にする等。　③　ユニバーサルデザインは，アメリカのロナルド・メイス教授によって提唱された概念。ユニバーサルデザイン7原則は，公平性，自由度，単純性，わかりやすさ，安全性，体への負担の少なさ，スペースの確保，である。

【21】中学生の時期は，成長期で身長や体重が増加し，活動も活発な時期であるため

〈解説〉小学校高学年から中学生の間は，身長と体重の増加が著しく，活動も活発な時期にあたる。そのため，活動するのに必要なエネルギーや，体をつくるタンパク質・カルシウム・鉄等の栄養素を十分に摂る必要がある。

【22】(1)　①　賞味期限　　②　(比較的)品質が劣化しにくい食品だから，(比較的)長く保存が可能だから　等　　(2)　①　ビタミンC
②　旬(出盛り期)　　③　有機JAS(ジャス)マーク

〈解説〉(1)　賞味期限は，比較的日持ちが長い食品のおいしく食べられる期限を指す。3ヶ月までは年月日，それ以上は年月で表示する。消費期限は製造後5日以内に消費する食品に付けられ，年月日で表示する。　(2)　ほうれん草は栄養価の高い野菜で，特にカロテン，ビタミ

ンC，葉酸等が豊富である。鉄，カリウム，カルシウム等のミネラルも多く含まれるが，カルシウムは灰汁の主成分であるシュウ酸と結びついて吸収はよくない。 ② 旬の食べ物は，味が良く栄養分が多いだけでなく，最も適した時期に無理なく作られるため余分な燃料を使わない等の特徴がある。 ③ 日本農林規格に基づき，原則として農薬・化学肥料を使用せずに栽培された有機農産物や有機農産物加工食品等に付けられる。堆肥等による土作りを行い，播種・植付け前2年以上及び栽培中に（多年生作物の場合は収穫前3年以上），原則として化学肥料及び農薬は使用しないこと。また，遺伝子組換え種苗は使用しないこととしている。

【高等学校】

【1】(1) ① 基礎的・基本的 ② 主体的に解決 (2) ① 10分の5 ② 安全管理 ③ 火気 ④ 事故防止 (3) 子どもの発達と保育，子ども文化 (4) ① ヒューマンサービス ② 活用する

〈解説〉(1) 本問は現行の学習指導要領からの出題であるが，改訂後は，全ての教科等において，育む資質・能力を「知識及び技能」「思考力，判断力，表現力等」「学びに向かう力・人間性等」の三つの柱で再整理している。共通教科「家庭」の「家庭総合」と「家庭基礎」の目標と違いについて理解を深めておくこと。 (2) 改訂後の学習指導要領においても，AとBに関する内容は引き続き記載されているが，科目「生活デザイン」(4単位)が無くなり，共通教科「家庭」は「家庭基礎」(2単位)と「家庭総合」(4単位)の2科目からの選択必履修に再編された点に注意する。 (3) 改訂後の学習指導要領では，保育に関する科目は「保育基礎」と「保育実践」に再編された。 (4) 改訂後の学習指導要領では，「生活産業基礎」は，職業人としてのマネジメント能力を一層重視するとともに，将来の職業人としての意識を高め，専門教科「家庭」の主体的な学びにつながるよう，内容の改善・充実を図っている。

【2】(1)　①　強制(機械)　　②　シックハウス症候群　　(2)　最低居住面積水準　　(3)　平面図　　(4)　ハザードマップ(災害予測地図)　(5)　蹴上げ

〈解説〉(1)　①　室内の空気を入れ換えることを換気，室内に外から風を通すことを通風という。現代は高気密，高断熱の住まいが多く，換気不足になりやすい。2003年の建築基準法改正では，住宅の24時間換気設備の設置が義務化された。　②　24時間換気と同様に，2003年の建築基準法改正によって，住宅に使われる建築材料に含まれるホルムアルデヒドやクロルピリホス(シロアリ駆除剤)等の有害物質の規制が強化された。　(2)　単身者の場合，住戸専有面積(壁芯から内側の面積)は25m^2，2人以上は10m^2×世帯人数＋10m^2である。　(3)　建築による図面は，JIS規格(日本工業規格)による平面表示記号を用いて，実寸の$\frac{1}{50}$または$\frac{1}{100}$等の縮尺で書く。　(4)　現在，全国の地方自治体では，津波や洪水の際に予想される浸水範囲等，自然災害に対応したハザードマップづくりが進められている。各地域でおきた過去の災害の様子と，コンピュータシミュレーションで予測された今後の災害についても記されている。国土交通省のホームページでは，全国のハザードマップを掲載したポータルサイト「わがまちハザードマップ」を開設している。　(5)　階段の寸法は，建築基準法によって建物の用途と面積規模ごとに定められている。一般住宅の場合，蹴上げ23cm以下，踏面15cm以上，有効幅75cm以上となっている。

【3】(1)　反毛　　(2)　①　静電気(帯電)　　②　吸水　　③　重　④　ピレスロイド　(3)　9L　(0.6×15=9)　　(4)　アウトラインステッチ　　(5)　ア　　(6)　ウ　　(7)　いせこみ　　(8)　ショールカラー(へちまカラー)

〈解説〉(1)　布をほぐし羊毛状にした反毛は，フェルト，詰め物用の中綿，カーペットの裏地等に再生して利用される。　(2)　①　柔軟剤の主成分の陽イオン界面活性剤が繊維表面に吸着して柔軟性を付与する。吸湿性の低い合成繊維では，静電気が抑えられ，まとわりつきが少なくなる。　② 柔軟仕上げ剤の主成分は，繊維の吸着性にすぐれている陽イオン界面活性剤である。この陽イオン界面活性剤が繊維に吸着して柔軟性を付与するため，使用濃度には注意する。　③ 防虫剤の成分は空気よりも重いので，上の方に置く。異なる防虫剤を同時に使うと，融けて布にしみがつく場合があるので，基本的に同じ容器には同じ防虫剤を使う。　④ ピレスロイド系の防虫剤は，防虫効果が高く，ほとんど無臭で持続性が高い。パラジクロロベンゼンやナフタリン，しょうのう等の昇華性の防虫剤と併用できる。　(3) 浴比とは洗濯物の重量(kg)と洗濯液の液量(L)の重量比。標準浴比1:15とは洗濯物1kgに対して15Lの洗浄液が適しているという意味。この場合，ワイシャツ3枚0.6kgで計算する。　(4) 輪郭や線をあらわす縫い方。表に出る縫い目の約半分を斜めに返し縫いする。　(5) 人体と衣服の間の空気層の温度・湿度(衣服内気候)は，着心地に影響する。衣服内気候を快適域に近づけるために，さまざまな衣服材料が開発されている。(6) フィラメント糸の長い繊維は，短い繊維に切断して紡績糸としても利用できる。天然繊維では，絹だけがフィラメントで，それ以外はステープルである。　(7) 洋服は立体構成がほとんどであり，人体の曲面に合わせて立体的に形作られるため，保温性が高く，動きやすさ，着崩れにくさといった点で機能的に作られている。一方，平面構成の被服は人が着用することによって立体化するため，寸法がゆったりとられている。着方に多少の技術を要することが多い。　(8) 上襟とラペル(上襟と身ごろが折り返った部分)のきざみ目がなく，後ろから前身ごろまで続く丸みがある襟。表襟と見返しが一続きになっている。

【4】(1) ① 産じょく期(産褥期)　② モロー反射　③ アニミズム　④ リプロダクティブ・ヘルス/ライツ　(2) 窒息
(3) ネグレクト　(4) エ，カ　(5) 総称…伝承遊び　例…けん玉(まり，こま，竹馬，折り紙　等)

(6)

〈解説〉(1)　①　産じょく期に，子宮は急速に収縮し，妊娠前の大きさに戻る。この時期の女性は，授乳をはじめとする育児の疲労や体調の変化から，精神的に不安定になり，自信喪失や無気力(マタニティブルー)になりやすい。　②　仰向けで頭部を少しおこして急に背屈させてもモロー反射がでる。生後4ヶ月頃に消失する。原始反射は他に，吸啜反射(口に触れた物に吸い付く)や把握反射(手のひらに触れた物をつかむ)等がある。　③　発達心理学者のピアジェが唱えた。内的世界と外的世界との区別ができないため起こる幼児期の特有の物事の捉え方。成長とともに消えていく。　④　1994年にカイロで開催された国際人口開発会議で提唱された考え方で，「性と生殖に関する健康と権利」と訳される。性と生殖に関する健康の確立を目指すこと等が示された。　(2)　乳児の事故で多いのは誤飲や窒息である。特に，手足を自由に動かせない低月齢児では，布団等が顔にかぶったままになったり，目に入ったものに興味を持ち口に入れたりすることによる窒息が多い。乳児を一人にしないことや，口に入る大きさのものを手の届くところに置かない，浴槽の水を抜いておく等，未然に事故を防ぐことが重要である。　(3)　ネグレクトとは，保護の怠慢・拒否，育児放棄等を意味する。虐待をする親が抱えている問題には，育児への負担感，育児の孤立化，経済的な困窮，子ども時代に虐待を受けた経験，夫婦の結びつきとしての精神的安定の欠如(離婚，死別，未婚，非婚等)，精神的・身体的な疾患や障害，夫婦間の暴力等がある。　(4)　定期予防接種は日本脳炎，麻疹・風疹(MR)，肺炎球菌，水ぼうそう，BCG，4種混合等があり，任意予防接種は流行性耳下腺炎(おたふくかぜ)，インフルエンザ等がある。予防接種歴は母子健康手帳に記録する。

(5)　伝承遊びは，遊びの技術やコツ，身のこなし方や力の入れ具合を工夫しながら習得していく。かくれんぼ，ままごと，絵描き歌等も伝承遊びであり，遊び方や素材は地域によって特色がある場合も多い。玩具の他の例は，あやとり，かるた，すごろく，だるま落とし，水鉄砲，お手玉，おはじき等。　(6)　幼児の絵に描かれる最初の人物像「頭足人」は，頭から直接足が出ていて，顔と見られる円の中に胴体を包み込んでいる。世界の幼児が，文化の差を超えて同じ頭足人を描く。

【5】(1)　エリクソン(エリク．H．エリクソン)　(2)　合計特殊出生率　(3)　LGBT　(4)　成年後見制度　(5)　イ　(6)　ロコモティブシンドローム　(7)　認認介護　(8)　2000年

〈解説〉(1)　Erik H. Erikson(1902～1994)は，人の一生涯を発達課題からなる8つの段階に区分し，それぞれの段階に固有の心理的・社会的発達課題があるライフサイクル理論を唱えた。　(2)　日本の2018年の合計特殊出生率は1.42人。現在の人口を維持する水準(人口置換水準)は2.07以上とされる。　(3)　LGBTとは，レズビアン(Lesbian　女性同性愛者)，ゲイ(Gay　男性同性愛者)，バイセクシュアル(Bisexual　両性愛者)，トランスジェンダー(Transgender　心と体の性が一致しない人)を総称する言葉。セクシュアルマイノリティ(性的少数者)ともいう。

(4)　成年後見制度とは，意思決定能力の低下した高齢者や成人に達した知的障害者の財産や生命を守り，その権利を擁護する制度。選任された成年後見人が本人に代わり，財産管理や契約を行う制度。

(5)　近年の傾向として「③単独世帯」の増加が著しいため，解答はイに絞られる。増加の背景には，経済や産業構造の変化により雇用労働者が増えたこと，都市部に人口が集中し住宅規模が小さくなったこと，晩婚化，非婚化，長寿化等の影響で一人暮らし期間が長期化したこと等が考えられる。核家族世帯では「①夫婦のみ」と「ひとり親と子ども」世帯が増加，「②夫婦と子ども」の直系家族を含むその他の世帯は減少している。　(6)　ロコモティブシンドローム(locomotive syndrome)は日本整形外科学会が2007年に提唱した概念。廃用症候群

(生活不活発病)，認知症と並び，健康寿命の短縮，寝たきりや要介護状態になる三大要因の一つになっている。　(7)　高齢者が高齢者を介護する老老介護の増加に伴い，認知症の高齢者を介護する人もまた認知症を患い，十分な介護ができなくなる認認介護という事態が起こっている。　(8)　介護保険制度は，高齢者が自分に必要な介護サービスを選び，料金の1～3割の金額を負担して利用するもの。40歳以上の国民が保険料を納め，それに国や地方自治体からの公費を加えて残りの費用をまかなう。

【6】(1)　リボルビング払い(リボ払い)　　(2)　イ　　(3)　消費者市民社会　(4)　①　×　　②　○　　③　○　　④　○

〈解説〉(1)　リボルビング払いは，あらかじめ決めた一定金額を毎月支払っていく方法。利息がかかり，毎月の残額に対して手数料が決まる。手数料を支払額に含める方法(元利定額式)と含めない方法(元金定額式)がある。総額と支払期間が把握しにくく，次々に高額商品を購入してしまい，多額の利息を払い続ける事態になりやすい。　(2)　①　CFP (Carbon Footprint of Products)とは，商品やサービスの原材料の調達から生産，流通を経て最後に廃棄・リサイクルに至るまで全体を通して排出される温室効果ガスの排出量をCO_2に換算したもの。商品やサービスだけでなく，個人や企業の活動にも適応される。　②　LCA(Life Cycle Assessment)とは，製品やサービスに対する環境影響評価の手法。主に個別の商品の製造，輸送，販売，使用，廃棄，再利用までの各段階における環境負荷を評価し，改善策を講じる。　③　CSR(Corporate Social Responsibility)とは，企業が社会に与える影響について責任を持ち，社会の持続的発展のために貢献すべきとする考え方。また，そのような考え方に基づいて実践される諸活動。　(3)　消費者の公正かつ持続可能な社会の形成につながる積極的・主体的な行動とは，具体的には「安さや便利さから自身の問題で消費するのではなく安さの背景にある問題を考える」「消費者被害にあった時には消費生活センター等に相談し次の被害防止商品に協力する」「表示・販売方法に疑問を感じた時は事業者や公的機関・消費者団体に相談する」等が挙げられる。 (4) ① 国際消費者機構(CI Consumer International)は1982年に消費者の8つの権利と消費者の5つの責任を提唱した。問題は，権利と責任の表記が逆のため誤り。

【7】(1) ① 煮きる(煮きり) ② ドリップ (2) ① 食物繊維 ② 果糖(フラクトース，フルクトース) ③ 麦芽糖(マルトース) (3) 糊化(α化) (4) ア ビタミンC イ ペクチン ウ ビタミンD (5) ア，イ，カ (6) イ (7) ① ○ ② 乳化 ③ 隠し包丁 (8) エ

〈解説〉(1) ① 「煮きる」は和食固有の調理法。みりんや酒に含まれている，調理するには余分なアルコール分を取り除く目的がある。

② ドリップには水分，たんぱく質，うまみ成分がでてしまっている。

(2) 炭水化物は消化・吸収されてエネルギーを発生する糖質と，人の体内ではほとんど消化・吸収されない食物繊維とに分類される。麦芽糖は水飴や加熱したさつまいもに多く含まれる。 (3) 糊化したでんぷんを長時間放置すると水分が分離して生のでんぷん(βでんぷん)に近づき，固くなる。これを老化(β化)という。糊化したでんぷんを80℃以上で加熱して急速に脱水する方法(せんべい，インスタントラーメン，α化米)や，砂糖等の糖質を添加したりする方法(だんご，求肥)により，でんぷんの老化を防止することができる。 (4) ① いも類はでんぷんを主成分とし，ビタミンC，ビタミンB_1，食物繊維を豊富に含む。 ② ペクチンは食物や果実の細胞膜内の中層に含まれる多糖類の一種。ペクチン，酸，糖質を一緒に加熱するとゼリー状に凝固(ゲル化)する。 ③ 紫外線によってビタミンDに変わる成分をプロビタミンDという。干ししいたけはビタミンDを多く含む。 (5) 鶏ガラはイノシン酸やグルタミン酸，干ししいたけはグアニル酸，牛すね肉はイノシン酸が正しい。コハク酸は干し貝柱，生鮮貝類のうまみ成分。 (6) 本膳料理は室町時代に形成され，上層の武家や公家が客を接待する時に使用した饗応食(きょうおうしょく)。本膳は，本汁…味

噌仕立て。身は魚か魚のつみれなどに野菜やキノコを添える。蓋を付ける。膾(なます)…魚の生もの，野菜の酢のもの類を盛る。坪(つぼ)…煮汁の少ない小煮物。蒸してあんをかけるような料理。かぶせ蓋を付ける。香の物…種類の違ったものを2～3種類取り合わせる。二の膳(本膳の右側)は，二の汁…すまし仕立て。貝の汁や潮汁など。蓋を付ける。平(ひら)…鳥・肉・野菜などのうま煮などを3品または5品盛り合わせる。平皿・平椀ともいう。かぶせ蓋を付ける。猪口(ちょく)…おひたし・和え物などを盛る。　(7)　②　マヨネーズは乳化作用によってできる。　③　隠し包丁は固い材料を食べやすくしたり，火の通りや味のしみ込みをよくしたりするために行う。　(8)　ケバブは羊肉等を焼いたトルコや中東の肉料理。インドの代表的な料理はチャパティ(薄焼きのパン)，ナン，カレー，タンドリーチキン等。ナシゴレンはケチャップマニスやサンバルといった現地特有の調味料や唐辛子が使われる焼飯。フェジョアーダは黒豆(フェイジョン)と豚肉，牛肉を煮込んだ料理。ウガリはとうもろこしなどの粉を湯で練って団子状にした食べ物。

2019年度　実施問題

【中学校】

【1】次の文は,「中学校学習指導要領(平成29年3月告示)第8節　技術・家庭　第2　家庭分野の目標」について述べたものです。文中の(①)~(⑤)にあてはまる言葉を書きなさい。

> 生活の営みに係る(①)・考え方を働かせ,衣食住などに関する実践的・体験的な活動を通して,よりよい生活の実現に向けて,生活を工夫し創造する資質・能力を次のとおり育成することを目指す。
>
> (1) 家族・家庭の機能について理解を深め,家族・家庭,衣食住,消費や環境などについて,生活の自立に必要な基礎的な(②)を図るとともに,それらに係る技能を身に付けるようにする。
>
> (2) 家族・家庭や地域における生活の中から問題を見いだして課題を設定し,(③)を構想し,実践を評価・改善し,考察したことを(④)に表現するなど,これからの生活を展望して課題を解決する力を養う。
>
> (3) 自分と家族,家庭生活と地域との関わりを考え,家族や地域の人々と(⑤)し,よりよい生活の実現に向けて,生活を工夫し創造しようとする実践的な態度を養う。

(☆☆☆◎◎◎)

【2】次の文は,「中学校学習指導要領解説　技術・家庭編(平成29年7月)」の家庭分野で育成を目指す資質・能力について述べたものです。文中の(①)~(③)にあてはまる言葉を書きなさい。

目標は，家庭分野で育成を目指す資質・能力を(1)「知識及び(　①　)」，(2)「思考力，判断力，(　②　)等」，(3)「(　③　)力，人間性等」の三つの柱に沿って示したものである。

(☆☆☆◎◎◎)

【3】次の文は，中学校学習指導要領解説　技術・家庭編(平成29年7月)」の家庭分野の内容構成について述べたものです。文中の(　ア　)，(　イ　)にあてはまる言葉を書きなさい。

①　小・中学校の各内容の系統性の明確化
　小・中学校ともに「A　家族・家庭生活」，「B　衣食住の生活」，「C　(　ア　)・環境」の三つの内容とし，各内容及び各項目の指導が系統的に行えるようにしている。
②　空間軸と時間軸の視点からの学習対象の明確化
　中学校における空間軸の視点は，主に家庭と(　イ　)，時間軸の視点は，主にこれからの生活を展望した現在の生活である。

(☆☆☆◎◎◎)

【4】次の文は，「中学校学習指導要領解説　技術・家庭編(平成29年7月)」の第2章第3節「3　家庭分野の内容」の「B　衣食住の生活」における「食生活」の内容とその取扱いについて述べたものです。あとの(1)～(3)の問いに答えなさい。

(3)　日常食の調理と地域の食文化
　ア　次のような知識及び技能を身に付けること。
　　(ア)　(　①　)と関連付け，用途に応じた食品の選択について理解し，適切にできること。
　　(イ)　食品や調理用具等の安全と衛生に留意した(　②　)について理解し，適切にできること。
　　(ウ)　材料に適した加熱調理の仕方について理解し，基礎的な日常食の調理が適切にできること。

(エ) A地域の食文化について理解し，地域の食材を用いた和食の調理が適切にできること。

イ B日常の1食分の調理について，食品の選択や調理の仕方，調理計画を考え，工夫すること。

(内容の取扱い)

エ (3)のアの(ア)については，主として調理実習で用いる生鮮食品と加工食品の表示を扱うこと。

(ウ)については，煮る，焼く，(③)等を扱うこと。また，魚，肉，野菜を中心として扱い，基礎的な題材を取り上げること。(エ)については，だしを用いた煮物又は汁物を取り上げること。また，地域の伝統的な行事食や郷土料理を扱うこともできること。

(1) 文中の(①)～(③)にあてはまる言葉を書きなさい。

(2) 下線部Aにかかわって，地域の食材を用いた和食の調理について，正しいものを次のア～エから一つ選び，その記号を書きなさい。

ア 食事は文化を伝える役割があることを理解させ，必ず地域の食に関わる人材活用を生かした調理実習を行う。

イ 行事食として食べられている和食として，実習ではだしと季節の食材を用いた煮物又は汁物を2つ以上取り上げ，適切に調理ができるようにする。

ウ 和食や食文化を理解するため，地域に限らず日本各地の伝統的な行事食や郷土料理を扱う。

エ 日常食べられている和食として，だしと地域又は季節の食材を用いた煮物又は汁物を取り上げ，適切に調理ができるようにする。

(3) 下線部Bにかかわって，日常の1食分の調理について，正しいものを次のア～エから一つ選び，その記号を書きなさい。

ア 日常の1食分の調理についての課題を解決するために，応用力を伴う知識及び技能を活用し，調理計画を考え，工夫することができるようにする。

イ　「中学生に必要な栄養を満たす食事」の学習と関連させ，1食分の献立を実習題材として設定し，調理計画を立て実践することも考えられる。

ウ　調理実習を行う際は，生活に生かすため，家族をグループと考え，それぞれ役割分担を行い，効果的に学習を展開できるよう配慮する。

エ　日常の1食分の調理についての課題を解決するために，必ず「生活の課題と実践」として課題解決し，実践発表会を行う。

(☆☆☆◎◎◎)

【5】次の(1)～(5)の文は，「中学校学習指導要領解説　技術・家庭編(平成29年7月)」の第3章「指導計画の作成と内容の取扱い」について述べたものです。正しいものには○印，正しくないものには×印を書きなさい。

(1)「生活の課題と実践」に当たる三項目のうち，二以上を選択し，履修させること。

(2)　障害のある生徒への指導については，調理や製作等の実習を行う際，危険を伴うと判断した場合，学習活動の代替等で柔軟に対応することとする。

(3)　生徒や学校の実態，指導内容に応じ，主体的・対話的で深い学びを，必ず1単位時間で実現できるよう授業改善を図る。

(4)　技術・家庭科においても，国語科で培った能力を基本に，知的活動の基盤という言語の役割の観点から，実習等の結果を整理し考察する学習活動を充実する必要がある。

(5)　キャリア教育との関連においては，保育士や栄養士など，学習内容に係る職業に携わる人材を活用し，話を聞くなどの活動を通して，職業観や勤労観を育成することにも配慮することが大切である。

(☆☆☆◎◎◎)

【6】日常生活の音について，次の問いに答えなさい。

(1)　生活騒音の例を2つ書きなさい。

(2)　(1)に対する防音の工夫を2つ書きなさい。

(☆☆☆◎◎◎)

【7】国際消費者機構が提唱している，消費者の責務について，文中の(　①　)～(　④　)にあてはまる言葉を書きなさい。

・(　①　)な意識を持つ責任

・自己主張し，(　②　)する責任

・社会的関心への責任

・(　③　)に与える影響を自覚する責任

・(　④　)する責任

(☆☆☆◎◎◎)

【8】次の①～④の栄養素が可食部100g中に最も多く含まれる食品を下のア～エから一つずつ選び，その記号を書きなさい。

①　カルシウム

　ア　チーズ　　イ　かたくちいわし　　ウ　青のり

　エ　しらす干し(半乾燥)

②　炭水化物

　ア　もち　　イ　じゃがいも　　ウ　精白米

　エ　食パン

③　鉄

　ア　あさり　　イ　干しひじき　　ウ　削り節

　エ　乾燥わかめ

④　ビタミンB_1

　ア　鶏卵　　イ　牛肉(かた)　　ウ　木綿豆腐

　エ　豚肉(ヒレ)

(☆☆☆◎◎◎)

【9】食事の献立について次の問いに答えなさい。

(1)　主菜の栄養的な特徴と主な食品名をそれぞれ書きなさい。

(2)　副菜の栄養的な特徴と主な食品名をそれぞれ書きなさい。

(☆☆☆◎◎◎)

【10】次のア～オを，和服の正しいたたみ方の手順になるように並べかえ，その記号を書きなさい。

ア　丈を2つに折る。

イ　左身頃のおくみと襟を，右身頃のおくみと襟を重ねる。

ウ　襟中心を左に置き，右身頃の脇，更におくみつけで縫い目どおりに折る。襟中心は内側に折る。

エ　身頃を挟むように袖を折り返す。

オ　左身頃の脇を右身頃の脇に重ね，背縫い線をきっちりと折る。

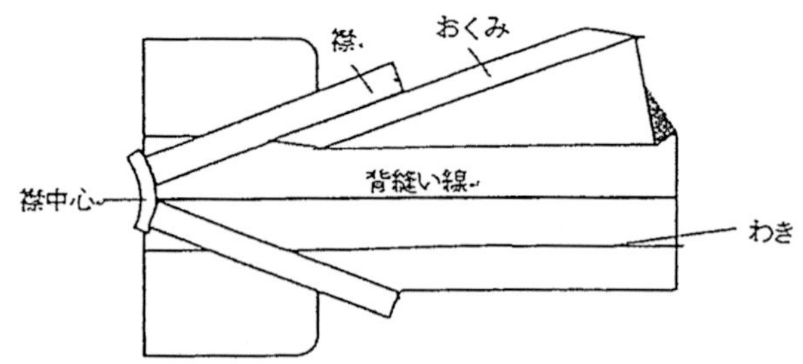

(☆☆☆◎◎◎)

【11】次の(1)～(3)の文は，ロックミシンの糸の交換について述べたものです。文中の(　①　)～(　⑥　)にあてはまる言葉をあとのア～ツから一つずつ選び，その記号を書きなさい。

(1)　(　①　)の近くで糸を切り，(　②　)と結ぶ。

(2)　針糸の結び目が(　③　)の手前に来るまでコントローラーを踏み，(　④　)を出す。

(3)　針糸の結び目を切り，針穴に通し直す。

※　(　⑤　)の糸は(　⑤　)の穴が大きいので，結び目も通り，自

然に糸替えができる。

※ (⑥)に糸をしっかりかけるように両手で糸を引き上げるようにする。

ア 糸巻き　イ はずみ車　ウ 押さえ
エ 糸立棒　オ 針穴　カ 針糸
キ 上メス　ク 上糸　ケ 下糸
コ 糸調子器　サ 空環　シ 交換する糸
ス ルーパー　セ 天秤　ソ 糸かけ
タ ボビン　チ 切り落とし分　ツ 返し縫いレバー

(☆☆☆☆◎◎◎)

【12】次の(1)～(3)の地震の揺れに対応する建築の構造の名称をそれぞれ書きなさい。

(1) 建物と地面の間にある正装ゴムやダンパーなどが揺れのエネルギーを吸収する構造

(2) 建物内部と上部に設置したダンパーや振り子などが揺れのエネルギーを吸収する構造

(3) 柱と梁で囲まれた面に木材をわたしたり，合板を貼り付けたりすることで建物全体で揺れのエネルギーに耐えることができる構造

(☆☆☆◎◎◎)

【13】環境共生住宅の特徴を2つ書きなさい。

(☆☆☆◎◎◎)

【14】乳幼児の栄養と食事について，次の問いに答えなさい。

(1) 母乳栄養の利点を2つ書きなさい。

(2) 離乳の意義を2つ書きなさい。

(☆☆☆◎◎◎)

【15】次のア～オについて，食物繊維の説明として正しいものを全て選び，その記号を書きなさい。

ア　水溶性食物繊維は腸内運動を活発にし，便通を促進する。

イ　不溶性食物繊維は血糖値の急上昇を防ぐ効果がある。

ウ　こんにゃくに含まれるグルコマンナンは，不溶性食物繊維である。

エ　果物に含まれるペクチンは，水溶性食物繊維である。

オ　食物繊維には有害物の希釈・排出の生理作用がある。

(☆☆☆◎◎◎)

【16】味の相互作用について，表中の(　①　)～(　③　)にあてはまる言葉を書きなさい。

分類	味の組み合わせ	効果	例
(　①　) 効果	うまみ＋ うまみ	うまみを強める	昆布とかつおのだし汁
(　②　) 効果	甘味　＋ 塩味	甘味を強める	しるこに少量の塩を加える
(　③　) 効果	塩味　＋ 酸味	塩味を弱める	漬け物に少量の食酢を加える

(☆☆☆◎◎◎)

【17】次の文は食品の加熱調理について述べたものです。文中の(　①　)～(　⑥　)にあてはまる語句をあとのア～ツから選び，その記号を書きなさい。

「蒸す」…水を沸騰させてその(　①　)により食品を加熱する。

「煮る」…煮汁の中で食品を加熱し，材料を柔らかくし，(　②　)をつける。

「ゆでる」…水を用いて加熱し，食品を柔らかくするのと同時に(　③　)を除く。

「炒める」…材料の(　④　)の油をなべに入れ，食品を混ぜながら加熱する。

「揚げる」…高温の油の中で食品を加熱する。油の温度と(　⑤　)の管理が重要である。

「電子レンジ加熱」…(　⑥　)によって，食品自身が発熱して加熱される。

ア	遠赤外線	イ	マイクロ波	ウ	時間
エ	油の量	オ	熱湯	カ	水蒸気
キ	20～30%	ク	0.1～0.5%	ケ	5～10%
コ	紫外線	サ	味	シ	不味成分
ス	ビタミン	セ	水分量	ソ	うま味
タ	水	チ	風味	ツ	歯ごたえ

(☆☆☆◎◎◎)

【18】下のグラフは乳幼児の不慮の事故の死因について示したものです。

(1) グラフ中の(ア)にあてはまる死因を書きなさい。

(2) 0歳での死因の第1位は「窒息」であり，1～4歳での死因の第1位は「交通事故」である。0歳と1～4歳の死因の第1位が変わった理由を書きなさい。

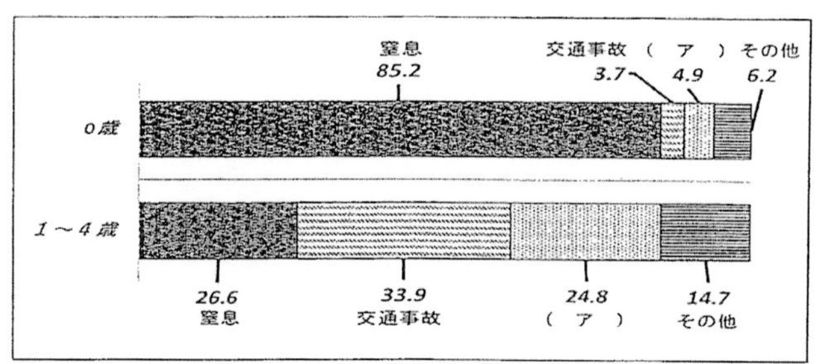

厚生労働省「平成 27 年人口動態統計」

(☆☆☆◎◎◎)

【19】住居の間取りについて，次の問いに答えなさい。

(1) 住まいの中を人が移動する軌跡のことで，短く単純であることが重要であるといわれる線の名称を書きなさい。

(2) 次の図はJIS(日本工業規格)による平面表示記号です。①～④にあてはまる意味をあとのア～シから一つずつ選び，その記号を書きなさい。

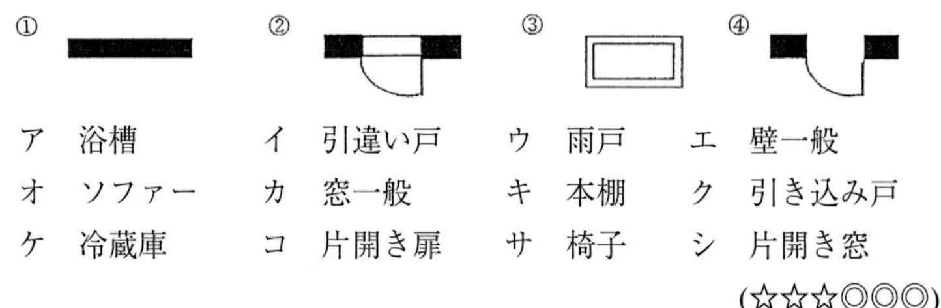

ア　浴槽　　イ　引違い戸　　ウ　雨戸　　エ　壁一般
オ　ソファー　　カ　窓一般　　キ　本棚　　ク　引き込み戸
ケ　冷蔵庫　　コ　片開き扉　　サ　椅子　　シ　片開き窓

(☆☆☆◎◎◎)

【20】認知症ケアのためのサービスのうち，「ユニットケア」の特徴と利点について，それぞれ1つずつ書きなさい。

(☆☆☆◎◎◎)

【21】幼児期の言葉の発達について次の年齢の時の特徴を具体的に書きなさい。

①　1歳頃　　②　5歳頃

(☆☆☆◎◎◎)

【22】調理実習の事前授業について，次の(1)～(3)の問いに答えなさい。

(1)　食中毒予防の三原則を3つ書きなさい。

(2)　包丁を使う時の留意点を3つ書きなさい。

(3)　弁当作りを取り扱うときの次のポイントについて答えなさい。

①　主食，主菜，副菜の3つのバランス比とその理由をかきなさい。

②　衛生面で配慮すべきことを2点書きなさい。

(☆☆☆◎◎◎)

【23】家庭生活と地域との関わりを授業で取り上げます。このことについて，次の問いに答えなさい。

(1)　地域との関わりにおいて，授業で実際どのように関わる場を想定させますか。具体的に書きなさい。

(2)　高齢者と関わる場合，事前に指導すべき留意点を書きなさい。

(☆☆☆◎◎◎)

【高等学校】

【1】高等学校学習指導要領(平成21年3月告示)に関する次の(1)～(5)の問いに答えなさい。

(1) 次の文は，共通教科「家庭」の科目「家庭総合」の目標を示したものである。①，②にあてはまる語句を答えなさい。

> 人の一生と家族・家庭，(①)とのかかわりと福祉，消費生活，衣食住などに関する知識と技術を総合的に習得させ，家庭や地域の生活課題を主体的に解決するとともに，生活の充実向上を図る能力と(②)な態度を育てる。

(2) 次の文は，高等学校学習指導要領解説家庭編の共通教科「家庭」の科目「家庭基礎」の「1　科目の性格と目標　(1)　科目の性格」の一部を示したものである。①，②にあてはまる語句を答えなさい。

> この科目は，少子高齢化への対応や持続可能な社会の構築，食育の推進，男女共同参画社会の推進等を踏まえて，(①)して生活する能力と(②)とかかわり共に生きる力を育てることを重視している。

(3) ①共通教科「家庭」の科目と，②専門教科「家庭」の科目は，それぞれ何科目で編成されているか答えなさい。

(4) 次の文は，専門教科「家庭」の目標を示したものである。①，②にあてはまる語句を答えなさい。

> 家庭の生活にかかわる産業に関する基礎的・基本的な知識と技術を習得させ，(①)の社会的な意義や役割を理解させるとともに，(①)を取り巻く諸課題を(②)，合理的に，かつ倫理観をもって解決し，生活の質の向上と社会の発展を図る創造的な能力と実践的な態度を育てる。

(5) 次のA，Bは，専門教科「家庭」の科目「子どもの発達と保育」の内容の取扱いの一部を示したものである。①には施設名を，②には語句を答えなさい。

A　実際に子どもと触れ合う学習ができるよう，幼稚園や保育所，(　①　)及び地域の子育て支援関連施設などとの連携を十分に図ること。

B　乳幼児期は，特に，基本的人間関係の樹立のために「(　②　)」が重要であることを具体的な事例を通して扱うこと。

(☆☆☆◎◎◎)

【2】住生活に関する次の(1)～(3)の問いに答えなさい。

(1)　次の文は，採光について述べたものである。①～③にあてはまる語句を答えなさい。

(　①　)は明るさを確保し，生活リズムを調整する効果があるため，保健衛生上欠かすことができない。(　①　)や通風のために有効な開口部の面積は，居室の床面積の(　②　)分の1以上と(　③　)に定められている。

(2)　次の①，②は，災害についての対策と原因について述べたものである。何について説明したものか語句で答えなさい。

①　建物と地盤の間に積層ゴムなどの特殊装置をつけて，地震の揺れを軽減させる構造。

②　プラグとコンセントの間にたまったほこりが湿気を吸うことにより，放電が繰り返され，差し込み口から発火する現象。

(3)　次のA～Cの説明として，組み合わせが正しいものを表のア～オから1つ選び記号で答えなさい。

A　コーポラティブハウス　　B　シェアハウス

C　コレクティブハウス

①　複数の居住者が，一つの住居を共用して暮らす賃貸住宅。

②　入居者が計画段階から参加し管理も共同で行う集合住宅。

③　独立した住戸と複数の共用スペースがあり，生活の一部の共同化を図る集合住宅。

	A	B	C
ア	①	②	③
イ	②	①	③
ウ	③	②	①
エ	①	③	②
オ	②	③	①

(☆☆☆◎◎◎)

【3】衣生活に関する次の(1)～(7)の問いに答えなさい。

(1) 次の①～③は何について説明したものか答えなさい。

① 最新の流行を取り入れながら低価格に抑えた衣料品を短いサイクルで世界的に大量生産・販売する業態。

② 2種類以上の繊維を混ぜて糸をつくること。

③ 被服の起源は，悪霊などから身を守るためだったとする説。

(2) 次の文は，女物単衣長着を着尺地で製作する場合の縫い方の一部を示したものである。①～⑤にあてはまる語句として，組み合わせが正しいものを表のア～カの中から1つ選び記号で答えなさい。

背縫いは，(　①　)をしてから0.2cmのきせをかけ，縫い代は，(　②　)身頃側に倒す。

袖口は，(　③　)をする。袖の丸みの縫い代は，(　④　)袖側に1針止める。身頃に袖付けをしたら，ふりは(　⑤　)で始末する。

	①	②	③	④	⑤
ア	二度縫い	右	三つ折りぐけ	外（後）	耳ぐけ
イ	伏せ縫い	左	耳ぐけ	外（後）	三つ折りぐけ
ウ	二度縫い	右	耳ぐけ	外（後）	三つ折りぐけ
エ	伏せ縫い	右	耳ぐけ	内（前）	三つ折りぐけ
オ	二度縫い	左	三つ折りぐけ	内（前）	耳ぐけ
カ	伏せ縫い	左	三つ折りぐけ	内（前）	耳ぐけ

(3) 次のア～オは，湿式洗濯と乾式洗濯の特徴を述べたものである。それぞれどちらにあてはまるか分類し，記号で答えなさい。

ア　合成繊維製品は黒ずみやすい。

イ　衣服の型くずれ，風合いの変化がすくない。

ウ　油汚れはよく落ちるが，水溶性汚れは落ちにくい。

エ　絹は光沢を失いやすい。

オ　染料の種類によっては，色落ちすることがある。

(4)　次の①～③は被服の材料や性能について述べたものである。正しいものをア～ウから1つずつ選び記号で答えなさい。

①　ア　水蒸気を通す性質を吸湿性という。

イ　汗などの水分を吸収する性質を吸水性という。

ウ　熱の移動を妨げて温度を保つ性質を耐熱性という。

②　ア　繊維からつくられる平面状の布は，織物，編物，不織布がある。

イ　織物の代表的な組織は三原組織で，平織・斜文織・綾織がある。

ウ　ポリエステルを起毛してつくった素材のことをフェルトという。

③　ア　麻は，涼感があり，水や湿気をよく吸う。熱に弱く，しわになりやすい。

イ　レーヨンは，肌触りがよく，湿気をよく吸い濡れても縮みにくい。

ウ　ポリウレタンは，熱には弱いが引っ張りや摩擦に強く，伸縮性が大きい。

(5)　次のア～オは，漂白剤について述べたものである。適切でないものを1つ選び記号で答えなさい。

ア　二酸化チオ尿素は，還元型漂白剤の主成分であり，鉄分や塩素系漂白剤による黄変が回復する。

イ　過酸化水素はしみの色素だけを分解するので色柄ものにも適している。

ウ　塩素系漂白剤と酸性の洗剤を混ぜると，有害な塩素ガスが発生する。

エ　過炭酸ナトリウムは液性が弱酸性なので，色柄もの，毛や絹にも使用できる。

オ　塩素系の漂白剤は漂白力が強く殺菌効果もある。

(6)　次のA～Dは，ミシンの操作について述べたものである。①～④にあてはまる語句として，組み合わせが正しいものを表のア～オの中から1つ選び記号で答えなさい。

A　ミシンにボビンを入れた後，下糸を出すために，片方の手で上糸を持ち，もう片方の手ではずみ車を(　①　)に回して針を下ろす。

B　下糸が上糸よりも糸の調子が強い場合は，上糸調節ダイヤルの目盛りの数を(　②　)する。

C　送り調節ダイヤルの目盛りの数が小さくなると，縫い目の大きさが(　③　)なる。

D　上糸が切れるときは，上糸のかけ方が間違っている，上糸の調子が(　④　)すぎるなどが原因として考えられる。

	①	②	③	④
ア	奥	大きく	粗く	強
イ	手前	大きく	細かく	強
ウ	奥	小さく	細かく	弱
エ	手前	小さく	粗く	弱
オ	手前	大きく	細かく	弱

(7)　次の被服製作に用いる道具の名称を答えなさい。

(☆☆☆◎◎◎)

【4】子どもの発達と保育・福祉に関する次の(1)～(5)の問いに答えなさい。

(1)　次の文は，子育て支援の施策を定めた法律について述べている。

法律名を答えなさい。

> 日本の急激な少子化の進行に対応して，次代の社会を担う子供の健全育成を支援するために2003年に制定された。企業や地方公共団体にも子育て支援の行動計画の策定を求めている。厚生労働省は，環境の整備等が一定程度進んだが，環境を更に改善し，充実させる必要があるとして，10年間の延長を決めた。

(2) 次の①，②にあてはまる語句を答えなさい。

・ 出生時は，身長に占める頭部の割合が(　①　)分の1である。

・ 乳幼児の骨は軟骨が多いが，成長とともにカルシウムが沈着して硬くなる。これを(　②　)という。

(3) 次のグラフは，スキャモンの発育・発達曲線である。A～Dにあてはまるものとして，組み合わせが正しいものをア～オから1つ選び記号で答えなさい。

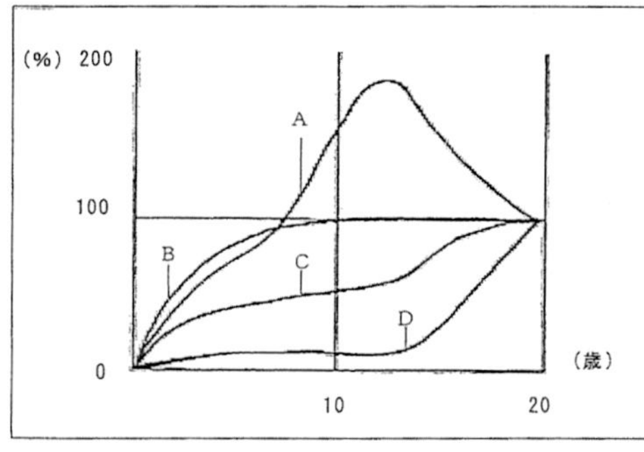

> 注) 20歳を発育の完成時(100%)として，誕生時からの増加量を%で示している。

	A	B	C	D
ア	一般系	リンパ系	生殖系	神経系
イ	リンパ系	一般系	神経系	生殖系
ウ	生殖系	神経系	一般系	リンパ系
エ	神経系	生殖系	リンパ系	一般系
オ	リンパ系	神経系	一般系	生殖系

(4) 次の図は乳児の胃を示したものである。ア，イの名称を答えなさい。

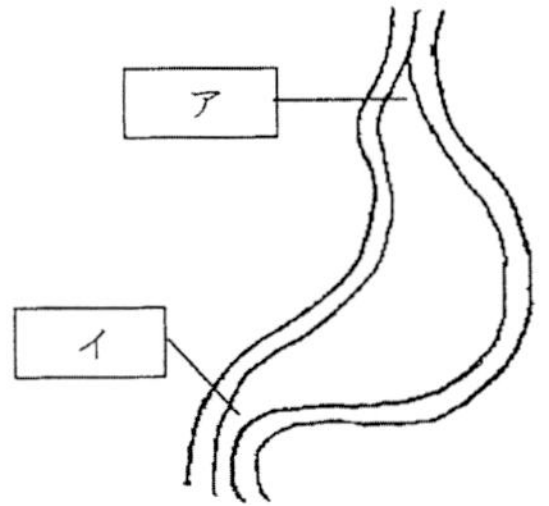

(5) 原因は不明だが，元気だった乳幼児が睡眠中に突然呼吸停止して死亡することを何というか答えなさい。

(☆☆☆◎◎◎)

【5】人の一生と家族・家庭及び福祉，消費と環境に関する次の(1)～(9)の問いに答えなさい。

(1) 人の一生を成長・発達の節目ごとに区分してとらえたそれぞれの段階のことを「ライフステージ」という。「ライフステージ」は6つに区分されるが，その6つを誕生後から順番に全て答えなさい。

(2) 日本国憲法には，家族に関する法律の理念が定められている。次の文中のア，イにあてはまる語句を答えなさい。

> 配偶者の選択，財産権，相続，住居の選定，離婚並びに婚姻及び家族に関するその他の事項に関しては，法律は，(ア)の尊厳と両性の(イ)に立脚して，制定されなければならない。
>
> 【日本国憲法第24条第2項】

(3) 次の表は家庭内暴力を防ぐために定められた法律を施行された年の順にまとめたものである。(ア)にあてはまる法律名を答えなさい。

施行された年	法律名
２０００年	児童虐待防止法
２００１年	（ア）
２００６年	高齢者虐待防止法

(4)　障がいのある人もない人も，だれもがあたりまえに生活できる社会こそ正常であるとし，そのような社会の実現をめざす考え方を何というか答えなさい。

(5)　日常的に介護を必要とせず，自立した生活のできる生存期間を何というか答えなさい。

(6)　次の図は，環境を考えた持続可能な社会について示したものである。(ア)にあてはまる語句を答えなさい。

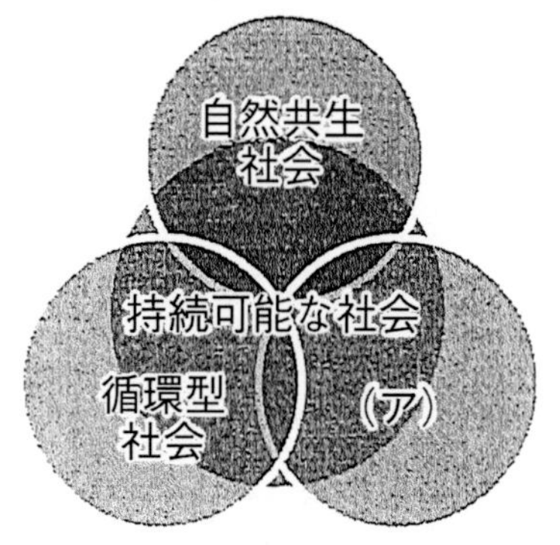

(7)　各市町村に設置され，介護予防サービスや地域支援事業などを総合的に行う組織を何というか答えなさい。

(8)　発展途上国などの立場の弱い生産者に対し，一方的な援助ではなく，生産物などに適正な対価を支払い，生産者の労働条件を保護し，経済的自立を継続的に支援する取引のことを何というか答えなさい。

(9)　年利18％で10万円を借りた場合，1か月あたりの利息はいくらになるか金額を答えなさい。

(☆☆☆◎◎◎)

【6】食生活に関する次の(1)～(12)の問いに答えなさい。

(1) 次のグラフは人体の構成成分を示したものである。成分の比率は年齢，性別，体型によって異なるが，すべてに共通して最も多いAにあてはまる成分を答えなさい。

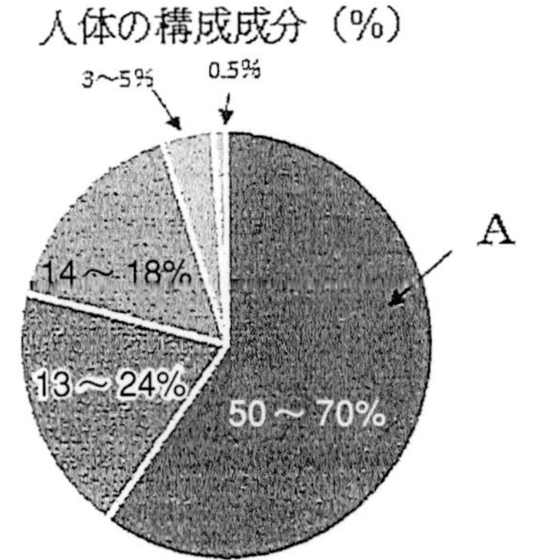

(2) 次の①～③の文中の下線部が，正しい場合には○を，誤っている場合には訂正して正しい語句を答えなさい。

① 複数の食品を組み合わせて食べることにより，食事全体のアミノ酸価を高めることを<u>たんぱく質の相乗効果</u>という。

② 必須アミノ酸のリシンは，魚肉たんぱく質に多く含まれるが，<u>穀類</u>には少ない。

③ たんぱく質は約20種類のアミノ酸が多数結合したものであり，消化酵素で分解されてアミノ酸として<u>大腸</u>から吸収される。

(3) 次の消化酵素のうち，たんぱく質の消化酵素を2つ選びなさい。

トリプシン，ラクターゼ，ペプチダーゼ，リパーゼ，サッカラーゼ

(4) 屠殺後一定時間たつと，食肉は自己消化を起こしてやわらかくなり風味が増す。このことを何というか答えなさい。

(5) 食物アレルギーの原因となる食品のうち，7品目は食品衛生法で表示の義務が定められている。卵，乳，小麦以外の4つの食品名をすべて答えなさい。

(6) 次の図は，2種類のでんぷんを示したものである。もち米とうる

ち米のうち，うるち米にのみ含まれるでんぷんを選びその番号と名称を答えなさい。

(7)　次の文は西洋料理のマナーについて述べたものである。正しいものを①～⑤から1つ選び番号で答えなさい。

①　ナプキンは二つ折りにし，輪でない方を手前にしてひざの上に置く。

②　スープはスプーンを使って奥から手前にすくい，静かに飲む。

③　立食の場合はコースではないので，デザートなど好きなものから自由に取って食べて良い。

④　パンは肉料理が出てから，一口ずつ手でちぎり，バターをつけて食べる。

⑤　サラダは肉料理の途中で出されるため，肉用のナイフ・フォークで食べて良い。

(8)　食品の生産者，加工業者など，流通過程の記録が追跡できるシステムを何というか答えなさい。

(9)　あじの下処理で取り除くAの部分を何というか答えなさい。

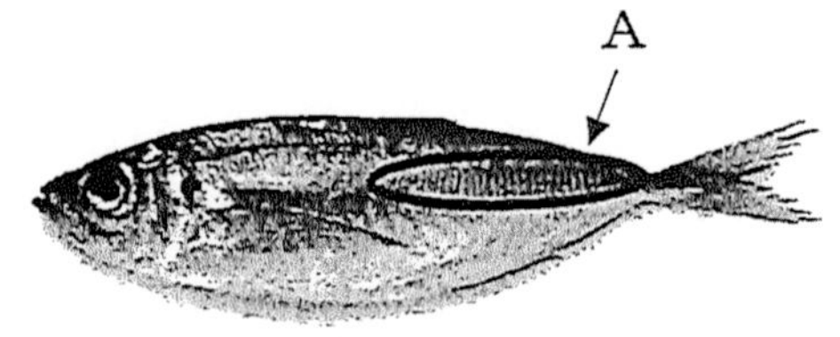

(10)　野菜のあくの除き方について，食品名と方法の組み合わせとして正しいものを表のア～エから1つ選び記号で答えなさい。

＜食品名＞

① れんこん　② だいこん　③ わらび

＜方法＞

a 米のとぎ汁でゆでる。

b ぬかを入れた水でゆでて，そのまま冷ます。

c 塩を入れてゆで，水にさらす。

d 重曹を加えてゆでる。

e 酢を入れた水につける。

	①	②	③
ア	c	a	b
イ	e	a	d
ウ	e	b	d
エ	d	c	b

(11) 春の七草として，適切でないものを2つ選び番号で答えなさい。

① なばな　② せり　③ すずな　④ なずな

⑤ みずな

(12) 蒸し物をする際，蒸し器のふたと鍋の間にふきんをかぶせるのはなぜか，その理由を説明しなさい。

(☆☆☆◎◎◎)

解答・解説

【中学校】

【1】① 見方　② 理解　③ 解決策　④ 論理的　⑤ 協働

〈解説〉① 学習指導要領解説(平成29年7月)では，「生活の営みに係る見方・考え方」に示される視点を具体的に表すと，家族・家庭生活に関する内容においては「協力・協働」，衣食住の生活に関する内容においては「健康・快適・安全」「生活文化の継承・創造」，消費生活・環境に関する内容においては，主に「持続可能な社会の構築」の視点から物事を捉え，考察することが示されている。　②　現行の学習指導要領(平成20年3月告示)では「基礎的・基本的な知識及び技術を習得する～」であったが，改訂後は「～生活の自立に必要な基礎的な理解を図るとともに，それらに係る技能を身に付けるようにする」と表現が変わった。
③・④　「生活の課題と実践」の進め方を考えると答えが導ける。結果をまとめて考察，評価と進むが，考察したことを根拠や理由を明確にし，筋道を立てて説明することを「論理的に表現」としている。
⑤　現行の学習指導要領では「家庭や地域社会との連携を図り～」の表現に終わっていたが，新学習指導要領では，より具体的に「家族や地域の人々と協働し～」となった。教科の目標は確実に押さえておきたい。

【2】①　技能　　②　表現力　　③　学びに向かう

〈解説〉学習指導要領解説(平成29年7月)において，改訂の要点の中で，教科の目標については，育成を目指す資質・能力を三つの柱により明確にし，全体に関わる目標を柱書として示している。

【3】ア　消費生活　　イ　地域

〈解説〉ア　現行の学習指導要領(平成20年3月告示)の場合と異なり，3つの枠組みに分類された。また，この枠組みは，「生活の営みに係る見方・考え方」も踏まえたものである。　イ　空間軸の視点では，家庭，地域，社会という空間的な広がりから，時間軸の視点では，これまでの生活，現在の生活，これからの生活，生涯を見通した生活という時間的な広がりから学習対象を捉え，学校段階を踏まえて指導内容を整理しているとしている。

【4】(1)　①　日常生活　　②　管理　　③　蒸す　　(2)　エ
(3)　イ

〈解説〉(1) ① 「日常食の調理と地域の食文化」の事項であることから考える。 ② 調理実習の事前指導について述べたものである。安全や危険に対する管理を教師だけでなく生徒同士が管理できるよう指導する。 ③ 中学校での調理法は「煮る，焼く，蒸す」と定められていることから考える。 (2) 「(3) 日常食の調理と地域の食文化」のア(エ)の内容の取扱いには，「だしを用いた煮物又は汁物を取り上げること。また，地域の伝統的な行事食や郷土料理を扱うこともできること」が示されている。 (3) 食生活の内容「(3)イ」の部分は，「(2)ア，イ」の部分と関連させて学習を進めるとよい。「食品群別摂取量のめやす」の授業場面で「1日に摂りたい食品と分量」がわかる。昼食が学校給食であれば共通献立なので昼食における食品摂取量を一斉授業で行い，各自の朝食内容を記入させ，夕食献立の参考にする授業展開が効果的である。

【5】(1) × (2) × (3) × (4) ○ (5) ○

〈解説〉(1) 正しくは「～三項目のうち，一以上を選択し～」である。 (2) 学習指導要領解説(平成29年7月)では，「学習内容の変更や学習活動の代替を安易に行うことがないよう留意する」ことが示されている。 (3) 同解説では，「主体的・対話的で深い学びは，必ずしも1単位時間の授業の中で全てが実現されるものではない」としている。

【6】(1) ・洗濯機の音，人の声，テレビ・ラジオの音，ドアや窓の開閉音，楽器の音，電話の音 から2つ (2) 窓に厚手のカーテンをする，床に厚いカーペットを敷く，二重窓，防音ドア，防音床 から2つ

〈解説〉(1) 騒音は窓や壁の隙間等から伝わる場合と，コンクリート造りの建物のように壁を通して振動として伝わる場合がある。公式解答の他に足音，水を流す音，掃除機，エアコン等を使っているときにでる音，ペットの鳴き声などがある。 (2) 公式解答以外に，電話機を壁から少し離しておく，スピーカーなどの向きを部屋の外側に向けな

い，CDなどのオーディオ機器は窓から離して置く等がある。

【7】① 批判的 ② 行動 ③ 環境 ④ 連帯

〈解説〉国際消費者機構は，1982年に「8つの権利と5つの責任」を提唱した。5つの責任を具体例で挙げると，次のようなことである。
① 批判的な意識を持つ権利→本当かな？と疑問に思って調べてみたりすること。 ② 行動する責任→購入したスニーカーに破損があったので，店に連絡して原因究明を依頼する。 ③ 環境に与える影響を自覚する責任(環境への配慮をする責任)→購入する商品の環境負荷を意識して，必要かどうかを慎重に考える。 ④ 連帯する責任→トラブルがあったら，消費生活センターなどに相談して他の消費者のトラブル防止に繋げる。 ⑤ 社会的関心への責任では，自分が何かを消費する際に，発展途上国の人々などの弱者のことを考えて行動する。

【8】① イ ② ウ ③ イ ④ エ

〈解説〉① カルシウムを含む食品は，一般的に乳･乳製品，小魚である。選択肢の「かたくちいわし」は煮干し状態での含有量と考えると「2200mg」含まれる。青のりは720mg，チーズは630mg，しらす干しは520mgである。1回に食べられる量で比較するとチーズが多い。
② 精白米が77.1gで最も多い。もちは50.3g，じゃがいもは17.6g，食パンは46.7gである。 ③ 干しひじきが55.0mgで非常に多い。一方，鉄は動物性食品に含まれるヘム鉄の方が吸収されやすく，その意味では，レバー，あさりは効果的である。 ④ 豚肉が0.94mgで，他の食品に比べて大変多く含まれている。

【9】(1) 主菜の特徴…たんぱく質を多く含む。 主菜の食品名…豚肉，鮭，鶏肉，豆腐 (2) 副菜の特徴…ビタミン，無機質，食品繊維等を多く含む。 副菜の食品名…ほうれん草，キュウリ，ひじき

〈解説〉献立作成の手順は，主菜を決め，主菜に合う主食(米飯，パン，麺)を決める→副菜を決める→汁物又は飲み物やデザートを決める。

(1) たんぱく質に富んでいるもの。食品では卵·肉·魚·豆類などである。 (2) ビタミン·無機質·食物繊維に富んでいるもの。食品は，野菜，海藻，いも，大豆製品である。調理法や味付けが主菜と重ならないようにする。

【10】ウ→イ→オ→ア→エ

〈解説〉まず,「イ·ウ·オ」について考える。「ウ」は,「右身頃の脇を山折り→おくみつけ部分で谷折りする」ことである。従って，たたみ方としては「ウ」が最初。折り返した「おくみ部分」に左身頃の「おくみ·衿」部分を重ねればよいので「イ」になる。その後，左身頃の脇を右身頃脇に重ねるとよいので「ウ→イ→オ」。最後の「エ·ア」について,「エ　身頃を挟むように～」の表現があることから,「ア　身頃の丈を二つ折りする」。その後，袖をそれぞれ，身頃に重ねると袖で身頃を挟むようになる。従って「ア→エ」の順序が適当である。

【11】(1) ①　ア　②　シ　(2) ③　オ　④　サ　(3) ⑤　ス　⑥　コ

〈解説〉③　ロックミシンの一番左側の糸が「針糸」である。(2)の説明文に「針糸の結び目が～の手前に来るまで～」とあるので③は「針穴」が適当である。続いて説明文に「～コントローラーを踏む～」とある。④「コントローラーを踏むことは」はロックミシンのスイッチを入れることになるが，布をセットしていない状態であることから,「空縫い」の状態で「環が繋がった状態の「空環(からかん)」」ができる。⑤「～の穴が大きいので，結び目も通り～」となっているので,「ルーパーの糸」「ルーパーの穴」しか該当しない。

【12】(1) 免震構造　(2) 制震構造　(3) 耐震構造

〈解説〉(1)「免震構造」は，建物の基礎部分に特殊なゴム層などを入れて地盤と絶縁し，地震の震動が地盤から建物に伝わるのを防ぐ仕組み。阪神・淡路大震災をきっかけに注目された。 (2) 制震構造の特徴は,建物内部におもりやダンパーなどを取り付け，地震の揺れを吸収する構造である。地震対策以外に，風揺れ対策にも効果がある。特に超高層タワーマンションなどの高い建物には有効である。　(3)「耐震構造」は，柱と柱の間に「筋交い」や「火打ち梁」を入れたり，構造用合板，耐震補強金物を用いて，壁を補強することや屋根を軽くするなどで，揺れに耐える構造である。

【13】・周辺の生態系との調和　　・省エネルギー・省資源・水資源の有効活用

〈解説〉自然の風，太陽光，太陽熱，地熱などの自然エネルギーを積極的に活用し，地球環境を保全するという観点に立った住宅建設構想で，国土交通省が進めている。

【14】(1)　・成長する乳児にとって最適な乳成分が含まれている。・免疫成分を含むため，感染症の発症が少ない。　(2)　・栄養の補給　・消化機能の増強

〈解説〉(1)　細菌やウイルスの感染に対する免疫物質が含まれていることのほか，アレルギーが少ないこと，調乳や器具の消毒の手間がないこと，乳幼児突然死(シッズ)の発症が少ないことなどが挙げられる。(2)「栄養の補給」とは，生後5，6ヶ月頃になると不足する「たんぱく質･鉄」のことである。他には，食べものを「かみつぶして飲み込む」ことの訓練をする。乳汁以外の他の食べ物に慣らし，「味覚を発達させる」などがある。

【15】エ，オ

〈解説〉水溶性食物繊維には，ペクチン･グルコマンナンなどがあり，「血糖値の急上昇抑制」「コレステロールの吸収抑制」「血圧の低下」「消化速度の抑制」の作用がある。不溶性食物繊維にはセルロースなどがある。働きは「腸内運動を活発にし，便通を整える」「食物の満足度の向上」「有害物質の排泄」の作用がある。

【16】① 相乗 ② 対比 ③ 抑制

〈解説〉① 「相乗効果」の例の「昆布とかつおのだし汁」は「グルタミン酸＋イノシン酸」である。「昆布だしと椎茸だし」の「グルタミン酸＋グアニル酸」も同様である。 ② 「対比効果」の他の例として「スイカに少量の塩を振って甘さをひきたてる」「だしに塩を少量加えて，汁物の旨味を引き立てる」などがある。 ③ 「抑制効果」には「苦味＋甘味」「酸味＋甘味」もある。具体例は「コーヒーに砂糖を加えて苦味を抑える」「酢の物に砂糖を加えて酸味を和らげる」などである。

【17】① カ ② サ ③ シ ④ ケ ⑤ ウ ⑥ イ

〈解説〉① 発生する水蒸気で加熱するが，沸騰後，蒸し器内の温度を85～90℃に保つように中火～弱火で蒸す場合と100℃を保つように強火で蒸す場合がある。 ② 煮物の短所は煮くずれを起こしやすいことである。 ③ 不味成分とは，「アク」である。アクと一緒に「たんぱく質の凝固」したものを除くとよい。ゆで水に少量の米ぬか，酢，食塩などを加えることがある。 ④ 熱の伝わり方を均一にするために材料の大きさや形をそろえておくことが重要。また，火の通りにくいものはあらかじめ下ゆでなどしておくとよい。 ⑤ 「中身は適度に加熱され，表面はからりと仕上げる」ためには，温度と時間の管理が重要である。 ⑥ 短時間で調理ができ，栄養の損失が少ない調理法である。

【18】(1) 溺死 (2) 0歳は呼吸や飲み込む機能が未熟なため，誤飲が多い。1～4歳は衝動的であることと，歩行できるようになったことから予期せぬ行動等で道路に飛び出すことが理由である。

〈解説〉子どもの事故は「交通事故，窒息死，溺死･溺水，転落･転倒」が多い。1歳前後の「溺死」は浴槽内が多いが，年齢が上がると浴槽の他，ため池，川･海などでの溺死が多くなる。0歳児や1歳児前後の窒息死は就寝時に多い。具体的には，顔がマットレスに埋まる，掛け布団等の寝具が顔を覆う，ベッドと壁の隙間に挟まれるなどである。就寝時の窒息死の70％は生後6ヶ月までに発生している。生後6ヶ月以降の窒息死は，ミルクの誤嚥や食べ物の誤嚥が多い。

【19】(1)　動線　　(2)　①　エ　　②　シ　　③　ア　　④　コ

〈解説〉(1)　炊事，洗濯，掃除など家事をする「家事動線」，トイレや浴室に行くための「衛生動線」，家族の部屋とリビングや玄関を結ぶ動線などを考えて，種類の違う動線がなるべく交差しないようにする。又，通行量の多い動線を短くすると住み心地のよい住まいになる。(2)　②と④は表示が似ているので注意する。④の場合はドア(片開き扉)で，②の場合は窓(片開き窓)になる。

【20】特徴…施設の利用者をグループに分けて小規模化し，介護職も含めてグループごとに生活を共にすることで家庭での生活や暮らしに近づけることができる。　　利点…一人一人の利用者と個別に向かい合うケアが可能となる。

〈解説〉ユニットケアは，介護が必要になっても，今まで大事にしてきた暮らしや生活習慣を大切に考え，限りなく自宅で生活していたときのように暮らすことをめざした「個別ケア」の実現を目指す介護の手法である。ユニットケアでは，利用者様が10人前後で1つのグループを形成して共同生活を行う。

【21】①　一語文を話す。　　②　・文字に関心を持つ。　　・だいたいの日常会話が話せる。

〈解説〉①　0歳児のとき「アー」「ブー」「バブバブ」のような「喃語」を話しているが，1歳頃には「マンマ」「ウマウマ」「ネンネ」のような「一語文」になる。次の段階になると「マンマ　ほしい」などの二語文になっていく。　②　3歳以降になると，単語だけでなく，接続詞や助詞なども使った「多語文」が使えるようになり，だいたいの日常会話が成立する。

【22】(1)　・菌をつけない。　・菌を増やさない。　・菌を殺す。
(2)　・運ぶときはバットなどに乗せて運ぶ。　・受け渡しは調理台の上において渡す。　・使い終わったらすぐに所定の位置に戻す。
(3)　①　バランス比…3：1：2　理由…栄養のバランスがよい。
②　・おかずは汁気を切ってから詰める。　・冷めてから蓋をする。

〈解説〉(1)　「菌をつけない」の具体例は，手・材料・調理器具をよく洗う。材料と調理済みの食品の接触を防ぐなど。「菌を増やさない」の具体例は，室温で長く放置しない。冷蔵·冷凍の温度管理を徹底する。温熱の場合は65℃以上で保存する。賞味期限を守り，早めに食べるようにする。「菌を殺す(やっつける)」の具体例は，中心部分まで加熱する。調理器具については，煮沸消毒や漂白剤を使用し殺菌する，などがある。　(2)　公式解答の他には，包丁を使用している最中に包丁を持ったまま，振り向いたり移動したりしないなどである。
(3)　①　「食事バランスガイド」では，エネルギー源になる炭水化物を主食でしっかりとり，とり過ぎになりがちな肉や魚などの主菜は少な目にすることを勧めている。弁当箱(中)の容量650～750mLでは，エネルギー量約650～750kcalである。「主食3：主菜1：副菜2」の原則を守ってお弁当を詰めると，ほぼ適正なエネルギー量と栄養バランスのとれたお弁当ができあがると言われている。副菜2は2品くらいの料理を目安にするとよい。　②　公式解答にある「おかずは汁気を切って」については，煮物は炒りつけて汁を蒸発させたり，和え物やおひたしは，かつお節やすりごまなどをまぶし，汁を吸収させるなどの方法もある。公式解答の他に「肉·魚·卵などは十分に加熱する。」などがある。

【23】(1)　自分の地域で行われる防災訓練等の活動に参加する。
(2)　視力や聴力等の低下など中学生とは異なる身体の特徴を踏まえて関わる必要があること。

〈解説〉(1)　地域社会(隣組，自治会など)で行われる盆踊り，もちつき大会，学童まつり等の参加が考えられる。中学生の年齢は十分に指導者側の手伝いができる年齢であり，ただのお客としての参加ではなく，準備や後片付けを手伝うことによって，中学生の行動力や判断力，体力のすごさが評価され，地域住民の信頼を得たり，様々な人たちとのコミュニケーションが広がる。　(2)　高齢者になると，視力や聴力の低下，温度変化への適応力の低下などが生じる。高齢者と生活を共にした経験のない中学生も多く，高齢者への理解を深めるためにビデオなどを利用したりするとよい。

【高等学校】

【1】(1)　①　子どもや高齢者　　②　実践的　　(2)　①　自立　②　異なる世代　　(3)　①　3科目　　②　20科目　　(4)　①　生活産業　　②　主体的　　(5)　①　認定こども園　　②　愛着

〈解説〉(1)　学習指導要領解説(平成22年1月)では，科目「家庭総合」の目標のねらいとして，生涯を見通しながら，実際の生活の場で生きて働く力となるよう総合的に習得させ，男女が協力して家庭や地域の生活の充実向上を図る能力と実践的な態度を育てることが示されている。　(2)　「家庭基礎」の科目の性格として，人の一生を見通し，衣食住生活についての科学的な理解を深めるとともに，生涯の生活設計の学習を通して，生涯にわたってこれらの能力を活用して課題を解決できるよう改善を図ったことが示されている。　(3)　①　「家庭基礎・家庭総合・生活デザイン」の3科目である。　②　20科目のうち，「生活産業基礎」と「課題研究」は原則必修科目である。

(4)　①　目標の初めの部分に「家庭の生活にかかわる産業～」とあり，これを「生活産業」という。　②　専門教科「家庭」の目標は3つに分けて考えられている。「基礎的・基本的な知識と技術の習得」「生活産業に対する社会的な意義・役割への理解」「諸問題を主体的・合理的・倫理観を持って解決する資質を育成する」。　(5)　①　子どもを預けている施設名が続いているので，「認定こども園」である。

②　この科目の内容「(2)　子どもの発達過程　ウ　情緒の発達，エ　人間関係の発達」の事項では，愛着(アタッチメント)の形成過程をより丁寧に具体的に理解させるとしている。

【2】(1) ① 日照 ② 7 ③ 建築基準法 (2) ① 免震構造 ② トラッキング現象 (3) イ

〈解説〉(1) ① 「採光」は，明るさの確保だけでなく，紫外線による殺菌作用，カビの繁殖を防ぐ，住む人に晴れ晴れとした心理的効果などを与える。 ② 「有効採光面積」は，床面積の$\frac{1}{7}$以上である。障子・ふすま等で仕切られた2室は1室とみなすことができる。居室の決まりであるから，作業室や物置などは該当しない。 ③ 採光や換気等を規定している法律は「建築基準法」である。「建ぺい率」や「容積率」なども同法で定めている。 (2) ① 「免震構造」は，建物の基礎部分に特殊なゴム層などを入れて地盤と絶縁し，地震の震動が地盤から建物に伝わるのを防ぐ仕組み。阪神・淡路大震災をきっかけに注目された。地震の多い日本では「耐震構造」や「免震構造」など地震に対する備えを積極的に取り入れている。 ② 「トラッキング現象」が起きやすい場所は，湿気のある洗濯機や加湿器，洗面所，台所などのコンセント，ほこりをかぶりやすい冷蔵庫やテレビの背面のコンセント，結露が起きやすい場所にあるコンセントなどである。

(3) A 「コーポラティブハウス」は，広告宣伝費やモデルルームなどに余分な費用をかける必要がなく，結果として合理的な価格で購入することができる。設計段階からコミュニティが形成されるため，住民同士の一体感がある。 B 「シェアハウス」は若者や外国人を中心に広がっている。 C 説明文にある「～生活の一部～」とは，家事コーナーや皆でくつろげるリビング，菜園等である。

【3】(1) ① ファストファッション ② 混紡 ③ 呪術説(魔よけ説) (2) オ (3) 湿式洗濯…ア，エ，オ 乾式洗濯…イ，ウ (4) ① イ ② ア ③ ウ (5) エ (6) イ
(7) ① ルレット ② 目打ち

〈解説〉(1) ① 「ファストファッション」は，安くて早い「ファストフード」になぞらえて作られた造語。売り場は常に商品が更新されて，新しさと安さで売り上げを伸ばしている。 ② 混紡で知られている

のはワイシャツ生地の「綿とポリエステル」。また，いろいろな素材に数%のポリウレタンを混紡させ，伸縮性を出したものなどが知られている。　③　「呪術説」の他には，「気候への適応など身体的保護のため(＝気候適応説)」，「羞恥心から恥部を覆うため(＝羞恥説)」，「身を飾りたい(＝装飾説)」等がある。　(2)　和服のそれぞれの部分の縫い方である。背縫いは「二度縫い」。最初はしるし通りに縫う。裾は5cmくらい返し縫いをする。更に「耳」から0.2cmのところを縫う。「肩当て」がある部分(えり肩あきから20cm)は「二度縫い」は省いてもよい。袖口は「三つ折りぐけ」，袖の丸み部分は縫い代を「前袖側に折る」，袖付けの場合は，袖の縫い始め・終わりは「すくい止め」を行う。ふり部分は「耳ぐけ」を行うが，袖山中心にも「耳ぐけ」を行う。

(3)　湿式洗濯は「水を使う家庭用洗濯」を意味し，乾式洗濯は「ドライクリーニング」を意味する。乾式洗濯の特徴は，選択肢イ・ウで，絹・ウールなどのおしゃれ着に適する。選択肢エはドライクリーニングに適する絹製品を湿式洗濯した場合の結果である。　(4)　①　アに該当するのは「透湿性」，ウに該当するのは「保温性」である。

②　イの三原組織は「平織り・斜文織(綾織)・朱子織」である。ウのフェルトは「羊毛」を起毛させたものである。　③　麻は熱に強く，レーヨンは縮みやすい。　(5)　エ　正しくは，「～液性が弱アルカリなので～毛や絹には使用できない」である。金属製ボタンにも使用できない。　(6)　Bの糸の調子について，縫い目は上糸と下糸が，2枚の布のほぼ中央で交わるようになっている。Bの状態は上糸が弱く，縫い目をみると縫い目が緩んでいるような感じである。したがって上糸を強くするため，上糸調節ダイヤルの数字を大きくする。

(7)　①　チャコペーパーを布の間に挟んで，型紙の線の上をルレットでなぞることによってしるし付けができる。　②　目打ちは，縫い目をほどいたり，縫い物の角を出すとき，目打ちで押さえながら細かい部分をミシンで縫うときなどで使用する。

【4】(1)　次世代育成支援対策推進法　(2)　①　4　②　化骨
(3)　オ　(4)　ア　噴門　イ　幽門　(5)　乳幼児突然死症候群(SIDS)

〈解説〉(1)　次世代育成支援対策推進法とは，厚生労働省が認定した従業員子育て支援事業のことをいう。子育て支援の認定を受けると「くるみんマーク」を自社商品につけることができる。　(2)　①　頭部比はその後，6歳時で5分の1以下になり，高校生時には成人とほぼ同様の15%程度となる。　②　年齢によって，骨の化骨の時期が決まっている。化骨の状態(骨年齢)から発育の程度を知ることができる。

(3)　グラフの中で年齢と共に平均的に上昇しているCは，身長や体重の成長を表す「一般系」。15歳前後から20歳に向けて発達するDは「生殖器系」である。保育で重要なのはBの「神経系」である。運動能力や手先の器用さリズム感などを表し，幼児期～小学校低学年の時期の発達は急激で，この時期に，多種多様の様々な運動を経験させることが大切である。スポーツ・運動の基礎づくりが多面的であればあるほど，後に専門的なスポーツを行ったときの覚えが早いと言われている。

(4)　噴門は，乳児期早期，括約筋の発育が不十分で，哺乳後，吐乳や溢乳を起こしやすい。又，成人の胃底部が水平なのに比べて，乳児早期の胃の形は垂直に近い形であることも吐乳・溢乳がおきやすい要因にもなっている。　(5)　乳幼児突然死症候群を防ぐために厚生労働省は，「うつぶせ寝は避けるように」「たばこはやめよう」「できるだけ母乳でそだてよう」と呼び掛けている。

【5】(1)　乳児期→幼児期→児童期→青年期→壮年期→高齢期
(2)　ア　個人　イ　本質的平等　(3)　DV防止法(ドメスティックバイオレンス防止法)　(4)　ノーマライゼーション　(5)　健康寿命　(6)　低炭素社会　(7)　地域包括支援センター　(8)　フェアトレード(公正貿易)　(9)　1,500円

〈解説〉(2)　第二次世界大戦後，憲法の「個人の尊厳」と「両性の本質的平等」に基づいて，旧民法が改正され「現行民法」となっている。

旧民法は，家制度の重視や男性優位・男女不平等であった。現行民法においても，いくつかの改正が実施されている。　(3)　「DV防止法」は，配偶者からの暴力に係る通報，相談，保護，自立支援等の体制を整備し，配偶者からの暴力の防止及び被害者の保護を図ることを目的とする法律である。　(4)　問題文中の「だれもがあたりまえに生活」とは障がい者だけではなく，高齢者や社会的マイノリティーの人々も含まれている。ノーマライゼーションの考えにそった社会を「共生社会」,「地域共生社会」と表現している。　(5)　健康寿命と寿命の差は約10年である。この差の期間は，日常生活に支障がでる「不健康な期間」を意味する。健康寿命との差が拡大すると，医療費や介護給付費の多くを費やす期間が増大することになる。　(6)　平成19(2007)年 6月に閣議決定された「21 世紀環境立国戦略」で，地球温暖化などの地球環境危機を克服する「持続可能な社会」を目指すために，低炭素社会・循環型社会・自然共生社会の統合による持続可能な社会を提唱した。　(7)　「地域包括支援センター」は，高齢者の暮らしを地域でサポートするための拠点として設置されている機関である。保健師・社会福祉士・介護支援専門員(ケアマネジャー)等を配置している。問題にある「介護予防サービス」の他に，成年後見制度の活用促進や高齢者虐待への対応，自立支援型ケアマネジメントの支援なども行っている。　(8)　フェアトレードでよく知られているのは「コーヒー，バナナ，チョコレート，アジア諸国の手芸工芸品」などである。フェアトレードの国際基準を設定し，基準を守って取引された商品には「フェアトレードラベル」がついている。　(9)　100000×0.18÷12＝1500〔円〕

【6】(1)　A　水分　(2)　①　たんぱく質の補足効果　②　○　③　小腸　(3)　トリプシン，ペプチダーゼ　(4)　(食肉の)熟成　(5)　そば，えび，かに，落花生　(6)　番号…①　名称…アミロース　(7)　⑤　(8)　トレーサビリティ(システム)　(9)　ぜいご(ぜんご)　(10)　イ　(11)　①，⑤　(12)　水滴を防ぐため。

〈解説〉(1)　全体に占める割合が50～60%であることから,「水分」以外にはない。新生児の場合は75%，子ども70%，成人60%，老人50%であり，年齢が上がるにしたがって水分の割合は減少する。

(2)　①　アミノ酸スコア61の米飯に,「リジン」を多く含む豆腐・魚・肉・卵などのおかずを一緒に摂取することでアミノ酸スコアは高くなる。これを補足効果という。　③　アミノ酸を含む大部分の栄養素は小腸から吸収される。アルコールや一部の薬物は，胃で吸収され，カルシウムや鉄は十二指腸で吸収される。　(3)　ラクターゼ・サッカラーゼは炭水化物の消化酵素，リパーゼは脂質の消化酵素である。

(4)　屠殺後，死後硬直が起こり，硬直後次第にやわらかくなり，熟成が起こる。熟成された肉は軟らかく，味や香りもよくなる。熟成中に作用するたんぱく質分解酵素であるプロテアーゼの「カテプシン」が働くことによるものである。　(5)　卵，乳，小麦，かに，えび，そば，落花生の7つのアレルギー原因食品は義務表示となっている。この7品目の他に表示が望ましいとされるアレルギー表示推奨食品が20品目ある。　(6)　うるち米は「アミロース20%・アミロペクチン80%」，もち米は「アミロペクチン100%」である。　(7)　①　正しくは「輪の方を手前に」である。　②　正しくは「手前から奥の方に」である。③　正しくは「立食の場合も前菜からスープ，魚・肉と，コースを想定して順次取り皿に入れて食べる」。従ってデザートは最後が望ましい。　④　正しくは「パンは通常，スープの前に出される。デザートまでに食べ終わる」である。　(8)　米と牛肉については「トレーサビリティ」が義務づけられている。食品事故など問題があったときは，原因究明や商品回収が円滑に行える。　(9)　「ぜいご」はあじだけにあるとげ状のうろこである。　(10)　だいこんは米のとぎ汁でゆでることによって，だいこんの苦味が除かれる。れんこんは酢を入れて加熱すると色が白くなり見た目がよくなる。bに該当するのはたけのこ，cに該当するのは緑色の野菜である。　(11)　春の七草は「せり・なずな(ぺんぺん草)・ゴギョウ・はこべら・ほとけのざ・すずな(蕪)・すずしろ(大根)」である。　(12)　水蒸気は材料に熱を与えた後，また，水になって下に落ち，鍋の底で再び熱されて水蒸気になって循環する仕組みである。水になって下に落ちるとき，材料にも落ちるので，料理の味やでき具合にマイナスになる。この水滴を吸収させるために布巾を使用する。

2018年度　実施問題

【中学校】

【1】次の文は,「中学校学習指導要領解説　技術・家庭編(平成20年9月)」の第2章第3節「1家庭分野の目標」について述べたものです。文中の(　①　)~(　⑤　)にあてはまる言葉を書きなさい。

> 衣食住などに関する実践的・体験的な学習活動を通して,(　①　)に必要な(　②　)な知識及び(　③　)を習得するとともに,家庭の(　④　)について理解を深め,これからの生活を(　⑤　)して,課題をもって生活をよりよくしようとする能力と態度を育てる。

(☆☆☆◎◎◎)

【2】次の表は,「小学校学習指導要領(平成20年3月)家庭」と「中学校学習指導要領(平成20年3月)中学校技術・家庭家庭分野」の各内容を示したものです。表中の(　①　)~(　⑤　)にあてはまる言葉を書きなさい。

小学校家庭	中学校技術・家庭家庭分野
A　家庭生活と家族	A　(　①　)と子どもの成長
B　日常の食事と(　②　)の基礎	B　(　③　)
C　快適な衣服と住まい	C　(　④　)・住生活と(　⑤　)
D　身近な消費生活と環境	D　身近な消費生活と環境

(☆☆☆◎◎◎)

【3】次の(1)~(5)の文は,「中学校学習指導要領解説　技術・家庭編(平成20年9月)」の第3章「指導計画の作成と内容の取扱い」について述べたものです。正しいものには○印,正しくないものには×印を書きなさい。

(1)　技術・家庭科の標準の授業時数は，「学校教育法施行規則」により，第1学年35単位時間，第2学年35単位時間，第3学年17.5単位時間と定められている。

(2)　技術分野及び家庭分野の内容AからDの各項目に配当する授業時数については，各項目に示される指導内容や地域，学校及び生徒の実態等に応じて各学校で適切に定めることとする。

(3)　教科の指導に当たっては，実践的・体験的な学習活動を中心とし，整備，操作，調理などの実習や，観察・実験，調査・研究など，それぞれの特徴を生かした適切な学習活動を設定し，指導の効果を高めるようにする。

(4)　将来にわたって変化し続ける社会に主体的に対応していくためには，生活を営む上で生じる課題に対して，自分なりの判断をして課題を解決することができる能力，すなわち問題解決能力をもつことが必要である。

(5)　食品を扱う場面では，エプロンや三角巾を着用させて，清潔を保つようにするとともに，うがいを励行させるなど衛生面に配慮するように指導する。

(☆☆☆◎◎◎)

【4】次の文は，「中学校学習指導領解説　技術・家庭編(平成20年9月)」の第2章「D身近な消費生活と環境」の内容とその取扱いについて述べたものです。あとの(1)～(3)の問いに答えなさい。

> (1)　家庭生活と消費について，次の事項を指導する。
>
> ア　自分や家族の消費生活に関心をもち，消費者の基本的な(　①　)について理解すること。
>
> イ　販売方法の特徴について知り，生活に必要な(　②　)・サービスの適切な選択，購入及び(　③　)ができること。
>
> (内容の取扱い)
>
> イ　A(1)については，中学生の身近な消費行動と関連させて扱うこと。

(1) 文中の(①)~(③)にあてはまる言葉を書きなさい。

(2) 中学校で扱う購入時の支払いについて，正しいものを次のア～エから一つ選び，その記号を書きなさい。

ア 三者間の契約を必ず取り上げ，即時払い，前払い，後払いのそれぞれの特徴を理解させる。

イ 三者間の契約を必ず取り上げ，地域や生徒の実態に応じてプリペイド型の電子マネーの取扱いを指導する。

ウ 二者間の契約を中心に取り上げ，即時払い，前払い，後払いのそれぞれの特徴を理解させる。

エ 二者間の契約を中心に取り上げ，プリペイド型の電子マネーの取扱いを必ず指導する。

(3) 下線部Aにかかわって，どのように中学生の身近な消費行動と関連させて扱えばよいか，事例を簡潔に書きなさい。

(☆☆☆◎◎◎)

【5】次の文は，肉及び魚の調理上の性質について述べたものです。文中の(①)~(⑦)にあてはまる言葉を書きなさい。

(1) 魚の調理では，うまみを逃がさないために焼き魚は，最初に(①)火~(②)火で加熱して表面の(③)を固める。

(2) さばなどの魚には(④)という寄生虫がいることがあるので十分に(⑤)する。

(3) ハンバーグの調理では肉に(⑥)を混ぜてこねたり，(⑦)を入れて副材料と一緒にこねたりすることで形よくまとめることができる。

(☆☆☆◎◎◎)

【6】加工食品について，次の問いに答えなさい。

(1) 食品加工の目的を五つ書きなさい。

(2) コピー食品とはどのような食品なのか説明しなさい。

(3) コピー食品の具体例を三つ書きなさい。

(☆☆☆◎◎◎)

【7】汁物の塩分濃度は0.8～1%を目安に調味します。100mLあたり塩1gの汁物と同じ塩味にするための次の(1)～(2)の調味料の概量を書きなさい。

(1)　しょうゆ(こいくち)

(2)　米みそ(淡色辛みそ)

(☆☆☆◎◎◎)

【8】住まいの基本的な機能を三つ書きなさい。

(☆☆☆◎◎◎)

【9】次の図はISO(国際標準化機構)による取扱い絵表示です。①～③にあてはまる意味を，下のア～ケから一つずつ選び，その記号を書きなさい。

①　

②　
③　

ア　つり干し乾燥がよい
イ　洗濯機による洗濯ができる
ウ　ドライクリーニングができる
エ　平干し乾燥がよい
オ　タンブル乾燥処理ができる
カ　日陰でのつり干し乾燥がよい
キ　200℃を限界としたアイロン仕上げ処理ができる
ク　110℃を限界としたアイロン仕上げ処理ができる
ケ　150℃を限界としたアイロン仕上げ処理ができる

(☆☆☆◎◎◎)

【10】次の文は繊維の特徴について述べたものです。(1)～(3)にあてはまる繊維の名称をあとのア～ケから一つずつ選び，その記号を書きなさい。

(1) アルカリに弱く，水中でもむと縮み，フェルト状になる。虫の害を受けやすい。

(2) 濡れても縮まない。耐日光性が低く，黄変する。丈夫で軽く，弾力性がある。熱に弱い。

(3) 丈夫で洗濯に強く，水をよく吸収する。特にしわになりやすい。布に光沢は無く，触ると冷たく感じる。

ア　ポリエステル	イ　毛	ウ　レーヨン
エ　絹	オ　ナイロン	カ　綿
キ　ポリウレタン	ク　アクリル	ケ　麻

(☆☆☆◎◎◎)

【11】次の文はミシンによる布を用いた物の製作について述べたものです。下の(1)～(2)の問いに答えなさい。

> 製作に使用する縫い糸の色は，布の色が濃い場合は，布よりやや(　①　)の色を選ぶ。柄のある布の場合は最も分量の(　②　)色に合わせるようにする。
> 布が(　③　)などの薄地の場合はカタン糸80番などでミシン針(　④　)番が適しており，(　⑤　)などの厚地の場合はポリエステル糸(　⑥　)番などでミシン針(　⑦　)番が適している。

(1) 文中の(　①　)～(　⑦　)にあてはまる言葉や数を次のア～トから一つずつ選び，その記号を書きなさい。

ア　濃いめ	イ　3	ウ　デニム
エ　ブロード	オ　50	カ　薄め
キ　ローン	ク　120	ケ　80
コ　編み物	サ　14	シ　9
ス　シーチング	セ　100	ソ　18
タ　5	チ　少ない	ツ　多い
テ　暗め	ト　パイル地	

(2) ミシンを操作していて，上糸が切れたときに考えられる原因を二

つ書きなさい。

(☆☆☆◎◎◎)

【12】乳幼児の身体の特徴について，次の問いに答えなさい。

(1)　乳幼児期が食べたものを吐きやすい理由を，胃の形状から説明しなさい。

(2)　新生児の泉門が開いている理由を説明しなさい。

(☆☆☆◎◎◎)

【13】次の事柄と関連のある法律を答えなさい。

(1)　母子健康手帳の交付，妊娠・出産・育児に関する保健指導

(2)　保健指導・健康診査の時間確保，結婚・出産・産前産後休業をとったことを理由とする解雇の禁止

(☆☆☆◎◎◎)

【14】明治民法と現行民法の比較について，次表の(　①　)～(　⑤　)にあてはまる言葉を書きなさい。

	明治民法	現行民法
理念	(　①　)制度	両性の本質的(　②　)
親子	親権は原則(　③　)のみ	父母の共同親権
相続	(　④　)相続、男子優先	(　⑤　)相続　(配偶者と子)

(☆☆☆◎◎◎)

【15】次の文は高齢者の介助について述べたものです。適切なものをア～オから二つ選び，その記号を書きなさい。

ア　着替えは「脱患着健」を基本とし，脱ぐときはまひなどの障がいのある方から，着るときは健康な方からすることでスムーズに行える。

イ　歩行の際は，まひのある側に倒れることが多いため，まひのある側を支える。

ウ　高齢者は食べ物を飲み込みにくいことがあるため，一口の量を食べやすい量にし，飲み込んだことを確認してから次の一口を運ぶ。

エ　自分で選んだ服を着せると，気候や活動のしやすさ，場面に合わせての判断が適切にできないことが多いため，介助者が判断して衣服を着用させる。

オ　車いすの介助の際，段差を乗り越える時はティッピングレバーを踏んでキャスターを持ち上げる。5㎝程度の段差は，前向きにゆっくり降りると乗っている人が不安を感じない。

(☆☆☆◎◎◎)

【16】我が国の高齢者に関する出来事を古い年代順に正しく並べたものを下のア～クから一つ選び，その記号を書きなさい。

A　高齢者虐待防止法施行　　B　ハートビル法施行
C　老人福祉法公布　　D　介護保険法成立

ア　A→C→B→D　　イ　A→D→C→B　　ウ　B→A→C→D
エ　B→C→A→D　　オ　C→B→D→A　　カ　C→D→B→A
キ　D→C→B→A　　ク　D→A→B→C

(☆☆☆◎◎◎)

【17】次図の「病因物質別食中毒発生状況(事件数)」について，次の問いに答えなさい。

(1)　図中の(　A　)にあてはまる病因物質を書きなさい。

(2)　「B自然毒」のうち，じゃがいもの芽に含まれるものの名称を書きなさい。

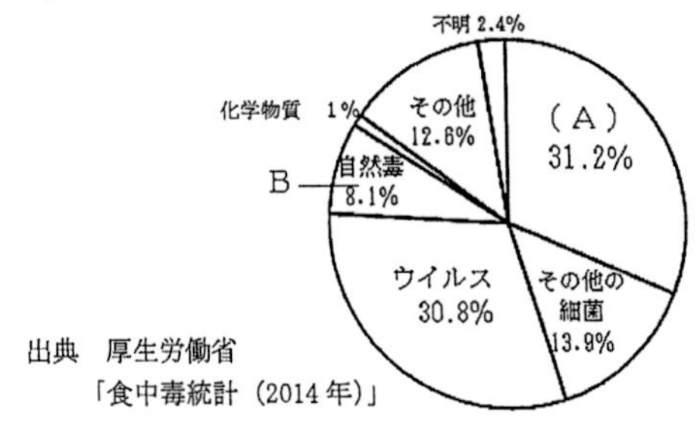

(☆☆☆◎◎◎)

【18】次の文はたんぱく質のアミノ酸価について述べたものです。下の(1)～(2)の問いに答えなさい。

> 必須アミノ酸は，すべての種類が(　①　)を満たしていないと，体内での(　②　)が低下してしまうため，アミノ酸価の低い食品にアミノ酸価が高い食品を組み合わせることで，必須アミノ酸の不足分を補うようにする。人間にとって理想的な必須アミノ酸組成を(　③　)という。

(1)　(　①　)～(　③　)にあてはまる言葉を次のア～ケから一つずつ選び，その記号を書きなさい。

ア　ペプシン　　イ　摂取基準　　ウ　利用効果
エ　必要量　　オ　制限量　　カ　アミノ酸評点パターン
キ　相乗効果　　ク　アミノ酸価　　ケ　代謝

(2)　次表は精白米の場合の数値です。第一制限アミノ酸の種類とアミノ酸価を答えなさい。

必須アミノ酸	(　③　) (1985)(A)(単位：mg／gN)	精白米のアミノ酸(B) (単位：mg／gN)	(B)/(A) ×100
イソロイシン	180	230	128
ロイシン	410	480	117
リシン	360	210	58
含硫アミノ酸	160	280	175
芳香族アミノ酸	390	540	138
トレオニン	210	210	100
トリプトファン	70	81	116
バリン	220	340	155
ヒスチジン	120	160	133

(☆☆☆◎◎◎)

【19】衣服の保管について，次表中の(　①　)～(　⑤　)にあてはまる言葉を書きなさい。

	種　類	特　徴
乾燥剤	塩化カルシウム	結晶が水分を吸収して除湿する。
	シリカゲル	乾燥状態ではブルーであるが、吸湿すると（　①　）に変色するため、効力が一目でわかる。（　②　）させれば何度でも使用できる。
防虫剤	パラジクロロベンゼン	（　③　）しやすく、短時間でガスが充満するので即効性がある。
	（　④　）	金糸、銀糸などの変色、変質を引き起こさないので、主に和服の保管に用いる。
	ピレスロイド系	他の防虫剤と併用できる。他の防虫剤と比べて（　⑤　）がほとんどない。

(☆☆☆◎◎◎)

【20】暮らし方と住まいの形について，(　①　)～(　⑥　)にあてはまる言葉を下のア～ツから一つずつ選び，記号で書きなさい。

> 明治時代から大正時代にかけての給与生活者の住まいの多くは，江戸時代に武士が住んでいた(　①　)の形式である。(　②　)は南側の庭に面した場所に配置され，家長の居場所であると同時に(　③　)のための重要な空間であった。
> 明治時代後期には，家族の団らんが重視され，家族の(　④　)と主婦の労働軽減が配慮されるようになり，(　⑤　)型住宅が誕生した。第二次世界大戦後から昭和時代に高度経済成長期にかけて，公営住宅のDKの採用によって広まった(　⑥　)を取り入れた住まいが広がっていった。

ア　納戸　　　　イ　座敷　　　ウ　接客
エ　縁側　　　　オ　中廊下　　カ　就寝分離
キ　寝殿造り　　ク　書斎　　　ケ　公私分離
コ　プライバシー　サ　ゆか座　シ　女中部屋
ス　食事　　　　セ　椅子座　　ソ　団らん
タ　食寝分離　　チ　茶室　　　ツ　書院造り

(☆☆☆◎◎◎)

【21】消費生活の授業で，架空請求について取り上げます。このことについて，次の(1)～(2)の問いに答えなさい。

(1)　具体的な架空請求の事例を簡潔に書きなさい。
(2)　(1)に対して生徒に指導する際の適切な解決策を一つ書きなさい。

(☆☆☆◎◎◎)

【22】食品ロスについて，家庭生活における原因と解決策をそれぞれ書きなさい。

(☆☆☆◎◎◎)

【23】ミシンの使い方を指導する際，「布」「針」「おさえ」をどのように扱うのか，次の(1)～(2)について順序とその方法について答えなさい。
(1)　布を縫いはじめるとき。
(2)　角を曲がって縫うとき。

(☆☆☆◎◎◎)

【24】学習内容「C衣生活・住生活と自立」において，1時間の展開案を考えました。あとの(1)～(3)の問いに答えなさい。

	学 習 活 動　(学習内容)	指導上の留意点
導 入 10分	1　事例の鳥瞰図から室内環境の問題点を考える。 ・自分の家をイメージしながらグループで話し合う。 2　グループで話し合った問題点を発表させる。 ・室内の空気調節　・防音・騒音対策 ・暑さ寒さ対策　・自然災害への備え ・(　①　) の防止 3　本時の学習課題を確認する。	・室内環境の問題点などを示し、本時の学習につなげる。 ・問題点を確認し、発表内容によっては、課題意識を持たせるよう助言する。
	学習課題　:　室内環境を安全で　(　②　) に整えよう	
展 開	4　問題点を整理し、各自が取り組む課題を決める。 5　問題解決に向けた室内環境の整え方や住まい方の工夫を考え取組計画カードを作成する。 A 6　同じ課題ごとのグループで発表し合う。 ・グループ内の発表者の方法や工夫を相互評価する。 ・自分のまとめの参考になる発表を記録する。	・問題解決のための方法や工夫を考えることが困難な生徒には既習内容の振り返りや資料等を準備しておき、支援する。 室内環境の整え方や住まい方を工夫する場面

30 分	7　参考となった発表をもとに自分のまとめを修正する。 8　課題ごとのまとめを全体に発表し、課題解決の実践の具体的な方法や工夫を確認する。	工夫について発表し、修正する場面
終 末 10 分	9　本時の学習のまとめをする。	・次時の予告をする

(1)　表中の①，②に適切な言葉を書きなさい。

(2)　Aは問題解決に向けた取組の具体的な例です。

①　課題の具体的な例を書きなさい。

②　想定される問題解決の方法を書きなさい。

(3)　本時の適切な評価の観点を書きなさい。

(☆☆☆◎◎◎)

【高等学校】

【1】高等学校学習指導要領家庭(平成21年3月告示)に関する次の(1)～(5)の問いに答えなさい。

(1)　次の文は，各学科に共通する教科「家庭」の科目「家庭基礎」の目標である。①，②にあてはまる語句を答えなさい。

> 人の一生と家族・家庭及び(　①　)，衣食住，消費生活などに関する基礎的・基本的な知識と技術を習得させ，家庭や地域の(　②　)を主体的に解釈するとともに，生活の充実向上を図る能力と実践的な態度を育てる。

(2)　次の6つの項目は，各学科に共通する教科「家庭」の科目「家庭総合」の内容を示したものである。①，②にあてはまる語句を答えなさい。

・人の一生と家族・家庭
・子どもや高齢者とのかかわりと福祉
・生活における経済の計画と消費
・生活の科学と(　①　)
・生涯の(　②　)
・ホームプロジェクトと学校家庭クラブ活動

(3)　次の文は，各学科に共通する教科「家庭」の「第3款　各科目にわたる指導計画の作成と内容の取扱い」にある内容の取扱いに当たっての配慮事項からの抜粋である。①，②にあてはまる語句を答えなさい。

> 生徒が自分の生活に結び付けて学習できるよう，(　①　)な学習を充実すること。

> 子どもや高齢者など様々な人々と触れ合い，他者とかかわる力を高める活動，衣食住などの生活における様々な事象を(　②　)や概念などを用いて考察する活動，判断が必要な場面を設けて理由や根拠を論述したり適切な解決方法を探究したりする活動などを充実すること。

(4)　次の科目のうち主として専門学科において開設される教科「家庭」の科目でないものを2つ答えなさい。

課題研究	家庭情報処理	服飾文化
子ども文化	被服製作	服飾手芸
フードデザイン	生活と福祉	調理
公衆衛生		

(5)　次の5つの項目は，主として専門学科において開設される教科「家庭」の科目「消費生活」の内容を示したものである。①，②にあてはまる語句を答えなさい。

・経済社会の変化と消費生活
・消費者の権利と(　①　)
・消費者と企業，行政
・(　②　)を目指したライフスタイル
・消費生活演習

(☆☆☆◎◎◎)

【2】住居に関する次の(1)～(4)の問いに答えなさい。

(1)　次の①，②は，災害と住まいについて述べたものである。(　ア　)，(　イ　)にあてはまる語句を答えなさい。

①　自然災害に備えるためには，「自助・共助・(　ア　)」の考え方が大切である。

②　建物自体の防災対策のみならず，建物の管理，消火器などの設置，家具の転倒防止など，災害被害を最小限に抑えることを(　イ　)という。

(2)　次のグラフは家庭内における不慮の事故死者の原因別割合を年代別に示したものである。[A]にあてはまる語句を答えなさい。

家庭内における不慮の事故死者の原因別割合

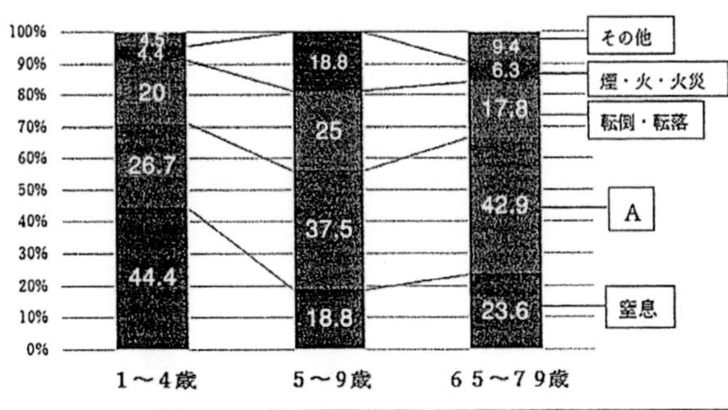

厚生労働省「平成27年度（2015年）人口動態統計」から作成

※死因の内訳は主な項目で、たしあげても総数（100%）とは一致しない。

(3)　2006年6月8日に公布・施行された，良質な住宅の供給，良好な居住環境の形成，居住の安定の確保などを目的とした法律の名称を答えなさい。

(4)　伝統的な日本の住居について述べた次の①，②の問いに答えなさい。

①　伝統的な和室には，天井と鴨居との間に採光や通風のための開口部を設けてある。格子や透かし彫りの飾り板などをはめ込み，装飾を兼ねることもあるこの開口部の名称を次のア～ウから選びなさい。

ア)　天袋　　イ)　敷居　　ウ)　欄間

②　一般的な住宅の六畳の畳の敷き方を図に示しなさい。ただしマス目1つを半畳とする。

(☆☆☆◎◎◎)

【3】衣生活に関する次の(1)～(7)の問いに答えなさい。

(1)　次の①～③は世界の代表的な民族服について述べたものである。(　ア　)～(　ウ　)にあてはまる語句を答えなさい。

①　日本の男性の正装は紋付羽織袴，未婚女性の正装は(　ア　)である。

②　ペルーの(　イ　)に代表される貫頭衣は，簡単に身体を覆うことができ，通気性が良い。

③　体に巻きつけて着るインドの(　ウ　)は，熱帯で夏に雨が少ない気候に対応している。

(2)　次の図①，②は織物の組織を示したものである。①，②の名称と，もっとも関係の深いものをA群，B群からそれぞれ1つずつ選び，記号で答えなさい。

①

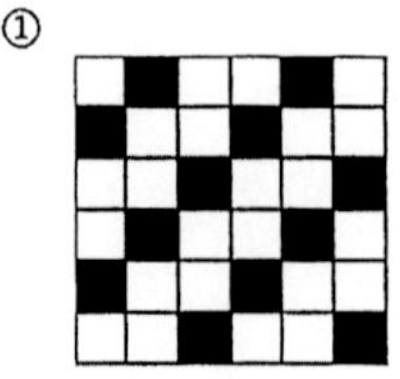

②

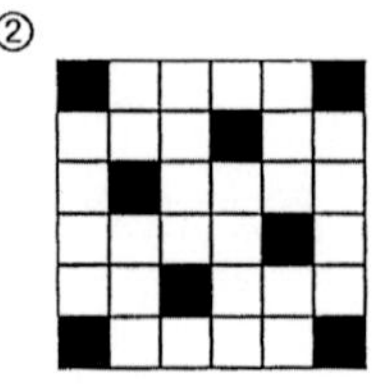

A群　ア)　サテン，綸子　　イ)　デニム，サージ
　　　ウ)　ブロード，ギンガム

B群　a　たて糸がよこ糸2本以上と組み合い，しなやかである。
　　　b　たて糸とよこ糸の交差点が多く，じょうぶである。
　　　c　たて，よこ糸のいずれか一方が表面に長く浮き出て，光沢がある。

(3)　人体や人台に直接布を当てて型紙をつくる方法を何というか，その名称を答えなさい。

(4)　布とミシン針，ミシン糸の組み合わせが正しいものを表のア～ウから1つ選び，記号で答えなさい。

	布の種類	ミシン針	ミシン糸
ア	ジョーゼット　デシン	９番	カタン糸６０番
イ	ブロード　ギンガム	１１番	ポリエステルスパン糸９０番
ウ	デニム　ギャバジン	１４番	ポリエステルスパン糸５０番

(5)　ボタンをつける際に，糸足をつくる理由を説明しなさい。

(6)　次の図は，日本工業規格による衣類の取り扱い表示(JIS L 0001)である。①，②のマークの意味を答えなさい。

①

②

(7)　衣服の資源と環境について，①，②の問いに答えなさい。

①　次の図は，日本の繊維製品輸入相手国の割合(2013年，金額ベース)を示したものである。Aにあてはまる国名を答えなさい。

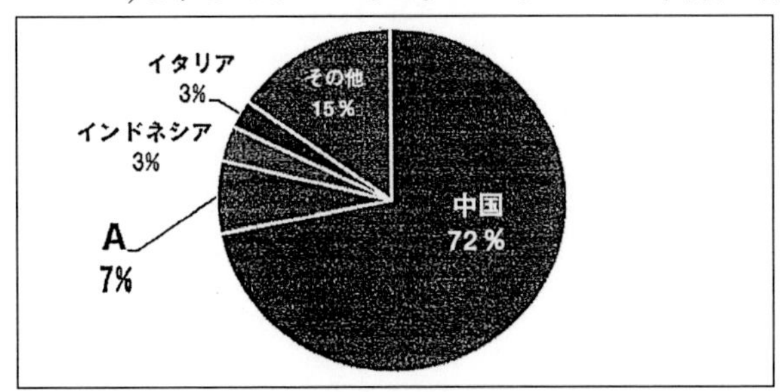

「日本繊維輸入組合統計 繊維製品・主要国別　輸入の推移」より

②　素材調達から製造，流通にいたるまで，生産者の労働条件や自然環境に配慮した方法でつくられた衣服などを身につけることを何というか答えなさい。

(☆☆☆◎◎◎)

【4】子どもの発達と保育・福祉に関する次の(1)～(5)の問いに答えなさい。

(1)　次の図は新生児の頭蓋骨を示したものである。ア の名称を答えなさい。

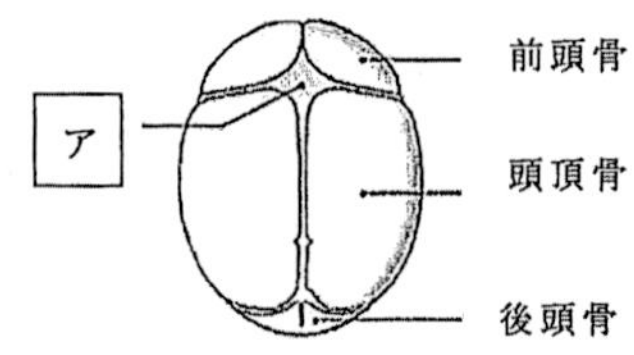

(2)　乳幼児の基本的欲求には生理的欲求と社会的欲求がある。社会的欲求は5つあるが，「独立」「所属」「成就」「承認」と，あと1つは何か答えなさい。

(3)　次の①，②の下線部は，何について説明したものか答えなさい。

①　<u>幼児の絵に描かれる最初の人物像</u>で，世界中の幼児が，文化の差を超えて同じ絵を描く。

②　生後4～5ヶ月頃の乳児に現れるコミュニケーション手段の1つで，<u>「アーアー」「バーバー」という意味を持たない音声</u>を繰り返す。

(4)　次のア～エは出産，育児にかかわる法律の内容を示したものである。「母体保護法」について述べたものを1つ選び，記号で答えなさい。

ア　受動喫煙の防止を施設管理者の義務として定めている。

イ　妊産婦の時間外労働・深夜労働の禁止について定めている。

ウ　母子健康手帳の交付，夫と妻の両者への妊娠・出産・育児の保健指導について定めている。

エ　不妊手術，人工妊娠中絶，受胎調節の条件について定めている。

(5) 次の図のマークの名称を答えなさい。また，マークが示す内容を説明しなさい。

(☆☆☆◎◎◎)

【5】人の一生と家族・家庭及び福祉，消費と環境に関する次の(1)～(5)の問いに答えなさい。

(1) 次の図は世帯の分類について示したものである。①，②にあてはまる語句を答えなさい。

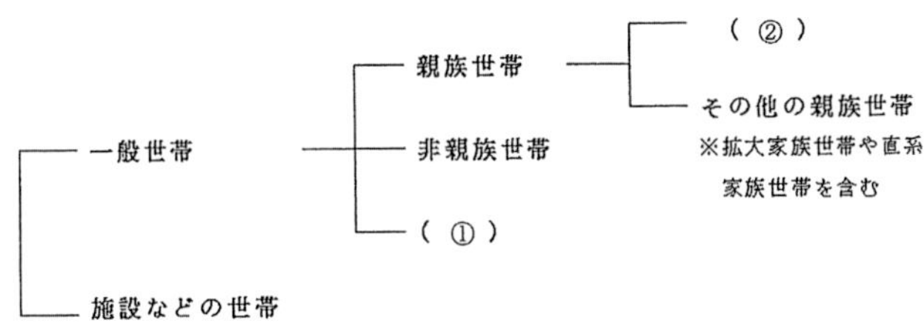

(2) 次の①～③について，高齢者を介護するときの心構えや介助法として正しい場合は○を，誤っている場合は正しい文に書き換えなさい。

① 介助が必要な高齢者に対しては，高齢者をいたわるために出来るだけ手助けするとよい。

② 上着の脱衣介助をする場合，障がいの重い方の腕から袖を抜き，次に障がいの軽い方の腕から袖を抜く。

③ 急な下り坂で車いすの介助をする場合は，介護者は後ろ向きになり，ゆっくり下りていく。

(3) 次のア～クは消費者の8つの権利について述べたものである。この中から，1962年にアメリカ合衆国のケネディ大統領が提唱した権利を4つ選び，記号で答えなさい。

ア 健全な環境のなかで働き，生活する権利

イ　知らされる権利
ウ　被害救済を受ける権利
エ　安全である権利
オ　選ぶ権利
カ　生活の基本的ニーズが保障される権利
キ　意見が消費者政策に反映される権利
ク　消費者教育を受ける権利

(4)　次の図は消費者行政のしくみを示したものである。①，②にあてはまる行政機関の名称を答えなさい。

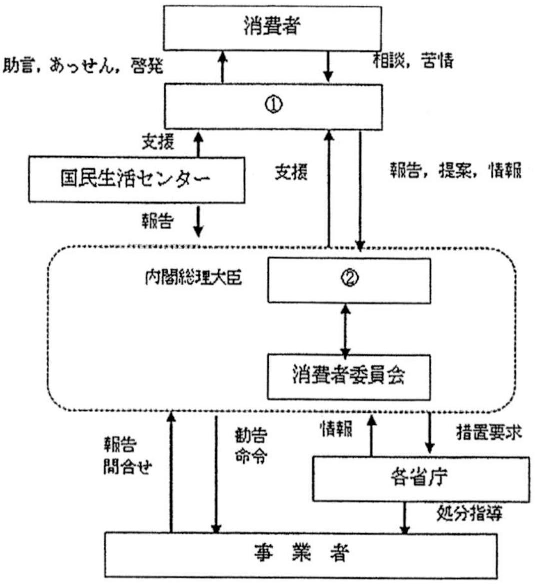

(5)　次の①，②の環境ラベルの名称を答えなさい。

①	②
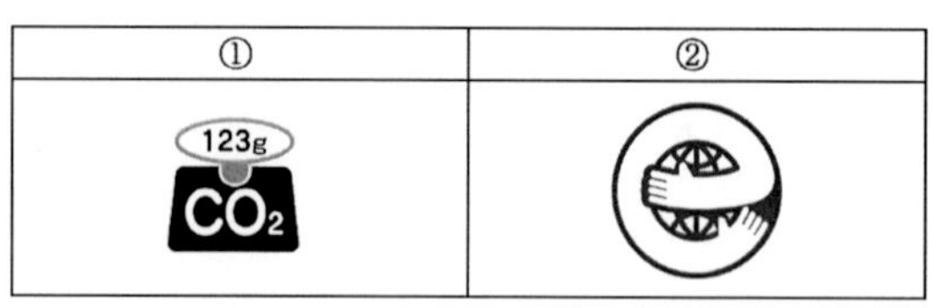	

(☆☆☆◎◎◎)

【6】食生活に関する次の(1)～(8)の問いに答えなさい。

(1) 次の(　ア　)～(　ウ　)にあてはまる語句を答えなさい。

① 2013年にユネスコ無形文化遺産に登録された「(　ア　)」は，できあがった料理のみをさすのではなく，「日本人の伝統的な(　イ　)」の総称として使われる。

② 一緒に食事をしていても，家族それぞれが異なった物を食べることを(　ウ　)という。

(2) 次の文は脂質について説明したものである。①～③にあてはまる語句を答えなさい。

脂質には，中性脂肪，(　①　)，コレステロールなどがあり，食品中の脂質の大半は中性脂肪である。中性脂肪はグリセリンと脂肪酸が結合したもので，消化酵素の(　②　)で分解され，小腸から吸収される。多価不飽和脂肪酸のリノール酸やα－リノレン酸などは体内で合成できないため(　③　)と呼ばれる。

(3) 次の中から感染型細菌性食中毒の原因となるものを2つ選びなさい。

黄色ぶどう球菌	アフラトキシン	カンピロバクター
腸炎ビブリオ	ボツリヌス菌	ノロウイルス

(4) 次の①～③の食品添加物について，使用する目的の組み合わせとして正しいものを，表のア～エから1つ選び，記号で答えなさい。

① ソルビン酸　② L－アスコルビン酸　③ アスパルテーム

【使用する目的】

A 水と油を乳化させる　B 食品を甘くする

C 色を鮮やかにする　D 食品の保存性を高める

E 油脂などの酸化を防ぐ　F 食品を漂白する

	①	②	③
ア	E	D	C
イ	F	C	B
ウ	F	C	A
エ	D	E	B

(5)　次の表は4つの食品群による食品群別摂取量のめやす(香川芳子案)である。①，②にあてはまる語句を答えなさい。

食品群 / 年齢・性別		1群		2群		3群			4群		
			①		豆・豆製品		②				砂糖
15～17歳	男	400	50	160	100	350	100	200	420	30	10
	女	330		120	80				320	25	

注）1人1日分、身体活動レベルⅡ（普通）、単位g

(6)　次の①，②は，中国料理の材料である。関係の深いものをア～エから1つずつ選び記号で答えなさい。

①　木耳　　②　春雨

ア)　緑豆やじゃがいものデンプンを原料としている。

イ)　ミミガイ科の大型の巻き貝の総称である。

ウ)　広葉樹の倒木や枯枝に群生するきのこである。

エ)　軟骨魚特有の柔らかなゼラチン質の食感が特徴である。

(7)　次の砂糖液の加工品を，加熱温度の低い方から高い方に並べかえなさい。

フォンダン　カラメル　抜糸

【低い】シロップ　→　(　①　)　→　(　②　)　→　(　③　)【高い】

(8)　1人分の汁の量を150ml，その塩分濃度を0.8%とし，しょうゆの塩分含有量を16%とするとき，次の計算をしなさい。

①　塩としょうゆの塩分割合を2：1として5人分のすまし汁をつくる場合，塩は小さじで何杯必要か，整数または分数で答えなさい。

②　①の場合，しょうゆは何g必要か，小数点以下を切り捨て，整数で答えなさい。

(☆☆☆◎◎◎)

解答・解説

【中学校】

【1】① 生活の自立 ② 基礎的・基本的 ③ 技術 ④ 機能 ⑤ 展望

〈解説〉① 本資料(平成20年9月)に改訂されるにあたり，中学生として「自己の生活の自立」を図るという視点があることを考えれば，答えは「生活の自立」が適切である。 ②・③ 空欄部分を含め，「基礎的・基本的な知識及び技術の習得」となる。 ④ 本資料に改訂されるにあたって，社会の変化や科学技術の進展に伴い，主体的に対応しよりよい生活を創造するためには，生活のよりどころとしての家族・家庭の機能について理解させることとしている。 ⑤ 将来にわたって自立した生活を営む見通しをもてるようになることを望んでいることを「～これからの生活を展望して～」の表現を使って記している。

【2】① 家族・家庭 ② 調理 ③ 食生活と自立 ④ 衣生活 ⑤ 自立

〈解説〉本資料は，小学校家庭科の内容との系統化，体系化を図ったことから，①は家庭生活関係，②・③は食物分野，④は衣服関連の語句が適当である。また，「生活の自立」を図る視点から，中学校「家庭分野 B・C」では，題目に「自立」の語句を入れている。「B食生活と自立・C衣生活・住生活と自立」である。「A家族・家庭と子どもの成長」については少子高齢化や家庭の機能が十分果たされていないといった状況に対応し，「幼児触れ合い体験」などの活動を重視していることを踏まえて「子どもの成長」の語句が表現として使われている。

【3】(1) × (2) ○ (3) × (4) ○ (5) ×

〈解説〉(1) 第1学年70単位時間，第2学年70単位時間，第3学年35単位時間である。 (3) 実践的・体験的な学習活動を中心にすることについての具体的な事例で「製作」や「見学」が抜けている。　(5)　衛生面では，手洗いを励行させるよう記されている。

【4】(1)　①　権利と責任　　②　物資　　③　活用　　(2)　ウ

(3)　自分や家族の購買経験から，それぞれの販売方法の利点や問題点について話合い，購入の目的に応じた販売方法を検討する。

〈解説〉(1)　「D身近な消費生活と環境」の「家庭生活と消費」の指導項目は，［消費者の権利と責任］と［生活に必要な物資・サービスの選択，購入，活用］である。①の空欄には，最初の指導項目「権利と責任」があてはまる。②・③は，2つ目の指導項目［生活に必要な物資・サービスの選択，購入，活用］から，「物資」「活用」の語句があてはまる。指導では，身近な消費行動と関連づけて授業を進める。

(2)　三者間契約は高等学校の学習内容であり，ア・イは間違い。エについては，プリペイド型の電子マネーは「地域や生徒の実態に応じて，指導することも考えられる」となっており，必ず指導する内容ではない。　(3)　例：部活のバスケットシューズの購入にあたり，どのメーカーの靴がいいか情報収集して選択・購入する。選択する際，店員の説明や部活の先輩や仲間から「履き心地」「寿命」「価格」などの情報を集め決定する。また，購入方法についてだが，店舗販売・無店舗販売の特徴を知りそれぞれの利点，問題点を，事例を通して考え，適切な方法で購入できるよう検討する。

【5】(1)　①　強(中)　　②　中(強)　　③　たんぱく質　　(2)　④　アニサキス　　⑤　加熱　　(3)　⑥　塩(卵)　　⑦　卵(塩)

〈解説〉(1)　①～③　たんぱく質の熱凝固性を利用したものである。魚の表面のたんぱく質を素早く凝固させるため，強火～中火で加熱する。塩を振ると凝固性は更に高まる。赤身魚は熱を加えると褐色になり，全体が収縮して固くなる。白身魚は透明感がなくなり白くなり，節ごとに縮んでほぐれやすくなる。　(2)　④・⑤　さば，いわし，かつお，さけなどの内臓に寄生しているアニサキス幼虫は鮮度が落ちてくると，内臓から筋肉に移動し，これを食した人間の胃壁や腸壁に侵入して食中毒(アニサキス症)を引き起こす。新鮮な魚を選び，丸ごと１匹で購入した際は，速やかに内臓を取り除くこと。アニサキス食中毒の予防としては「目視で確認して除くこと」「内臓を生で食べないこと」「−20℃で24時間以上冷凍すること」「十分な加熱をすること」があげられる。　(3)　⑥・⑦　ハンバーグに加えるものには，玉ねぎ・卵・パン(又はパン粉・牛乳(又は水)・塩胡椒・ナツメッグ，がある。玉ねぎは甘みをだして肉の味をよくする役割，パン(またはパン粉)と牛乳(または水)は肉を軟らかくし増量する役割，ナツメグは肉の酸化を抑える役割である。塩を肉に加えるとねばりをだし，生地をまとまりやすくする。卵はつなぎの役割をするのでまとまりやすくする。

【6】(1)　食品の保存性を高める　　・新しい食品を作る　　・調理の手間を省く　　・味を良くする　　・消化・吸収しやすくする
(2)　比較的安価な材料を用いて，高価な食品の味や香り，食感などをまねて人工的に作った食品　　(3)　・かに風味かまぼこ　　・人造(工)いくら　　・コーヒーホワイトナー

〈解説〉(1)　解答以外に，調理の手間を省く例で調理冷凍食品などがある。食品を加工する際に使用される食品添加物だが，保存料(ソルビン酸)や酸化防止剤(ビタミンE)，味をよくするために調味料(グルタミン酸，アミノ酸)を加え，様々な調理食品や総菜に利用されている。見た目をよくする目的で着色料や漂白剤なども使用されている。　(2)　解答以外に，病気などによって食物制限がありその食品が食べられない場合に，コピー食品で代用するなどプラス面もある。　(3)　キャビア，数の子，アナログチーズなどもある。

【7】(1)　6～7g　　(2)　10g

〈解説〉(1)　こいくちしょうゆの塩分は約15％といわれる。しょうゆの使用量をXとすると，100：15＝X：1　→　X＝100÷15　→　X＝6.6〔g〕。　(2)　米みそに含まれる塩分は約12％　みその使用量をYとする

と，100：12＝Y：1　→　Y＝100÷12　→　Y＝8.3〔g〕。塩1gと同じ塩味にするための調味料の割合では，みその塩分量を10%としており，そのデータを使えば答えは10gとなる。

【8】・生命や財産を守る　　・休息とくつろぎ(安らぎ)を与える
・子供が育ち，家族が支え合う

〈解説〉「生命や財産を守る」は，自然災害や外敵から命や財産を守ることを表わしている。住居がないと住民票が発行されないので，公的な社会保障も受けられない。「休息とくつろぎを与える」は，家族と過ごす場所としての住まい，入浴・睡眠などによる休息を与える住まい，趣味の時間を過ごす場所としての住まいを意味している。また，現代では薄れてきているとはいえ，隣近所との交流の場としての「すまい」の機能もある。

【9】①　ウ　　②　カ　　③　キ

〈解説〉①　円のしるしは業者によるクリーニング記号。「円の中のP」は「パークロロエチレン」または「石油系溶剤」によるドライクリーニングを表す。その他，「円の中のF」もあり，石油系溶剤でのドライクリーニングを表わす。　②　四角は乾燥記号。四角の隅の斜めの線は「日陰」を表わし，縦線は「つり干し」を表わす。　③　アイロン記号で「点」の数は温度の高・低を表し，「点3つ」は高温「200℃を限度」，「点2つは150℃を限度」，「点1つは110℃を限度」の意味になる。今回の改正では，従来の表記が適温を示していたのに対し，上限温度を表わしている。

【10】(1)　イ　　(2)　オ　　(3)　ケ

〈解説〉(1)　虫の害を受けやすいのは「毛」「絹」であるが，水中でもむと縮み，フェルト状になるのは「毛」である。　(2)　黄変するのは「絹とナイロン」であるが，絹には弾力性はない。　(3)　丈夫，洗濯に強い，水をよく吸収，しわになりやすいといった特徴から，綿・麻が該当するが，触ると冷たいのは「麻」である。麻は夏の衣料素材として知られている。

【11】(1) ① ア ② ツ ③ キ ④ シ ⑤ ウ ⑥ オ ⑦ サ (2) ・上糸の調子が強すぎる ・上糸のかけ方が間違っている ・針の付け方が正しくない などから2つ

〈解説〉(1) ①・② 色の濃い場合は「布よりやや濃いめの糸」，布の色が薄い場合は，「布よりやや薄めの糸」にする。 ③～⑥ 普通の布の厚さの場合は「ミシン針11番，糸60番」である。薄地の生地は，その他にジョーゼットなどがあり，ミシン針は9番が適当。厚地の生地は，その他にキルティングやツイードがあり，ミシン針14番，糸50番が適当である。 (2) 原因で一番多いのは，「上糸の調子が強すぎる」場合で，上糸調節装置で緩める(目盛りを小さくする)。「上糸をかけ方(かける順序など)が間違っている」ことについては，正しい順序にかけたつもりでも，かけ方が不十分で，何らかの拍子に外れたりすることがある。「針の付け方が正しくない」場合は，はずみ車を回したとき針が抜けたりするのでわかりやすい。

【12】(1) 胃の噴門部の閉鎖が不完全なため，乳や食べものを吐きやすい (2) 出産の時に狭い産道を通るため

〈解説〉(1) 大人と異なり「胃底部」が形成されておらず，「筒状」に近い形であることも関係する。 (2) 頭蓋骨は5つの部分に分かれており，比較的骨が接している部分と大きく離れている部分がある。この隙間を泉門という。出産時，産道を通るとき，骨が重なり合って頭部が小さくなり，通りやすくなる。後頭部の小泉門は，生後すぐに閉じるが，大泉門は1歳半頃にふさがる。

【13】(1) 母子保健法 (2) 男女雇用機会均等法 (雇用の分野における男女の均等な機会及び待遇の確保等に関する法律も可)

〈解説〉(1) 保健指導は，母親学級(父親学級)，沐浴指導，1歳6か月児検

診，3歳児検診などである。　(2)　働き方に関する条約や法律に，「労働基準法」「女性差別撤廃条約」「男女雇用機会均等法」がある。保健指導・健康診査の時間確保を理由とする解雇の禁止については，「男女雇用機会均等法」の第9条が該当する。妊娠・出産による能率低下などを理由とする不利益取扱いの禁止が示されている。産前6週，産後8週の休業については「労働基準法」第65条で定められている。

【14】①　家　　②　平等　　③　父親　　④　家督　　⑤　均等

〈解説〉①　家制度は，民法(明治31年)に規定された日本の家族制度。②「本質的平等」は，日本国憲法第24条に「法律は，個人の尊厳と両性の本質的平等に立脚して」と記されている。　③「父親」は「戸主」と言い換えることができる。父がいないときのみ，母親が親権者になる。現行民法の「共同親権」は夫婦とも親権の権利をもつということである。現在では，親の権利というよりも，子どもの利益を守るための親の義務，責任と考えられている。　④「家督相続」とは，戸主がもっていた地位を，次に戸主となる者が1人で承継することで，通常長男1人が戸主の地位・全遺産を相続する。　⑤　子の相続分について，婚外子の場合もすべて平等になっている。

【15】イ，ウ

〈解説〉ア　脱がせるときは麻痺のない方から，着るときは麻痺のある方からの「脱健着患」である。　エ　本人の意思や希望を聞くことは前向きに生きる(生活する)ことにつながるので，本人の選んだ服にそって着用を手伝うことが望ましい。　オ　段差のあるところを降りる時は介助者が後ろ向きになって動くと安全である。

【16】オ

〈解説〉C　老人福祉法は1963(昭和38)年　B　ハートビル法は1994(平成6)年　D　介護保険法は2000(平成12)年　A　高齢者虐待防止法施行は2006(平成18)年。ハートビル法は，高齢者や身体障害者にも利用しやすくするバリアフリー化を建物の分野ですすめる法律である。2006年，バリアフリー新法の施行に伴い廃止された。老人福祉法は，成立後改正を繰り返し，直近では平成26年に一部改正があった。

【17】(1)　カンピロバクター　(2)　ソラニン　(チャコニンも可)

〈解説〉(1)　グラフから「ウイルス30.8％」はAとほぼ同じくらいの発生状況で，ノロウイルスと考えるのが妥当である。Aは鶏肉によって引き起こされることが多い「カンピロバクター」である。　(2)　ソラニンは「ジャガイモの芽とその芽の根元」や皮(特に光が当たって緑色になった部分)に含まれる。新芽と緑色の部分を深くえぐり取り，腐りかかった部分も完全に取り除いて調理する。ソラニンは比較的熱に強いので，よく加熱することが大事である。

【18】(1)　①　エ　②　ウ　③　カ　(2)　第一制限アミノ酸…リシン　アミノ酸価…58

〈解説〉(1)　①　必須アミノ酸は人の発育や健康の維持に欠かせないアミノ酸である。　②　9種類のアミノ酸が「アミノ酸評点パターン」と比較して不足していると，発育や健康の維持の効果が低下する。③　「アミノ酸価の低い～アミノ酸の不足分を補う～」は「たんぱく質の補足効果」という。　(2)　③のアミノ酸評点パターンと比較し，数値が低いアミノ酸は「リシン」だけである。したがって，第一制限アミノ酸＝リシンになる。もし不足しているアミノ酸が複数ある場合は，不足している割合が最も大きいアミノ酸が第一制限アミノ酸になる。$\frac{210}{360} \times 100 = 58$　アミノ酸価は58である。精白米の場合，リシンを多く含む動物性たんぱく質や大豆たんぱく質を組み合わせると栄養価は高くなる。

【19】①　ピンク　②　乾燥　③　昇華　④　しょうのう　⑤　臭気(におい)

〈解説〉湿度の高い夏場に，冬物を保管する際に乾燥剤を利用するとよい。

防虫剤には表以外にナフタリンがあり，人形ケースや昆虫標本に利用されることが多い。　①・②　シリカゲルの成分は，純度の高い(99%以上)二酸化ケイ素。フライパンや電子レンジで加熱し乾燥させると，元のブルーに戻り再生する。　③　パラジクロロベンゼンは，虫害にあいやすい毛・絹の衣類の保管に適する。白い固体で，昇華により強い臭気を発する。金糸・銀糸の変色，塩化ビニールやスチロール容器は変質するので注意する。　④　和服の保管なので，しょうのうである。　⑤　ピレスロイド系のものは，無臭で，臭いの強い防虫剤と併用できる。

【20】①　ツ　　②　イ　　③　ウ　　④　コ　　⑤　オ　　⑥　タ

〈解説〉①　「江戸時代に武士が住んでいた」から，書院造りである。　②　「南側の庭に面した場所に配置され」から，広間や座敷が考えられる。　③　書院造りの中で一番いい場所なので「接客」にも適した部屋である。　⑤　「家族の団らんが重視され～主婦の労働軽減が配慮され」から，廊下を挟んで南側を家族の部屋，北側を台所や使用人の部屋，客間を玄関脇に配置した中廊下型住宅が適当である。廊下を挟んで家族と使用人の住み分けができ，プライバシーを守ることができる。　⑥　「公営住宅のDKの採用によって」から，食寝分離である。公営住宅による食寝分離の間取りは，1970年代には「子ども部屋の分離」につながっていく。また，「椅子座方式」への転換，「個室主義」への転換へと進むきっかけとなった。

【21】(1)　インターネットで利用していないサイトの使用料を請求された　　(2)　不用意にアクセスしない，消費生活センターに相談する

〈解説〉(1)　電話の着信履歴に残った番号へかけ直したらアダルトボイスにつながり，電話を切っても料金を請求される。他には葉書でいきなり高額を請求されるなどがある。　(2)　・一度も出会い系サイトやアダルトサイトを利用したことがなければ，支払い義務はなく無視する。請求者に対して，自分の氏名，住所などの情報は一切教えてはい

けない。自分の情報を伝えてしまうことで請求がエスカレートする恐れがある。　・「少額だから」と支払ってしまうと，さらに新たな請求を受ける可能性がある。　・無料と思って利用したり，有料とはわかっていたが，法外な利用料金や遅延損害金を請求されたりした場合，国民生活センター，消費生活センター，弁護士会，警察署等に相談する。など状況に応じて対策を考える。

【22】原因…無計画な食材購入や調理　　解決策…計画的な購入，無駄のない調理，有効な保管

〈解説〉原因…過剰除去(例：大根の皮を必要以上に厚くむく)，食べ残し(食事として使用・提供されていたが，食べ残して廃棄)，直接廃棄(賞味期限や消費期限を越えたことにより，食事として使用・提供せずにそのまま廃棄)がある。解決策…野菜類での過剰除去が多いことから，皮部分まで使える調理法を工夫する。ウドのきんぴら，大根の葉部分を菜飯に活用するなど。食べ残しについては，多く作り過ぎないよう，食べ切れる量を作る。また，食べ残しの料理に手を加えて別の料理に変身させる。直接廃棄については，冷蔵庫などでの在庫状況を把握して，短期間で使い切るように献立を工夫する。賞味期限，消費期限を理解して購入する。買い過ぎないように心がける。など。

【23】(1)　ミシン針を縫い始める布に刺し，押さえをおろしてから返し縫いをする　　(2)　針を布に刺し，押さえを上げて，向きを変えてから押さえをおろして縫う

〈解説〉(1)　押さえを上げる→上糸と下糸の間に布をおく→はずみ車を手前に回す→針を縫い始めの位置に刺す→押さえを下げる。　(2)　角部分に針がおりるようにすることがポイントで，角にきたとき，針が上がっているとはずみ車を回して針を下げる操作が必要になり，糸にたるみがでて見た目が悪くなる。針をおろした状態が角にくるようにするには，細かい縫い目の方がよい。

【24】(1)　①　家庭内事故　　②　快適　　(2)　①　・階段の上り下りを安全にする　　・段差による転倒をなくす　　②　・階段の滑り止めシートを貼る　　・すのこを利用して段差の幅を少なくする
(3)　工夫・創造

〈解説〉(1)　「C　(2)　ア」は，住居の基本的な機能である。「C　(2)　イ」は「安全を考えた室内環境の整え方を知り，快適な住まい方を工夫」するであり，本問はその指導案である。①について，グループで話し合った中には，「安全を考えた室内環境」の問題点がないので，①は，「安全対策」に結びつくような語句があてはまる。家庭内の不慮の事故で多いのは「溺死・溺水，転倒」であることから，授業で「家庭内事故の防止」を取り上げることは重要である。②は指導内容の文言から，あてはまる語句は「快適」である。　(2)　解答例以外に，風呂場の段差，敷居の段差，玄関入り口の段差でのつまずきは，転倒の原因になる。転倒以外の安全面で，「トイレ・浴室などから外部者の侵入の危険はないか」といった問題点については，窓に面格子を取り付ける解決策，災害を想定した安全面で，「食器戸棚，窓ガラスなど破損対策はしているか」に対しては，飛散防止フィルムを貼るなどがあげられる。　(3)　評価の観点は「関心・意欲・態度」，「工夫・創造」，「技能」，「知識・理解」があるが，この場合は「工夫・創造」が適当である。

【高等学校】

【1】(1)　①　福祉　　②　生活課題　　(2)　①　環境　　②　生活設計　　(3)　①　問題解決的　　②　言葉　　(4)　家庭情報処理　　被服製作　　(5)　①　責任　　②　持続可能な社会

〈解説〉(1)　本問は「家庭基礎」の目標だが，「家庭総合」や「生活デザイン」と比較して覚えるとよい。①を含んだ目標の前半は科目によって文言が変わる。家庭基礎は「人の一生と家族･家庭及び福祉～」だが，家庭総合は「人の一生と家族･家庭，子どもや高齢者とのかかわりと福祉～」である。問題にはないが家庭基礎の「基礎的･基本的な知識と技術を習得させ～」の文言は，家庭総合になると「知識と技術を総合的に習得させ～」となる。生活デザインでは「基礎的·基本的な知識と技術を体験的に習得させ～」となる。3科目とも変化しない箇所が，②を含んだ部分の「家庭や地域の生活課題を主体的に解決する」である。　(2)　①「生活の科学」とは具体的に衣食住の生活を科学的に理解することである。指導内容で抜けているのは「環境」である。　②「生涯の生活設計」は，家庭基礎にはない項目内容であるが，実際の取扱いは家庭総合の内容の「(1)　人の一生と家族・家庭～　(4)　生活の科学と環境」までの学習と関連づけて段階的に扱ったり，家庭総合の学習のまとめとして扱うことが明記されている。

(3)　指導計画の作成における配慮事項である。4項目あり，・問題解決的学習の充実　・言葉や概念を用いて考察する活動，適切な解決方法を探求する活動　・食育の充実　・コンピュータや情報通信ネットワークの活用　が示されている。　(4)　本資料に改訂されるにあたり，専門教科「家庭」では科目名の変更などがあり，20科目となった。「被服製作」がなくなり，「ファッション造形基礎」と「ファッション造形」の2科目に整理分類された。また，科目「家庭情報処理」が「生活産業情報」となった。

【2】(1)　ア　公助　　イ　減災　　(2)　溺死(溺水)　　(3)　住生活基本法　　(4)　①　ウ

②

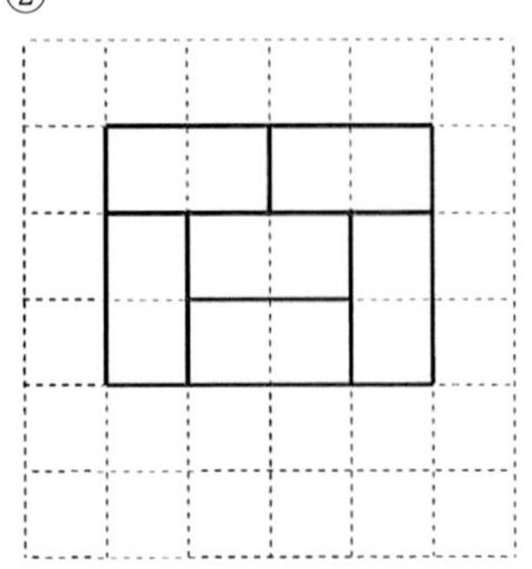

〈解説〉(1)　家庭や地域，社会で支え合う共生社会の実現は「自助・共助・公助」の実現ともいえる。自助は，自分の努力や家族の協力のことである。共助は互助ともいい，学校や職場，友人，知人，地域社会，ボランティアなどの援助である。公助は，医療や福祉，保健などの公共の社会保障制度による援助である。　(2)　0歳を除く子どもの死因の上位に「不慮の事故」がある。長年にわたりこの傾向は変わっていない。不慮の事故の内訳では1～4歳では「窒息死，溺死・溺水」，5～9歳では「溺死・溺水」「交通事故」である。高齢者では，65歳以上になると浴槽での「溺死」が圧倒的に多い。　(3)　戦後は住宅不足の解消を目指す住宅政策が行われていたが，少子高齢化の進行や人口･世帯数の減少などの社会状況の変化に対応して，住環境の向上や住宅の安全性と品質に重点をおく「住生活基本法」が制定された。

(4)　①　ア)　天袋は和室の押入れの上の部分にある戸棚のこと。天袋に対して，床近くに設けられる戸棚を地袋という。　イ)　敷居は，ふすまや障子など引き戸に設ける建具溝のこと。「鴨居」と対をなす。　②　畳の合わせ目が十字にならないように敷くのが一般的である。畳1枚のサイズは地域によって微妙に異なる。中京間の畳2畳分は1坪の大きさになる。

【3】(1)　ア　振り袖　　イ　ポンチョ　　ウ　サリー　　(2)　①　名称…斜文織(綾織り)　A群…イ　B群…a　　②　名称…朱子織　A群…ア　B群…c　　(3)　立体裁断(法)　　(4)　ウ　　(5)　布の厚みを確保してボタンをはめやすくするため　　(6)　①　液温40℃を限度とし，手洗いによる洗濯処理ができる　　②　日陰での平干し乾燥がよい

(7)　①　ベトナム　　②　エシカルファッション

〈解説〉(1)　①～③はどれも平面構成衣服である。　(2)　①　斜文織り(綾織り)は斜めに畝ができる。光沢もあり摩擦に強いので外衣や学生服などの生地に適している。　②　朱子織りは，摩擦に弱いが滑りがよくしなやかである。ドレスなどの生地として利用される。織物の三原組織は，問題の他にブロード，ギンガムに代表される，平織りがあ

る。 (3) 型紙の作り方には，立体裁断の他に，原型を土台にした「平面作図」による型紙や原型を使わないで直線･直角を基準にして直接的に作図する「囲み製図」がある。立体裁断は「ドレーピング」という。 (4) アは薄手生地で，正しくは「ミシン針9番･ミシン糸80番」である。イは「普通の厚さの生地」で，正しくは「ミシン針11番･ミシン糸60番」，ウは「厚手生地」を表わしている。「スパン糸」というのは，ポリエステルの糸であるにもかかわらず，綿糸と同様の風合いと外観を持たせた糸である。縫いやすさから，各種の生地の縫製に使われる。 (5) 「糸足」は上前の厚さより，僅かに長めにする

(6) ①は温度を表わす数字が記されていないが，特別記載されていない場合は「40℃を限度とする」とみなす。②の四角は乾燥記号，斜め斜線は「日陰」を意味する。横線は「平干し」を，縦線は「つり干し」を表わす。 (7) ① 輸入相手国の1位は中国だが，年次推移を見ると年々減少している。 その代わり2位のベトナムは増加している。急増めまぐるしいのはカンボジアである。 ② 衣類に限定せず，生産者の労働条件や自然環境に配慮した流通を実践しているのが「フェアトレード」である。

【4】(1) 大泉門 (2) 愛情 (3) ① 頭足人 ② 喃語
(4) エ (5) 名称…盲導犬マーク 名称…視覚障がいに配慮したおもちゃにつけられる

〈解説〉(1) 生まれたばかりの新生児の頭蓋骨は5つの部分に分かれており，比較的骨が接している部分と大きく離れている部分がある。この隙間を泉門という。出産時，狭い産道を通るとき，骨が重なり合って頭部が小さくなり，通りやすくなる。後頭部の小泉門は，生後すぐに閉じるが，大泉門は1歳半頃にふさがり一続きの頭蓋骨になる。

(2) 「所属」の欲求は，家族や仲間に所属したいという欲求。「承認」の欲求は，自分や自分のしたことを認めてもらいたいという欲求。「成就」の欲求は何か1つのことを成し遂げたいという欲求。「愛情」は，人に愛されたい，愛したいという欲求である。生理的欲求には，

眠る，食べる，飲む，排泄するがある。　(3)　①　1歳過ぎから描くことに興味を持ち，最初は「点」や「ぐるぐる描き」を，3歳頃から顔から直接足や手が出た形の絵を描く。幼児によって描かれる最初の人物像で，「頭足人」と呼ばれている。　②　生後4～5ヶ月からの，アーアー，バーバーという発声は喃語である。喃語の発声頻度は身近な養育者との1対1の関わりのもとで育まれていくことがわかっている。1歳～1歳半頃までに「ママ」「マンマ」といった意味のある単語(一語文)を話すようになる。これが言葉の始まり(＝始語)である。

(4)　「母体保護法」は，母性の生命と健康を保護することを目的とし，そのために一定の条件をそなえた場合には不妊手術や人工妊娠中絶，受胎調節を行なうことができることを定めた法律である。旧「優生保護法」に代わるものとして1996年に制定された。アは健康増進法，イは労働基準法，ウは母子保健法である。　(5)　視覚障害を持つ子どもたちも一緒に遊べるように配慮したおもちゃには「盲導犬マーク」が付いている。このおもちゃは，手触りや音で知らせるなどの工夫がある。聴覚障害に対応したおもちゃには「うさぎマーク」がついている。これらは「共遊玩具」といわれる。盲導犬マークのついたおもちゃは，視覚障害者用のおもちゃという意味ではなく，視覚障害者も健常者と一緒に遊べるように工夫されたおもちゃの意味である。

【5】(1)　①　単独世帯　　②　核家族世帯　　(2)　①　残存能力を維持・活用し，回復への意欲を刺激するために，出来ることはやってもらう　　②　障がいの軽い方の腕から袖を抜き，次に障がいの重い方の腕から袖を抜く　　③　○　　(3)　イ，　エ，　オ，　キ

(4)　①　消費生活センター　　②　消費者庁　　(5)　①　カーボンフットプリント(CFP)マーク　　②　エコマーク

〈解説〉(1)　②の「核家族」は，一般世帯の中で最も多いが，その割合は年々減少している。そのかわり，増大しているのが，①の「単独世帯」である。核家族世帯は，夫婦のみ世帯・夫婦と子どもの世帯・ひとり親と子どもの世帯から成る。表にある「非親族世帯」は，親族では

ない人が家族と同居したり，親しい人同士で暮らしたりしている世帯のことである。 (2) ① 高齢者にとって，必要な支援を利用しながら自立を維持し，主体的に生きる生活を続けることは重要である。これは，ノーマライゼーションの理念である。 ② 「脱健着患」である。 (3) 粗悪な製品が横行し，大きな社会問題になったアメリカでは，1962年，ケネディ大統領が，4つの「消費者の権利」を提示した。この権利をベースに，1982年，国際消費者機構(CI)は，消費者には権利と同時に責任があるとして「消費者の8つの権利と5つの責任」を提唱した。現在では，各国政府の消費者政策の指針となっている。
(4) ① 消費生活センターは，消費者からの相談·苦情の報告先・相談先である。また，国民生活センターから支援を受けている。
② 消費者庁は，各省庁や消費者委員会と連携し，消費生活センターや国民生活センターとも連携しており，事業者への勧告·命令を行なっている。 (5) ① 「カーボンフットプリント」は商品のライフサイクル全体における温室効果ガス排出量をCO_2量に換算して算定し，マークで表示したもの。 ② 環境保全に役立つと認められた商品につく「エコマーク」である。

【6】(1) ① ア 和食 イ 食文化 ② ウ 個食
(2) ① リン脂質 ② リパーゼ ③ 必須脂肪酸 (3) カンピロバクター， 腸炎ビブリオ (4) エ (5) ① 卵 ② いも(類) (6) ① ウ) ② ア) (7) ① フォンダン
② 抜糸 ③ カラメル (8) ① (小さじ)$\frac{2}{3}$ ② 12g
〈解説〉(1) ① 「和食」は，2013年ユネスコ無形文化遺産に登録された。サブテーマは「日本人の伝統的な食文化」である。 ② 「家族それぞれが異なったものを食べる」とあることから，「個食」があてはまる。1人で食事をする状態は「孤食」である。 (2) ① 「リン脂質」は体の細胞を作っている主な成分。 ② 脂肪は，まず，十二脂腸から分泌される胆汁酸によって乳化され，膵臓から分泌される消化酵素「リパーゼ」で分解される。 ③ 必須脂肪酸は不可欠脂肪酸ともい

う。必須脂肪酸には，その他にアラキドン酸がある。　(3)　細菌性食中毒には，感染型と毒素型がある。感染型は，細菌に感染した食品を摂取し体内で増殖し食中毒が起きるもの。カンピロバクター，腸炎ビブリオ，サルモネラなどが原因菌。毒素型は，食品内で細菌が産生した毒素を摂取することで起きるもの。黄色ぶどう球菌，ボツリヌス菌などが原因菌。ノロウイルスは「ウイルス性」，アフラトキシンはピーナッツ類などのカビにつくカビ毒である。　(4)　①のソルビン酸は保存料，②はビタミンCのことで酸化を防ぐ役割，③のアスパルテームは甘味料である。　(5)　①　50gに注目すれば，卵であることがわかる。　②　表は，「350g＝野菜(きのこ・海藻を含む)，100g＝いも類，200g＝果物」となる。　(6)　イ)はアワビ。エ)はフカヒレで，サメの尾ビレを加熱して乾燥させたもの。説明文の「軟骨魚」は，サメやエイのこと。　(7)　シロップ(約100～約105℃)→フォンダン(約106～約107℃)→抜糸(約130～約135℃)→カラメル(約170～約190℃)

(8)　5人分のだし750mLで，塩分濃度0.8％にするには，6gの塩分量となる。6gの塩分を塩2：しょうゆ1で摂取するには，塩を4g，しょうゆから2gの塩分量にすればよい。塩4g＝小さじ2/3である。しょうゆから2gの塩分量をとるには，しょうゆの塩分含有量が16％とされているので，100：16＝X：2　X＝12.5〔g〕である。小数点以下を切り捨てると，しょうゆは12gである。

2017年度　実施問題

【中学校】

【1】次の文は，「中学校学習指導要領解説　技術・家庭編(平成20年9月)」の第2章第1節「技術・家庭科の目標」について述べたものです。文中の(　①　)～(　⑤　)にあてはまる言葉を書きなさい。

> (　①　)に必要な基礎的・基本的な(　②　)及び技術の(　③　)を通して，生活と技術とのかかわりについて理解を深め，進んで生活を工夫し(　④　)する能力と(　⑤　)な態度を育てる。

(☆☆☆◎◎◎)

【2】次の文は，「中学校学習指導要領解説　技術・家庭編(平成20年9月)」の第2章第3節「1　家庭分野の目標」について述べたものです。文中の(　①　)～(　⑤　)にあてはまる言葉を書きなさい。

> (　①　)などに関する(　②　)な学習活動を通して，生活の自立に必要な基礎的・基本的な知識及び技術を習得するとともに，(　③　)の機能について理解を深め，これからの生活を展望して，(　④　)をもって生活を(　⑤　)しようとする能力と態度を育てる。

(☆☆☆◎◎◎)

【3】次の(1)～(5)の文は，技術・家庭科の指導計画の作成と内容の取扱いについて述べたものです。正しいものには○印，正しくないものには×印を書きなさい。

(1)　技術・家庭科の標準の授業時数は，「学校教育法施行規則」により，第1学年70単位時間，第2学年70単位時間，第3学年35単位時間と定められている。

(2)　家庭分野の指導において，「生活の課題と実践」は指定された2事項のうちから1事項を選択して履修させる。

(3)　家庭分野の指導において，ガイダンス的な内容については，技術・家庭科の意義を明確にするとともに，小学校での図画工作科や家庭科などの学習を踏まえ，3学年間の学習の見通しを立てさせることとしている。

(4)　技術・家庭科における教材とは，教科の目標及び各分野の目標の実現を目指して，各項目に示される指導内容を指導単位にまとめて組織したものである。

(5)　技術・家庭科における道徳教育の指導においては，学習活動や学習態度への配慮，教師の態度や行動による感化とともに，技術・家庭科の目標と道徳教育との関連を明確に意識しながら，適切な指導を行う必要がある。

(☆☆☆◎◎◎)

【4】次の文は，「中学校学習指導要領解説　技術・家庭編(平成20年9月)」の第2章「C　衣生活・住生活と自立」について述べたものです。あとの(1)～(3)の問いに答えなさい。

(1)　衣服の洗濯と手入れについて，次の事項を指導する。

ア　衣服と(　①　)とのかかわりを理解し，(　②　)に応じた着用や個性を生かす着用を工夫できること。

イ　A 衣服の計画的な活用の必要性を理解し，適切な選択ができること。

ウ　衣服の材料や(　③　)に応じた日常着の手入れができること。

(内容の取扱い)

ア　(1)のアについては，和服の基本的な着装を扱うこともできること。(1)のイについては，既製服の表示と選択に当たってての留意事項を扱うこと。(1)のウについては，B日常着の手入れは主として洗濯と補修を扱うこと。

(1) 文中の(①)～(③)にあてはまる言葉を書きなさい。
(2) 下線部Aの適切な選択のために，既製服には家庭用品品質表示法により義務付けられている表示があります。その表示を一つ書きなさい。
(3) 下線部Bの洗濯の学習指導では，小学校の学習を踏まえる必要があります。中学校の洗濯の学習指導について，簡潔に説明しなさい。

(☆☆☆◎◎◎)

【5】次の文は，乳幼児の体の発達について述べたものです。文中の(①)～(③)にあてはまる言葉や数を書きなさい。

一般に，出生時の身長は約50cm，体重は約(①)kgである。幼いほど身長や体重の増加は著しく，満1歳では，身長は出生時のおよそ(②)倍，体重はおよそ3倍になる。また，体の発達には順序性があり，(③)部から末端部へという特徴がある。

(☆☆☆◎◎◎)

【6】幼児の心身の発達と遊びについて，次の(1)，(2)の問いに答えなさい。
(1) 健康に生きていくうえで欠かせない基本的生活習慣の例を二つ書きなさい。
(2) 幼児の遊びは，幼児の人とかかわる力によって変化していきます。どのように変化していくか説明しなさい。

(☆☆☆◎◎◎)

【7】幼児とのふれあい体験において，中学生が幼児と関わっているときに幼児が次の(1)，(2)の反応だった場合の正しい対応を書きなさい。

(1)　いきなり幼児に蹴られてしまった。

(2)　恥ずかしがって後ろを向いてしまった。

(☆☆☆◎◎◎)

【8】アレルギー特定原材料として表示されるもののうち，卵，そば以外のものを二つ書きなさい。

(☆☆☆◎◎◎)

【9】次の(1)，(2)の文は，乳幼児の施設や組織について説明したものです。正しいものには○印，正しくないものには×印を書きなさい。

(1)　ファミリー・サポート・センターは，子育てを総合援助する組織のことである。

(2)　認定こども園は，教育・保育を一体的に行う施設で，いわば幼稚園と保育所の両方の良さを併せ持っている施設のことである。

(☆☆☆◎◎◎)

【10】次の(1)～(3)の栄養素が不足した場合に発症する，それぞれの欠乏症について，あてはまるものを下のア～ケから一つずつ選び，記号を書きなさい。

(1)　カルシウム　　(2)　ビタミンA　　(3)　ビタミンB_1

ア　くる病　　イ　夜盲症　　ウ　高血圧　　エ　貧血
オ　高脂血症　　カ　壊血病　　キ　花粉症　　ク　膠原病
ケ　脚気

(☆☆☆◎◎◎)

【11】保育を取り巻く環境について，次の問いに答えなさい。

(1)　合計特殊出生率の意味を書きなさい。

(2)　各市町村などに設置されている，子育てに関する悩みなどを相談する施設や機関を一つ書きなさい。

(☆☆☆◎◎◎)

【12】これからの家庭生活と社会について，次の問いに答えなさい。

(1) 次のグラフは，女性の労働力率の国際比較について示したものです。日本は，女性の労働力率が「M字型曲線」になっています。その理由を書きなさい。

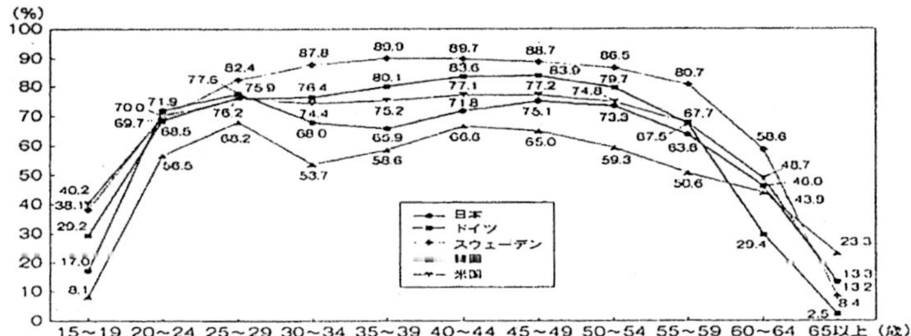

(出典 内閣府男女共同参画局ホームページ「男女共同参画白書 平成23年版」)

※ただし、日本は総務省「労働力調査(詳細集計)」(H22)、その他の国はILO「LABORSTA」より作成。

※日本は平成22年、韓国は平成19年、その他の国は平成20年時点の数値。

(2) (1)のような状況の解決や，家庭や地域社会などにおいても人生の各段階に応じて多様な生き方ができる社会の実現のため必要とされるバランスを何というか書きなさい。

(☆☆☆◎◎◎)

【13】乳幼児について，次の問いに答えなさい。

(1) 子どもは，生後間もなくから音を聞き分け，においをかぎ分けるなど発達した脳を持っていながら，歩行も食事も一人ではすることができません。このように，人間が他の動物に比べ未熟なままの状態で生まれてくることを，スイスの動物学者アドルフ・ポルトマンは何とよんだか書きなさい。

(2) 乳児は，生理的欲求を親から満たしてもらうことで喜びと満足感を得ることができ，親との間に強い心理的な一体感が生まれます。この心のきずなを何というか書きなさい。

(☆☆☆◎◎◎)

【14】乳幼児期の発達の目安について，「A：体の動き」・「B：人との関係」・「C：言葉と知性の発達」の組み合わせが正しいものを次のア～エから二つ選び，記号を書きなさい。

ア	0～1か月頃	A：あおむけのまま B：人見知りをする C：話しかけると喃語で応じたり，声を出して話しかけたりしようとする
イ	1歳頃	A：伝い歩きをする B：「バイバイ」などの身振りをする・親から離れると不安になる C：一語文を話す
ウ	3歳頃	A：スキップができる B：友達とけんかすることが減り，相手の気持ちになって行動できる C：自分の姓名を言ったり，ひらがなの自分の名前を読み書きしたりする
エ	6歳頃	A：ブランコを立ってこぐ・ひもが結べるようになる B：欲しい物でもガマンできる C：前後・左右が分かる

(☆☆☆◎◎◎)

【15】多重債務に陥った場合の債務の整理方法を一つ書きなさい。

(☆☆☆◎◎◎)

【16】家庭の収入と支出について，次の(1)～(4)にあてはまるものを下のア～コからすべて選び，記号を書きなさい。

(1)　実収入

(2)　実収入以外の受取

(3)　実支出(消費支出)

(4)　実支出(非消費支出)

ア　有価証券購入　　イ　社会保険料　　ウ　交通・通信
エ　借入金　　オ　所得税　　カ　事業・内職収入
キ　預貯金引き出し　　ク　光熱・水道　　ケ　受贈金
コ　財産購入

(☆☆☆◎◎◎)

【17】平成12年に成立した「児童虐待の防止等に関する法律」は，平成16年に一部改正されています。この改正の要点のうち，児童虐待の早期発見や保護をしやすくするためのものを一つ書きなさい。

(☆☆☆◎◎◎)

【18】次の文は，高齢者を支える社会の仕組みについて述べたものです。文中の(　①　)～(　⑥　)にあてはまる語句を下のア～ツから選び，記号を書きなさい。

後期高齢者の増加に伴って，支援や介護が必要な高齢者が増えてきた。そこで，介護の社会化を目指す(　①　)制度が平成12年から導入された。また，平成17年の改正では(　②　)が追加され，(　③　)が創設された。介護サービスを利用したい場合は，介護保険被保険者証を添えて市区町村に申請する。判定の結果，(　④　)度や家族の希望などをもとに，(　⑤　)が(　⑥　)を立てる。

ア　介護認定員　　　　　　イ　地域包括支援センター
ウ　ケアマネージャー　　　エ　社会保険
オ　要介識　　　　　　　　カ　介護予防給付
キ　個人年金　　　　　　　ク　NPO法人
ケ　老老介護　　　　　　　コ　介護サービス計画
サ　ホームヘルパー　　　　シ　エイジズム
ス　看護師　　　　　　　　セ　老人ホーム
ソ　通所介護　　　　　　　タ　介護保険
チ　介護推進員　　　　　　ツ　介護リハビリセンター

(☆☆☆◎◎◎)

【19】循環型社会の実現をめざして行われている個別物品の特性に応じた規制のうち，「自動車リサイクル法」以外のものを二つ書きなさい。

(☆☆☆◎◎◎)

【20】ライフステージと栄養について，次の(1)～(4)にあてはまる内容のものをあとのア～カからすべて選び，記号で書きなさい。

(1)　幼児期　　(2)　青年期　　　(3)　成人・壮年期　　(4)　高齢期

ア　消化機能が未発達なため，三度の食事とおやつを大事にする。

イ　身長，体重の増加が著しく，運動量も多いので食事摂取基準値が高い。

ウ　食塩に対する感覚が鈍るので，塩分のとりすぎに注意する。

エ　生活が仕事中心となる。基礎代謝が低下するとともに，生活習慣病になりやすくなる。

オ　味覚の形成上，うす味を心がける。

カ　便通，骨粗鬆症，感染症に注意した食事作りを心がける。

(☆☆☆◎◎◎)

【21】表中の(1)，(2)にあてはまるデンプンの種類の名称を書きなさい。

	(1)	(2)
もち米(ジャポニカ種)	0	100
うるち米（インディカ種)	30	70
小麦、そば	25	75
ジャガイモ	20	80

※表中の数値は概量(%)

(☆☆☆◎◎◎)

【22】日本料理に見られる一汁三菜の盛りつけ図を次の記号を用いて書きなさい。

米飯＝○　　汁物＝◎　　主菜(煮魚)＝△　　副菜①(筑前煮)＝□

副菜②(酢の物)＝■

(☆☆☆◎◎◎)

【23】脂質について，次の表の(　①　)～(　⑥　)にあてはまる語句をあとのア～ツから選び記号を書きなさい。

分類・性質	脂肪酸名	状態（常温)	含有食品
飽和脂肪酸 コレステロールを（　①　）	（　③　）	固体	（　⑤　）
不飽和脂肪酸 コレステロールを（　②　）	（　④　） ※必須脂肪酸	液体	（　⑥　）

ア	ペクチン	イ	ステアリン酸	ウ	魚油
エ	バター	オ	一価	カ	減らす
キ	アミノ酸	ク	安定させる	ケ	ヒスチジン
コ	胆汁酸	サ	ガラクトース	シ	トリプトファン
ス	分解する	セ	アミラーゼ	ソ	増やす
タ	サフラワー油	チ	マーガリン	ツ	リノール酸

(☆☆☆◎◎◎)

【24】次の図は，被服気候を作る性能について，人体と衣服の関係を示しています。図中の(　①　)～(　⑥　)にあてはまる語句を下のア～ツから選び，記号を書きなさい。

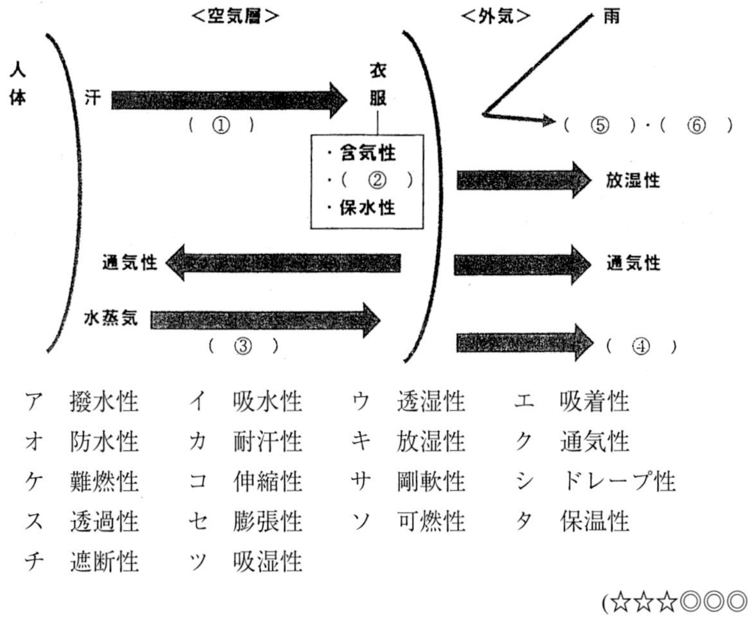

ア	撥水性	イ	吸水性	ウ	透湿性	エ	吸着性
オ	防水性	カ	耐汗性	キ	放湿性	ク	通気性
ケ	難燃性	コ	伸縮性	サ	剛軟性	シ	ドレープ性
ス	透過性	セ	膨張性	ソ	可燃性	タ	保温性
チ	遮断性	ツ	吸湿性				

(☆☆☆◎◎◎)

【25】卵の調理性について，表中の(　①　)～(　⑤　)にあてはまる言葉を書きなさい。

性　質	特　　　性	調理例
熱凝固性	卵黄は68度、卵白は73度で凝固する。	ゆで卵
（ ① ）性	卵白のたんぱく質（ ③ ）のもつ性質による。（ ④ ）を加えると安定する。	スポンジケーキ
（ ② ）性	卵黄中の（ ⑤ ）の働きによる。	マヨネーズソース

(☆☆☆◎◎◎)

【26】アウトドアスポーツなどに用いられる高機能性繊維のうち，透湿防水加工繊維はどのような性能を持つものかを「水分子の大きさ」という言葉を用いて説明しなさい。

(☆☆☆◎◎◎)

【27】乾式洗濯の特徴を書きなさい。

(☆☆☆◎◎◎)

【28】次の文は，社会環境と住居におけるこれからの住まい方について述べたものです。文中の(　①　)～(　④　)にあてはまる言葉を書きなさい。

近年では，ライフスタイルの変化や平均世帯人数の減少などから住まい方に変化が生じている。

血縁や婚姻などによる関係性のない者どうしが同居する(　①　)ハウジング，高齢者などが介護などを受けながらも複数の人と共に自力で暮らす(　②　)ホーム，家族構成，年齢が多様な居住者が，共通の価値観のもとにコミュニティを形成して集住する(　③　)ハウジングなどといった様々な住まいが作り出されている。

また，既存の住宅ではなく，同じようなライフスタイルを思い描く仲間が集い，独自の住宅を考える動きも見られる。住み手自身が計画段階から自分達だけの集合住宅作りに参画する

(④)ハウジングはその一例である。

(☆☆☆◎◎◎)

【29】次の表は，住環境の評価指標の例を示したものです。表中の(①)～(③)にあてはまる言葉を書きなさい。

(①)性	・バリアフリー化されている。 ・犯罪や事故につながる危険な場所がなく，火災，地震などに備えている。
保健性	・公害や伝染病の蔓延を予防している。 ・日照，通風，採光がよい。
(②)性	・病院や公共施設，商店などが近くにある。 ・公共交通機関が利用でき，設備が整っている。
快適性	・空間にゆとりがあり，自然が充実している。 ・プライバシーの配慮とコミュニケーションの場がある。
(③)性	・人口や住宅需要などのバランスがよい。 ・循環型社会や自然共生社会を目指している。

(☆☆☆◎◎◎)

【30】日本の伝統的な木造家屋と比較した際，現代の家屋において結露やダニの発生による問題が起こりやすくなった理由を書きなさい。

(☆☆☆◎◎◎)

【31】調理実習で，いわしを使って「つみれ汁」をつくります。このことについて，次の(1)，(2)の問いに答えなさい。

(1) いわし以外の「つみれ」の材料で，魚の臭みを消す効果のある材料を一つ書きなさい。

(2) いわしなどの青魚に含まれる，脳卒中や心臓病などの病気の予防に効果がある脂質の成分の正式名称を書きなさい。

(☆☆☆◎◎◎)

【32】和室と洋室の住空間における長所をそれぞれ一つずつ説明しなさい。

(☆☆☆◎◎◎)

【33】住生活の「安全を考えた室内環境の整え方を知り，快適な住まい方を工夫できること」に関わって，住まいの中の地震対策を二つ書きなさい。

(☆☆☆◎◎◎)

【34】次に示す展開案は，内容B「(3)日常食の調理と地域の食文化」における指導の一例です。下の(1)～(3)の問いについて答えなさい。

小題材名　「ハンバーグステーキを主菜とする1食分の調理をしよう」

本時のねらい　肉の衛生的な扱いに留意し，ハンバーグを主菜とする献立の調理ができる。

展開案

時間	学　習　活　動	指導上の留意点	評価場面・評価方法
10	1　本時の学習のめあてを確認する。 ハンバーグステーキを主菜とする１食分の調理をしよう ・実習のめあてや手順、役割分担を確認する	・服装や手洗い、用具を確認する。 ・ピクチャーカードにより、作業手順、食材や調理用具等の（ ① ）で衛生な取り扱い方、調理の要点を確認する。	
40	2　ハンバーグと副菜、汁物を作る。 ・ハンバーグの成形は各自で行う。 ・ハンバーグを焼く。 ・ハンバーグの焼き方について相互評価を行う。	・（ ① ）と衛生に留意することや時間の経過について、必要に応じて知らせる。 ・適切な洗い方、切り方、（ ② ）、調味方法について助言する。 ・相互評価の観点にしたがって、確認しあうよう指示する。 ・ハンバーグの盛り付け方と配膳の仕方を確認する。	ハンバーグを主菜とする。１食分の献立の調理をする場面。 評価方法 ・（ ③ ） ・相互評価 ・記録
10	3　ハンバーグと付け合わせなどを各自で盛り付け、配膳する。		
15	4　試食をする。		
15	5　後片付けをする。 A	・（ ④ ）や資源、衛生に配慮した後片付けの仕方に気づかせ、実践に生かせるようにする。	
10	6　本時の学習（実習）のまとめをする。 ・本時の感想を発表する。	・ハンバーグの焼き方と複数の調理を組み合わせた調理手順について振り返らせる。 ・実習したことを家庭での実践に生かすよう助言する。	

(1)　上の展開案中にある(　①　)～(　④　)にあてはまる語句を書きなさい。

(2) 前の展開案中にある「A」について，後片付けの際の具体的な学習活動を一つ書きなさい。

(3) ハンバーグの成形で気を付ける点を一つ書きなさい。

(☆☆☆◎◎◎)

【高等学校】

【1】高等学校学習指導要領家庭(平成21年3月告示)に関する次の(1)～(5)の問いに答えなさい。

(1) 次の文は，共通教科「家庭」の目標を示したものである。①，②にあてはまる語句を答えなさい。

> 人間の生涯にわたる(　①　)と生活の営みを総合的にとらえ，家族・家庭の意義，家族・家庭と社会とのかかわりについて理解させるとともに，生活に必要な知識と技術を習得させ，男女が協力して(　②　)に家庭や地域の生活を創造する能力と実践的な態度を育てる。

(2) 次の文は，共通教科「家庭」の「各科目にわたる指導計画の作成と内容の取扱い―2指導計画の作成に当たっての配慮事項」の記述である。①～③にあてはまる語句を答えなさい。

> ・「家庭基礎」,「家庭総合」及び「(　①　)」の各科目に配当する総授業時数のうち，原則として(　②　)以上を実験・実習に配当すること。
> ・「家庭基礎」は，原則として，同一年次で履修させること。
> ・「家庭総合」及び「(　①　)」を複数の年次にわたって分割して履修させる場合には，原則として連続する2か年において履修させること。
> ・中学校(　③　)，公民科，数学科，理科及び保健体育科などとの関連を図るとともに，教科の目標に即した調和のとれた指導が行われるよう留意すること。

(3)　次の文は，共通教科「家庭」の「各科目にわたる指導計画の作成と内容の取扱い―3内容の取扱いに当たっての配慮事項」の実験・実習に関する事項を示したものである。①，②にあてはまる語句を答えなさい。

実験・実習を行うに当たっては，関連する法規等に従い，施設・設備の安全管理に配慮し，(　①　)を整備するとともに，火気，用具，材料などの取扱いに注意して事故防止の指導を徹底し，安全と(　②　)に十分留意するものとする。

(4)　次の4つの項目は，専門教科「家庭」の科目「フードデザイン」の内容を示したものである。①，②にあてはまる語句を答えなさい。

- ・(　①　)と食生活
- ・フードデザインの構成要素
- ・フードデザイン実習
- ・(　②　)と(　②　)推進活動

(5)　次の5つの項目は，専門教科「家庭」の科目「課題研究」の内容を示したものである。空欄にあてはまる語句を答えなさい。

- ・調査，研究，実験
- ・作品製作
- ・産業現場等における実習
- ・職業資格の取得
- ・(　　)活動

(☆☆☆◎◎◎)

【２】住居に関する次の(1)～(5)の問いに答えなさい。

(1)　次の表は日本の気候・風土に応じた住まいの工夫について，その一部をまとめたものである。①・②にあてはまる工夫を語群から選びなさい。

県　名	工　夫	目　　的
岐　阜	(①)	屋根の傾斜を急にし、雪を積もりにくくするため
沖　縄	(②)	台風などの暴風に備えて家を守るため

【語群】

しっくいで固めた屋根　　がんぎ　　合掌造り　　水切り瓦

防風林

(2) 敷地面積が250m²で1階の床面積が123m²，2階の床面積が115m²，3階の床面積が100m²の3階建ての容積率を計算しなさい。(小数点以下は切り捨て，整数で答えなさい。)

(3) 白熱灯や蛍光灯より寿命が長く，消費電力も少ない省エネルギー型の照明の名称を答えなさい。

(4) 次の文の(　ア　)にあてはまる語句を答えなさい。

> 建物は，建物の材料を曲げる力が加わったときに変形しやすい。そのため(　ア　)を使い，建物にかかる力を分散させる。(　ア　)は柱と柱の間に対角線方向に入れることにより，地震などに対して，より丈夫になるよう考慮されている。

(5) 次の①，②に関連するものをア～オから1つずつ選び，記号で答えなさい。

①

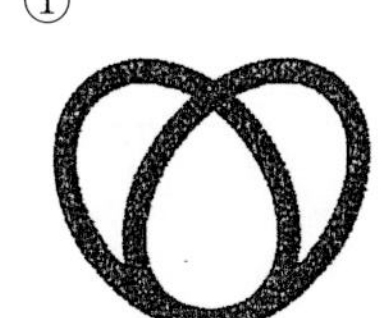

②

ア) 環境共生住宅認定マーク　　イ) 広域避難所　　ウ) 非常口

エ) ハートビルマーク　　オ) BLマーク

(☆☆☆◎◎◎)

【3】衣生活に関する次の(1)～(6)の問いに答えなさい。

(1) 次の繊維・糸に関する①～③の文中の下線部が正しい場合は○

を，誤っている場合は正しい語句を答えなさい。

① 半合成繊維とは，繊維分子は天然に得られるが，繊維の形は人工的につくる化学繊維である。

② 綿，毛などの短繊維は，繊維を平行に引きそろえ，細く引き伸ばしながら撚りをかけ，糸にする。この工程を製糸という。

③ 複合繊維とは，繊維の性能を改質するため2種類以上の繊維成分を合わせて1本の合成繊維にしたものである。

(2) 次のグラフは各繊維の公定水分率を表したものである。①に該当する繊維をア～エから1つ選び，記号で答えなさい。

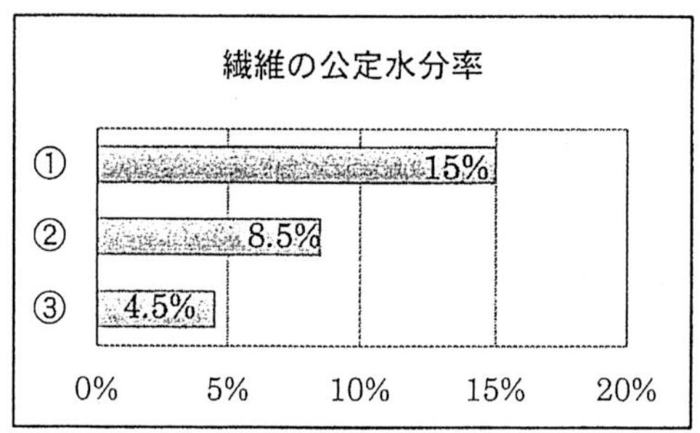

日本化学繊維協会「繊維ハンドブック(2008年)」より

ア) 綿　　イ) ナイロン　　ウ) 毛　　エ) レーヨン

(3) 次に示す「しみ抜き」の処理方法に該当する汚れの種類を，ア～エから1つ選び，記号で答えなさい。

> しみを吸い取るための白い布をしみに当て，しみの裏側からベンジンなどで垂直にたたく。落ちなければ洗剤液をつけて，たたく。それでも落ちなければ漂白する。

ア) 墨　　イ) チョコレート　　ウ) しょうゆ

エ) チューインガム

(4) 被服の安全・快適性に関する次の①，②の文は，何について説明したものか答えなさい。

① 布の表面のこまかい繊維や毛羽立ちに，わずかな炎が接触した

だけで引火し，一瞬のうちに被服全体に燃え広がる現象。

② 足に合わない靴やかかとの高い靴を履くこと等により，足先の形状に変形が生じる疾患。

(5) からだの寸法を巻き尺で計測する場合，次の①，②の寸法の名称を，ア～オから1つずつ選び，記号で答えなさい。

① 首(頸)つけねから胴囲線までの背面シルエットにそった長さ。

② 背面における左右の肩先の間の体表にそった長さ。

ア) 着たけ　イ) 総たけ　ウ) 背たけ　エ) 背幅

オ) 背肩幅

(6) 次の図A，Bはバイアステープ使用のえり付けについて示したものである。下の①～③の問いに答えなさい。

図A

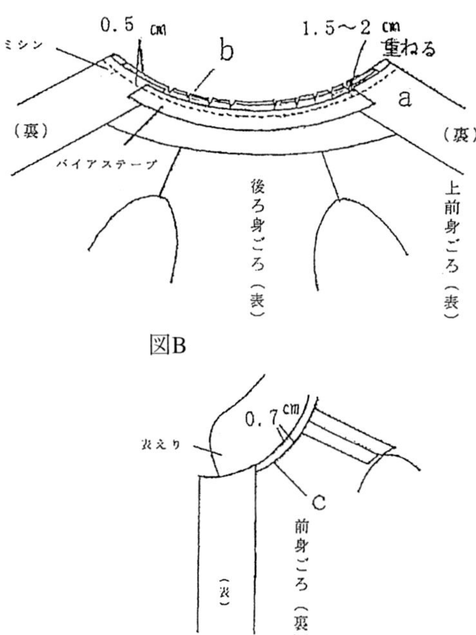

① aの名称を答えなさい。

② bの処理方法が必要な理由を簡潔に述べなさい。

③　cに最も適する縫い方(手縫い)をア～ウから1つ選び，その名称も答えなさい。

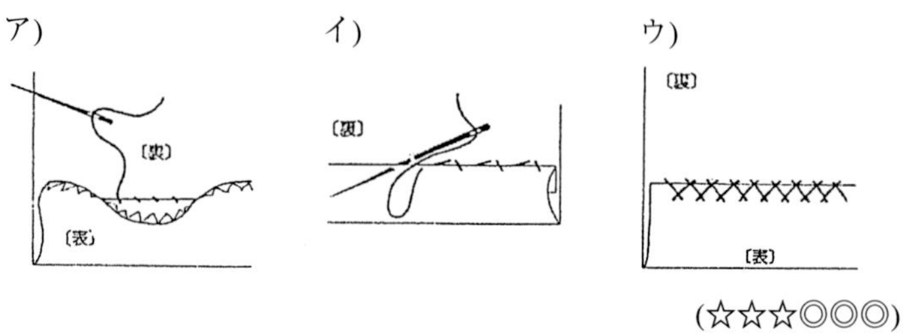

(☆☆☆◎◎◎)

【4】子どもの発達と保育・福祉に関する次の(1)～(4)の問いに答えなさい。

(1)　次の①～③は何について説明したものか答えなさい。

①　出生後3～5日頃に，体重が1割ほど減少すること。

②　成長につれて，軟骨の部分にカルシウムが沈着して固い骨になること。

③　出産後，母体が妊娠前の健康状態に回復するまでの6～8週間で，衛生面に心がけるとともに，精神面・情緒面で不安定になりやすいので，家庭の理解や支援が欠かせない期間のこと。

(2)　次の文は児童憲章から抜粋したものである。文中の(　a　)にあてはまる語句を答えなさい。

児童は，人として尊ばれる。
児童は，社会の一員として重んぜられる。
児童は，(　a　)の中で育てられる。

(3)　次の絵は幼児期の衣生活について説明したものである。①，②にあてはまる語句を答えなさい。

(4)　次の遊びに属するものを，ア～エから1つずつ選び，記号で答え

なさい。

① 構成遊び　② 受容遊び

ア) ままごと　イ) 積み木　ウ) ブランコ　エ) 絵本

(☆☆☆◎◎◎)

【5】人の一生と家族・福祉，消費生活と環境に関する次の(1)～(4)の問いに答えなさい。

(1) 次の文を読み，①～③の問いに答えなさい。

社会のあらゆる分野の活動に男女が対等に参画することを目指して1999年に制定された法律では，基本理念の一つに，家庭における活動と他の活動の両立が挙げられている。男女が共に働きながら子どもを産み育て，地域の人々とも交流しながら充実した生活を送るという(a)の実現には，個人，国・地方自治体，企業における積極的な取り組みが必要である。2007年には(a)憲章が策定された。

① 下線部にあてはまる法律は何か答えなさい。

② (a)にあてはまる語句を答えなさい。

③ 仕事と育児・介護が両立できるような制度を持ち，積極的な取り組みを行っている企業を何というか答えなさい。

(2) 次の文は高齢者の心身の特徴と生活について説明したものである。文中の①～④にあてはまる語句を答えなさい。

個人差はあるが，75歳以上になると心身の形態や機能の変化が大きくあらわれる場合が多い。たとえば，体温調節機能が低下して(①)が起こりやすい，バランス機能が低下して(②)しやすい，などがある。特に，夏の高温・高湿度下では(③)にかかり，命を落とす危険がある。 また知的能力の特徴として，流動性知能は加齢にともない徐々に低下する一方で，(④)知能は加齢による低下があま

りみられず，積極的な社会活動を続けることで，それはさらに高度な能力(知恵)になっていく。

(3)　水資源の公平な利用をめざす指標の1つとして，食料を輸入している国が，もしその食料を自分の国で生産するとすれば，どの程度の量の水が必要になるかを推定したものを何というか答えなさい。

(4)　家計について，次の①，②の項目にあてはまるものを，ア～クから2つずつ選び，記号で答えなさい。

①　非消費支出　　②　実支出以外の支出

ア)　預貯金の引出　　イ)　借入金返済　　ウ)　食費
エ)　医療費　　オ)　所得税　　カ)　社会保険料
キ)　通信費　　ク)　預貯金

(☆☆☆◎◎◎)

【6】食生活に関する次の(1)～(7)の問いに答えなさい。

(1)　次の説明文とグラフを読み，①～②の問いに答えなさい。

以下のグラフは1日のエネルギーの栄養素比率の推移を示したものである。栄養バランスに優れた「(　a　)」が実現されていた昭和55(1980)年頃に比べると，平成22(2010)年度は，(　b　)は安定しているものの，(　c　)の摂取過剰と(　d　)の摂取不足の状態でバランスが崩れており，このことが生活習慣病などの疾病の要因の一つとみられている。

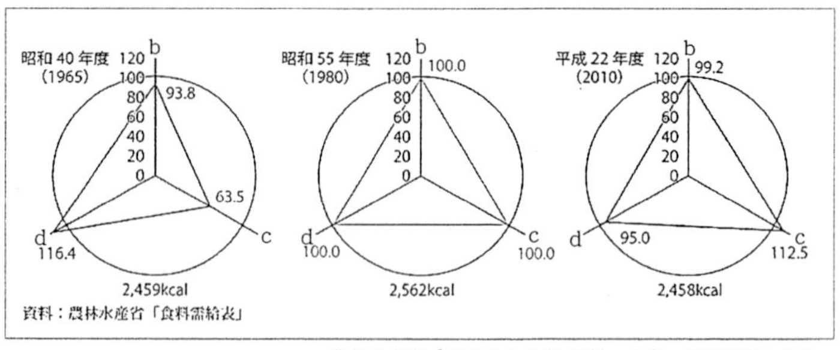

農林水産省「平成２３年度 食料・農業・農村白書」より

① 文中の(a)にあてはまる語句を答えなさい。

② グラフ中のb，c，dにあてはまる栄養素の組み合わせを，ア～オから一つ選び記号で答えなさい。

ア b：脂質 c：たんぱく質 d：炭水化物

イ b：たんぱく質 c：炭水化物 d：食物繊維

ウ b：炭水化物 c：脂質 d：たんぱく質

エ b：たんぱく質 c：脂質 d：炭水化物

オ b：脂質 c：たんぱく質 d：ビタミン

(2) 「4つの食品群別摂取量のめやす(香川芳子案)」で示されている成人男子1人1日あたりの野菜の摂取量を答えなさい。

(3) 次の①，②の文は何について説明したものか，最も適当なものを選択肢から1つずつ選び，記号で答えなさい。

① ビタミンやミネラルなどの栄養素補給のために利用される食品で，定められた規格基準に適合していれば，国への許可申請がなくても機能を表示することができる。

② からだの生理機能などに影響を与える成分を含むもので，個別の食品ごとに国の許可または承認を受けなければならない。

【選択肢】

a 特定保健用食品 b 栄養機能食品 c 特別用途食品

(4) 次の①～③の文中の下線部が正しい場合は○を，誤っている場合は正しい語句を答えなさい。

① せん切りにした野菜を入れてつくるコンソメスープをコンソメロワイヤルという。

② 泡立てた卵白やベーキングパウダーなどの膨化剤を加えた小麦粉やでんぷんの衣をつけて揚げたものをフライという。

③ 生食調理の「あらい」とは，いきのよい白身魚やカニなどの肉を，氷水などの中でさっと洗い，肉を縮ませてかたくする調理法である。

(5) 次の①～③と最も関係の深いものをA群・B群からそれぞれ1つずつ選び，その記号を答えなさい。

①　ナトリウム　　②　亜鉛　　③　リン

[A群]　ア)　高血圧　　　イ)　甲状腺機能の低下
　　　ウ)　味覚障害　　エ)　骨軟化症
　　　オ)　貧血

[B群]　a　カルシウムの吸収にかかせないが，取り過ぎは吸収を阻害する。
　　　b　ビタミンCにより吸収が促進される。
　　　c　味らい細胞の構成成分となる。
　　　d　海藻類に多く含まれ，子どもが不足した場合，発育に影響が出る。
　　　e　体液の浸透圧の調整や筋肉の収縮に重要な役割を果たす。

(6)　岩手の郷土料理について，①～③の地域と最も関係の深いものをア～エから1つずつ選び，記号で答えなさい。

①　県北地区　　②　県央地区　　③　県南地区

ア)　祝い餅・餅料理・凍豆腐
イ)　へっちょこだんご・柳ばっと
ウ)　どんこ汁・氷頭なます
エ)　きりせんしょ・かまやき

(7)　こんぶだしの取り方について，簡潔に説明しなさい。

(☆☆☆◎◎◎)

解答・解説

【中学校】

【1】①　生活　　②　知識　　③　習得　　④　創造　　⑤　実践的

〈解説〉学習指導要領解説によると，家庭科では「社会において自立的に生きる基礎を培う観点から，生活に必要な基礎的・基本的な知識及び技術を確実に身に付けさせるとともに，生活を工夫し創造する能力を育成する」生きる力をはぐくむことをねらいとしている。生活と学習の関連付けを意識しながら，授業を組み立てていくことが必要になるだろう。

【2】① 衣食住　② 実践的・体験的　③ 家庭　④ 課題　⑤ よりよく

〈解説〉①～⑤はどれも重要であるが，そのほかにも「生活の自立」，「知識及び技術」，「これからの生活」も出題されるのでおさえておきたい。家庭分野の目標は，社会の変化に主体的に対応する能力や実践的な態度をはぐくむこと，また，自己と家庭，家庭と社会のつながりも重視していることを理解しよう。

【3】(1) ○　(2) ×　(3) ×　(4) ×　(5) ○

〈解説〉(2)は「2事項のうちから1事項を」ではなく，「3事項のうちから1又は2事項を」，(3)は「家庭分野の指導において」ではなく，「家庭分野の内容の「A家族・家庭と子どもの成長」の(1)については」，(4)は「教材」ではなく，「題材」が正しい。

【4】(1) ① 社会生活　② 目的　③ 状態　(2) 組成表示，取扱い絵表示，サイズ表示　(3) 小学校で学習した手洗いによる洗濯を基礎として，電気洗濯機を用いた洗濯の方法と特徴を理解し，洗濯機を適切に使用できるようにする。

〈解説〉(2) 取扱い絵表示については，平成28年12月から大幅な変更(JIS規格がISO規格に合わせる)が行われる。ただし，一般に流通・着用している衣類には旧JIS規格で表示されているものも多いため，しばらくは旧JIS規格の取扱い絵表示もおさえておく必要があるだろう。

(3) 洗濯については解答のほかに，洗剤のはたらきと衣服の材料に応じた洗剤の種類などが分かり，洗剤を適切に選択して使用できるようにすること，衣服の材料や汚れ方に応じた洗い方が分かるようにすること，衣服によっては専門業者への依頼が必要であること等を学習するとしている。

【5】① 3　② 1.5　③ 中枢(中心)

〈解説〉乳児期の1年間は人間の一生の中でも成長が大きい。体重は1歳で約9kg(出生時の約3倍)，身長は約75cm(出生時の約1.5倍)になる。また，出生時には胸囲は頭囲より小さいが，3か月頃には胸囲のほうが大きくなる。さらに，体の発達には順序性(中心部から末端部へ)と方向性(頭部から体の下方へ)がある。

【6】(1) 食事，排せつ，清潔，着脱衣，睡眠から2つ　(2) はじめは大人と遊ぶが，成長するにつれて一人で遊び，次に友達のそば，そして友達と一緒に遊ぶようになり，最終的には大勢と遊ぶことができるようになる。

〈解説〉(1) 生活習慣には基本的生活習慣と社会的生活習慣があり，生きるために必要な生活の習慣を基本的生活習慣という。子どもの生理的なリズムや発達に合わせて食事や睡眠の習慣をつけることにより，規則正しい生活リズムを身に付けることができる。　(2) 遊び方は，ほかの子の遊びを見る傍観遊び，一緒にいるのに別々の遊びをする平行遊び，数人とのやり取りを楽しむようになる連合遊び，役割分担をする協同遊びと形態を変えていく。

【7】(1) やさしく「蹴ってはいけないよ」と教えてきかせる。

(2) こちらから手遊びなど用いながら声をかける。

〈解説〉言葉の発達がまだ不十分な幼児は，気持ちを言葉で伝えることが難しい。大人の反応を見るための行動をとることも多々ある。(1)のような場合，自分の行動が相手に「痛み」を与えることだとわからせるには，大げさに対応してみせたり，逆に抱きしめたりすることも効果的である。(2)のような場合，「恥ずかしい」という気持ちにまずは寄り添ってあげることが大切。そのうえで，呼びかけながら，少しずつ関心を引き寄せるような対応をする。

【8】乳，小麦，エビ，カニ，落花生などから2つ
〈解説〉アレルギー物質を含む食品の表示には，表示が義務化されている7品目(特定原材料)と，表示が推奨されている20品目(特定原材料に準ずるもの)とがある。推奨品目には，さば，大豆，バナナ，もも，りんごなどがある。

【9】(1)　○　　(2)　○
〈解説〉(1)　一時的な保育ニーズに対応するため，地域で育児のサービスを受けたい人と預かる人が会員登録をして相互に助け合う，市区町村が設立運営する子育て支援のための事業である。　(2)　地域の実情に応じ，幼保連携型，幼稚園型，保育所型，地方裁量型のタイプがある。

【10】(1)　ア　　(2)　イ　　(3)　ケ
〈解説〉ほかに，頻出の欠乏症としては貧血(鉄)，壊血病(ビタミンC)などがあげられる。クの膠原病は自己免疫疾患であり，自分自身の体の構成成分と反応してしまうリンパ球や抗体がつくられてしまう病気で，関節リウマチや多発性筋炎などがあげられる。

【11】(1)　15～49歳までの女性の年齢別出生率を合計したもの。
(2)　子育て支援センター，保健所，保健センター　から1つ
〈解説〉(1)　2015年の合計特殊出生率は1.46で，前年を0.04ポイント上回っている。2005年の1.26を底に緩やかな回復傾向にはあるが，水準は依然として低く，人口を維持できる水準とはいえない。　(2)　ほかに，福祉事務所(社会福祉全般に関する行政機関)に設置されている児童家庭相談室もあげられる。

【12】(1)　結婚・出産期に当たる年代にいったん低下するが育児が落ち着いた時期に再び上昇するため。　(2)　ワーク・ライフ・バランス

〈解説〉(2)　ワーク・ライフ・バランスについては，2007年に就労による経済的自立が可能な社会，健康で豊かな生活のための時間が確保できる社会，多様なはたらき方・生き方が選択できる社会を目指した「仕事と生活の調和(ワーク・ライフ・バランス)憲章」が策定されている。これに関連して，2020年までの目標として第1子出産前後の女性の継続就業率を55%，男性の育休取得率を13%にすること等が掲げられている。

【13】(1)　生理的早産　　(2)　愛着(アタッチメント)

〈解説〉(1)　ポルトマンの著書である『人間はどこまで動物か』に記されている内容である。　(2)　子どもは，親などの自分の世話をしてくれている人をはっきりと区別するようになり，触れ合いを求めようとするなど，ほかの人とは違う特別な行動(愛着行動)を示すようになる。心の発達には，この愛着が欠かせない。

【14】イ，エ

〈解説〉一般的にアの人見知りは7か月頃，ウのスキップは4歳半以降，読み書きついて3歳頃には興味を示すことが多いが，実際できるようになるのは，もう少し高年齢になってからである。

【15】任意整理，特定調停，個人再生手続き，自己破産　から1つ

〈解説〉債務者の事情にもよるが，困窮度が比較的低い場合は任意整理，困窮度が高くなるにつれ，特定調停，個人再生，自己破産を選択する。任意整理は，比較的借金の総額が少ないときに，裁判所を介さず，債権・債務者の話し合いにより整理する。特定調停は，経済的に破産するおそれのあるときに，簡易裁判所での調停により解決を目指す。一定の返済をすることが前提になる。個人再生手続きは債務者が裁判所に再生計画案を提出，それが認められれば，計画案のとおり返済し，残りの債務は免除される。将来の収入が見込めない人や借金総額が5000万円を超える場合等には利用できない(住宅ローンを除く)。自己

破産は支払不能の状況にあり，裁判所から破産宣告を受けて破産者になり，その後の手続きで免責を受け，借金を免除してもらう。「差押え禁止財産」以外の財産を失う。

【16】(1)　カ，ケ　(2)　エ，キ　(3)　ウ，ク　(4)　イ，オ

〈解説〉家計の収入には勤め先からの収入や事業収入，内職収入，社会保障給付など実際の収入(実収入)と，預貯金からの引き出し，借入金，保険受取金，有価証券売却，財産売却など実収入以外の受取がある。一方，支出には衣食住，光熱・水道，保健医療，交通・通信，教育，教養娯楽などの実支出(消費支出)と，所得税，住民税，社会保険料などの実支出(非消費支出)がある。実収入から非消費支出を引いた額を「可処分所得」という。

【17】児童虐待の現場を目撃した時だけでなく，虐待を受けたと思われる児童も通告義務の対象とすること。

〈解説〉平成16年の改正では，暴力など児童への直接的な被害だけでなく，児童の目の前でDVが行われるなどの間接的な事案も虐待に含まれるとした。また，平成24年には民法の一部改正が行われ，児童虐待の防止と児童の権利利益の擁護にあたり，子本人，その親族，児童相談所長その他の請求により，家庭裁判所が親権停止の審判を行うこともできるようになり(停止期間は2年以内)，より現実的な対策が図られるようになってきている。

【18】①　タ　②　カ　③　イ　④　オ　⑤　ウ　⑥　コ

〈解説〉高齢者の介護を社会全体で担う仕組みとして，平成12年に介護保険制度が導入された。40歳以上の者が加入し，保険料を負担する一方，在宅福祉，施設福祉，地域福祉などのサービスを受けることができるようになった。平成17年の改正で，生活機能の維持や向上を目指し，重度化を予防するために，要介護認定で要支援と判定された人へ介護予防給付の追加や地域包括支援センターがつくられた。要支援の場合

は，地域包括センターで介護予防ケアプランをたてることになる。

【19】家電リサイクル法，容器包装リサイクル法

〈解説〉家電リサイクル法で指定されているのは家庭用エアコン，テレビ，冷蔵庫・冷凍庫，洗濯機・衣類乾燥機である。また，容器包装リサイクル法で対象となっているのは，ガラスびん，ペットボトル，紙製容器包装，プラスチック製容器包装などである。

【20】(1)　ア，オ　　(2)　イ　　(3)　エ　　(4)　ウ，カ

〈解説〉(1)　幼児期は消化機能が未発達で味覚の大切な形成時期なので，うす味をこころがけ，十分な良質のたんぱく質と水分をとる。体重あたりでは，エネルギー，たんぱく質，カルシウムなどの食事摂取基準は成人よりも多い。1日3回の食事以外に，間食を入れて補うようにする。　(2)　青年期は，成長期で運動量も多く，食事摂取基準値も高い。筋肉や血液を作るたんぱく質やエネルギー代謝に必要なビタミンB_1・B_2などを十分に採るようにする。　(3)　成人・壮年期は，基礎代謝が低下するので，生活習慣病予防のために，エネルギー，塩分，糖分，脂肪の採りすぎに注意する。　(4)　高齢期は，咀嚼や消化吸収機能の低下がみられるようになるので，消化器系に負担の少ない食事を心がける。また，味覚の衰えによって味付けが濃くなりがちなので塩分の取りすぎには特に注意する。食物繊維，たんぱく質，カルシウム，水分をしっかりとる。低栄養にも気を付ける。

【21】(1)　アミロース　　(2)　アミロペクチン

〈解説〉米の種類には，円粒形で加熱時の粘りが大きいジャポニカ種と，長粒形で加熱時の粘りが小さいインディカ種がある。また，でんぷんには，ブドウ糖の分子が長い直鎖状に結合した単純な構造のアミロースと，網の目のように枝分かれをした構造のアミロペクチンとがある。アミロペクチンの含有量が高いほど粘りがある。問題の通り，もち米はアミロペクチンが100％であり，うるち米はおおよそアミロースが

30%，アミロペクチンが70%である。

【22】

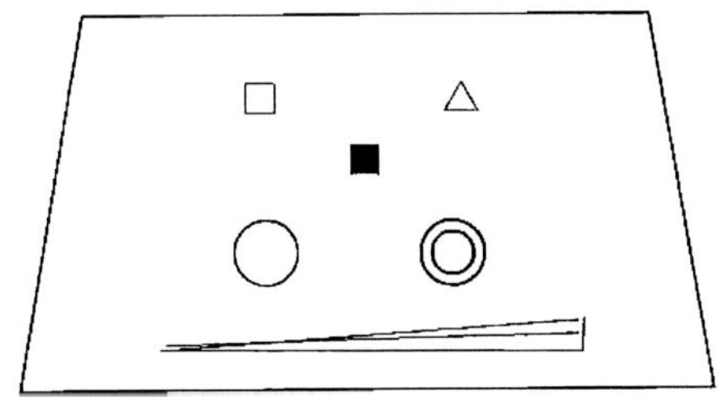

〈解説〉「一汁」は味噌汁やおすましなどの汁物，「三菜」は主菜と副菜2種を指す。主菜にはお刺身，焼き物，揚げ物，蒸し物，煮物などを，副菜①には煮物，蒸し物，和え物，焼き物など，副菜②には和え物，煮物など①よりはやや軽めのものをおく。

【23】① ソ　② カ　③ イ　④ ツ　⑤ エ　⑥ タ

〈解説〉一般的には問題の表にあるように，飽和脂肪酸はコレステロールを増やし，不飽和脂肪酸はコレステロールを減らすといわれているが，オリーブ油などに多い不飽和脂肪酸の一価不飽和脂肪酸であるオレイン酸には，多価不飽和脂肪酸のリノール酸と同じようにコレステロール降下作用があることも踏まえておきたい。飽和脂肪酸には，パルミチン酸やステアリン酸があり，バターや動物脂に多く含まれる。また，体内で合成されず，必ず食品から摂取しなければならない必須脂肪酸としてリノール酸などがあり，大豆油，コーン油，綿実油，サフラワー油などに含まれる。

【24】① イ　② タ　③ ツ　④ ウ　⑤ ア　⑥ オ

〈解説〉布のおもな性能には，吸水性(水分を吸収する性質，繊維や糸の間に空気が多い布は吸水性が高い)，保温性(熱の移動を妨げ温度を保つ性質，布の含気量に影響される)，吸湿性(水蒸気を吸収する性質，繊維の水分率に影響される)，透湿性(水蒸気を外気に逃がす性質，糸と糸の隙間を確保することで得られる)，撥水性(水を弾く性質)，防水性(水を通さない性質)等がある。そのほか，図中の通気性は空気を通す性質，放湿性とは吸収した水分を外気に放散する性質を意味する。

【25】① 起泡　② 乳化　③ グロブリン　④ 砂糖　⑤ レシチン

〈解説〉起泡性については，たんぱく質の中のグロブリンが関わっている。ある程度泡立てたところに砂糖を加えると，なめらかできめのこまかな，粘度の高い泡になる。また，砂糖の保水性により，表面は乾きにくく，つやの良い泡になる。一方で，卵白を泡立て過ぎてから砂糖を加えると泡が戻り，泡立たなくなってしまうので，適度に泡立ったら砂糖は2～3回に分けて入れるようにする。卵黄は，O/W(水中油滴型)の乳濁液である。卵黄の脂肪乳化力は，リポたんぱく質，レシチンによるもので，乳化に重要な役割を果たしている。

【26】水分子の大きさが気体と液体の状態で異なることを利用し，雨(水滴)は通さないが，体から出る水蒸気は外に逃がすことができる性能を持つ。

〈解説〉水は直径100～200ミクロン以下の穴は通らず，水蒸気は0.0004ミクロン以上の穴なら透過することができ，この差を利用したのが透湿防水加工繊維である。水蒸気のみを通す微細な孔を開けた樹脂膜を使って加工する。

【27】・油汚れは落ちやすいが水性汚れは落ちにくい　・型崩れ，伸縮，色落ち，風合いの低下などが少ない

〈解説〉乾式洗濯とは揮発性の有機溶剤を使用した洗浄法をいう。羊毛製品や絹製品など，水で洗濯すると，型崩れ，変形，色落ちするものに適している。油脂系の汚れはよく落とすが，汗などの水溶性の汚れは落ちにくい。溶剤は約94％が石油系で，そのほか不燃性のフッ素系，塩素系などがある。

【28】① シェア ② グループ ③ コレクティブ ④ コーポラティブ

〈解説〉シェアハウジング(ハウス)は，関係性のない者同士が，風呂，トイレ，台所などの共用設備を利用しながら1つの家に住むこと。コレクティブハウジング(ハウス)とは，各住戸は個別に独立しながら，食堂や家事スペース，休息室や作業室などの共同スペースを設け，プライバシーを守りながら住生活の一部を共有化している生活共同型住宅のこと，コーポラティブハウジング(ハウス)とは，これから住まいを建てる者同士が集まり，組合を作って計画段階から話し合いを重ね，希望に沿ったものを専門家とともに作り上げ，管理も共同で行う住まいのこと。一方，グループホームは社会福祉法人や地方自治体，NPOなどによって運営される地域密着型の介護施設で，認知症対応型共同生活介護とも呼ばれる。認知症の高齢者が少人数で共同生活を送りながら，専門スタッフによる身体介護と機能訓練，レクリエーションなどを受ける。

【29】① 安全 ② 利便 ③ 持続可能

〈解説〉近年の住居については，「安全性」「快適性」「利便性」「保健性」に加えて，地域に生活，活動する者が将来の地域社会に対してどのような貢献が可能かという「持続可能性」を加えて分析・検討している。以上のことから，住環境指標及び評価項目として，安全性(防犯施設，建物倒壊危険度，火災，緊急避難時の備えなど)，快適性(緑被率，人口密度など)，利便性(公共施設，交通機関，教育施設，医療施設，食品販売施設など)，保健性(建蔽率，工場密度など)，持続可能性(人口密度，昼夜間人口比率など)があげられる。

【30】窓やサッシの性能が上がり，気密性が高くなったことから，室内の空気が循環しにくくなったため。

〈解説〉従来の木造住宅は，高温多湿な日本の風土において，夏場を快適に過ごせるよう，風通しを重視している。自然換気回数でみると1時間あたり3回といわれるのに対し，現代の家屋では，高気密・高断熱住宅となり，0.3回程度とされる。そのために，日常生活で発生する水分や，ほこりなどの汚染物質が室内に滞留しやすくなっている。

【31】(1)　みそ，ねぎ，しょうが又はしょうが汁　から1つ　　(2)　ドコサヘキサエン酸(イコサペンタエン酸)

〈解説〉(2)　不飽和脂肪酸のうちの，多価不飽和脂肪酸(炭素の二重結合を2個以上もつ)で，α ーリノレン酸系(n-3系脂肪酸)である。ドコサヘキサエン酸(DHA) は視力に効能があり，イコサペンタエン酸(EPA) は血栓を予防する。

【32】和室…・家具の配置が少ないため，多目的に使用できる。　・吸湿性に富み，日本の気候の特性に合っている。　洋室…・立ったり座ったりしやすく，姿勢が楽。　・ダニやカビなどの発生が少ない。

〈解説〉和室と洋室の違いは，起居様式の違いでもある。明治以降欧米の影響により，畳や床の上に直接座る床座から，いすやベッドなどの家具を置いて生活する椅子座の起居様式が取り入れられるようになった。床座では家具を移動しやすく，部屋を柔軟に使えることや，履物を脱いで畳でくつろげること，畳は夏は涼しく，冬は暖かく感じられること，などがある。一方で，椅子座では，座りやすく，正しい姿勢も保ちやすい。また，床の手入れも畳より楽で，衛生的である。

【33】家具をL字金具で固定する，寝る場所の安全確保を行う。

〈解説〉ほかに，書棚や食器棚では，扉に開閉防止の金具を設置する，ガラス飛散防止フィルムを貼り付ける，食器の飛び出し防止の桟設置，食器の下に柔らかい敷物を置く，吊り下げ型の照明器具は器具の四隅を紐などで天井と結んでおく，寝室には箪笥などを置かない等が考えられる。

【34】(1) ① 安全 ② 加熱方法 ③ 行動観察又は観察 ④ 環境 (2) ・ごみを分別し，適切に処理する。 ・調理用具，熱源の後片付けについて点検し合う。 (3) ・材料を適切にこね，均一に混ざっている。 ・焼き上がりの変化を考えて成形している。

〈解説〉(1) 学習指導要領解説では「調理操作に関しては，衛生的な観点などから食品によって適切な洗い方があること」「切り方については，安全な包丁の使い方を知り」「調理の目的に合った加熱方法が必要」「調味については，調理の目的に合った調味ができるように」と記されている。 (3) 具体的には，厚さ1.5cm位の小判型に整えて中央をくぼませることで平らに焼き上がり，中央部の火の通りもよくなる。肉のたんぱく質が加熱により，変性・凝固することを考える。

【高等学校】

【１】(1) ① 発達 ② 主体的 (2) ① 生活デザイン ② 10分の5 ③ 技術・家庭科 (3) ① 学習環境 ② 衛生 (4) ① 健康 ② 食育 (5) 学校家庭クラブ

〈解説〉高校家庭科については共通教科からの出題が多いが，近年では専門教科「家庭」からの出題が増加傾向にある。特に，学習指導要領関連の問題では顕著であるので，学習指導要領，および学習指導要領解説などでの十分な学習が必要になる。 (3) 「実験・実習」の具体例として，調査・研究，観察・見学，就業体験，乳幼児や高齢者との触れ合いや交流活動などがあげられる。また，「連続する2か年」とは，第1学年と第2学年，第2学年と第3学年で2単位ずつ分割履修することを指す。 (5) 「課題研究」のねらいは，衣食住やヒューマンサービスなど，生活産業の各分野で，社会の要請や消費者のニーズを的確にとらえ，生活の質を高める商品やサービスを提供することのできる人材を育成するために，多角的に対応のできる知識・技術を確実に習得し，問題解決能力や創造性を育てることにある。

【2】(1)　①　合掌造り　　②　しっくいで固めた屋根　　(2)　135％
(3)　LED照明(LED電灯)　　(4)　筋かい　　(5)　①　エ)　　②　イ)

〈解説〉(1)　②「しっくい」とは，消石灰に糊や繊維(主に植物性)などを加えた塗り壁材のことである。空気中の炭酸ガスをゆっくり取り込みながら硬化し，もとの石灰石成分(炭酸カルシウム)へと戻る。調湿性もあり，雨風から建物を守るため，台風の多い沖縄ではよく用いられる。なお，「がんぎ」は雪の多い地方で，雪よけのために家々の軒から庇(ひさし)を長く差し出して造り，下を通路とするもの。「水切り瓦」は幾段にも重ねた庇のような瓦で，壁に雨水がかからないためのもの。台風の通路にあたりやすい，高知県の土佐湾付近の住宅にみられる。「防風林」は風害を防ぐために設けた林。風による作物や家屋の損傷を防ぐほか，土壌の風食を防ぎ，温度や湿度を調節する役目も果たすものである。　(2)　$\frac{123+115+100}{250}\times 100 \fallingdotseq 135$〔％〕
(3)　LEDは，半導体を利用し，電子のエネルギーを光エネルギーに変換している。長寿命，省電力が特徴としてあげられる。　(4)　柱と柱の間に対角線方向に建材を入れることで，建物が横に揺れたときに壁が変形するのを防ぐはたらきをする。

【3】(1)　①　再生繊維　　②　紡績　　③　○　　(2)　ウ)　　(3)　イ)
(4)　①　表面フラッシュ現象　　②　外反母趾　　(5)　①　ウ)
②　オ)　　(6)　①　見返し　　②　襟ぐりの曲線部を落ち着かせるため　　③　縫い方…イ)　　名称…まつり縫い(まつりぐけ)

〈解説〉(1)　①　半合成繊維は天然の資源を主体として，それに合成した化学品を反応させて独自の性質を持った化学繊維を作ったもので，パルプの繊維素を主原料としたアセテートや，牛乳蛋白カゼインを主原料としたプロミックス等がある。再生繊維は天然の繊維素を溶剤に溶かし，細い孔から押し出し，引き伸ばして糸の形で繊維素を再生したもので，レーヨン・キュプラ・テンセル等がある。　②　綿，麻，毛などの短繊維(ステープル)からつくられる糸を紡績糸，絹や化学繊維などの長繊維(フィラメント)からつくられる糸をフィラメント糸という。 (2) 繊維は大気中で水分を吸収し，その量は繊維の種類により異なる。公定水分率とは，基準(温度20℃，湿度65%の状態で含まれる水分の割合に近い値)の水分率である。一般的に繊維の吸湿性は，構成している高分子化合物の“親水基”によるため，ポリエステルなどの合成繊維は極めて低く，天然繊維は一般に高い。 (3) ベンジンを用いるのは，油溶性の汚れの時である。 (5) ア)の「着たけ」は後ろ襟ぐりの中央から後ろ身頃裾まで，イ)の「総たけ」は後ろ襟ぐりの中央から裾先端まで，エ)の「背幅」は両腕の後ろ付け根の間を表す。 (6) ③ ア)は「奥まつり」で洋服の裏地などをまつるときのやりかたで，布地端を直接まつることをせず，何ミリか奥をまつり，縫い目が見えないようにする。ウ)は「ちどりがけ」で，ほつれやすい布地の裾上げや袖口の始末に用いる。

【4】(1) ① 生理的体重減少 ② 化骨 ③ 産褥期 (2) よい環境 (3) ① 深(い) ② 締めつけな(い) (4) ① イ) ② エ)

〈解説〉(2) 児童憲章は「日本国憲法の精神に基づき，児童に対する正しい観念を確立し，すべての児童の幸福を図るため」，昭和26年に制定されたものである。 (3) 幼児期の衣服は，動きやすく安全で，大きさにゆとりがあり，洗濯にも丈夫で手入れがしやすいといった観点で選択する。また，一人で着脱しやすいように工夫されているものを選ぶとよい。 (4) ア)の「ままごと」は模倣遊び，ウ)の「ブランコ」は運動遊びである。遊びの種類としてはほかに「感覚遊び」(ガラガラ，おしゃぶり等)，「集団遊び」(鬼ごっこ，トランプ等)があげられる。

【5】(1) ① 男女共同参画社会基本法 ② ワーク・ライフ・バランス(仕事と生活の調和) ③ ファミリー・フレンドリー企業
(2) ① 脱水症状(熱中症，低体温症) ② 転倒 ③ 熱中症(脱水症) ④ 結晶性 (3) バーチャルウォーター
(4) ① オ)，カ) ② イ)，ク)

〈解説〉(1)　②　数値目標として，例えば男性の育児取得率を2020年には13％にまで引き上げる，といったことをあげている。　(2)　75歳以上になると，心身の状況に変化が大きく現れる場合が多い。心身の健康を維持することは，高齢者にとって課題の一つであろう。介護などを要せずに，自立した生活ができる生存期間を“健康寿命”というが，この期間を延ばすことが大切になる。　(3)　バーチャルウォーターでは，例えば牛肉を輸入する場合，牛が成長する間に飲んだ水の量だけでなく，飼料のトウモロコシや牧草の育成などに使われた水の量も換算する。日本では食料品などの輸入が多いため，その分バーチャルウォーターの輸入量も多いとされている。　(4)　ア)の「預貯金引出」は実収入以外の収入，ウ)の「食費」，エ)の「医療費」，キ)の「通信費」はいずれも消費支出である。

【6】(1)　①　日本型食生活(日本型食事)　②　エ　(2)　350g　(3)　①　b　②　a　(4)　①　ジュリエンヌ　②　フリッター　③　○　(5)　(A群，B群の順)　①　ア)，e　②　ウ)，c　③　エ)，a　(6)　①　イ)　②　エ)　③　ア)　(7)　こんぶを水から入れて火にかけ沸騰直前に取り出す。

〈解説〉(1)　グラフは，日本人のPFC比率の推移を示している。日本人の適正な比率は，P：F：C＝13～20：20～30：50～65とされている。このバランスで食事をすると，代謝が起こりやすく，からだ自体の老化を遅らせ，疲れにくい体になるといわれる。　(2)　女性も同様の350gで，「両手にいっぱいの量」と表現される。　(4)　①　ロワイヤルとは，卵とブイヨンを合わせて蒸し，卵豆腐のように固めたものをいう。野菜の細切りのことをジュリエンヌという。　②　フライとは，小麦粉・卵・パン粉の順につけ，油で揚げるものを指す。　(7)　こんぶの使用量は汁の2～4％であり，水に30～60分つけておくとよいだしが取れる。

●書籍内容の訂正等について

弊社では教員採用試験対策シリーズ（参考書，過去問，全国まるごと過去問題集），公務員試験対策シリーズ，公立幼稚園・保育士試験対策シリーズ，会社別就職試験対策シリーズについて，正誤表をホームページ（https://www.kyodo-s.jp）に掲載いたします。内容に訂正等，疑問点がございましたら，まずホームページをご確認ください。もし，正誤表に掲載されていない訂正等，疑問点がございましたら，下記項目をご記入の上，以下の送付先までお送りいただくようお願いいたします。

① **書籍名，都道府県（学校）名，年度**
（例：教員採用試験過去問シリーズ　小学校教諭 過去問　2025 年度版）
② **ページ数**（書籍に記載されているページ数をご記入ください。）
③ **訂正等，疑問点**（内容は具体的にご記入ください。）
（例：問題文では“ア～オの中から選べ”とあるが，選択肢はエまでしかない）

〔ご注意〕
○ 電話での質問や相談等につきましては，受付けておりません。ご注意ください。
○ 正誤表の更新は適宜行います。
○ いただいた疑問点につきましては，当社編集制作部で検討の上，正誤表への反映を決定させていただきます（個別回答は，原則行いませんのであしからずご了承ください）。

●情報提供のお願い

協同教育研究会では，これから教員採用試験を受験される方々に，より正確な問題を，より多くご提供できるよう情報の収集を行っております。つきましては，教員採用試験に関する次の項目の情報を，以下の送付先までお送りいただけますと幸いでございます。お送りいただきました方には謝礼を差し上げます。
（情報量があまりに少ない場合は，謝礼をご用意できかねる場合があります）。

◆あなたの受験された面接試験，論作文試験の実施方法や質問内容
◆教員採用試験の受験体験記

送付先
○電子メール：edit@kyodo-s.jp
○FAX：03-3233-1233（協同出版株式会社　編集制作部 行）
○郵送：〒101-0054　東京都千代田区神田錦町2-5
協同出版株式会社　編集制作部 行
○HP：https://kyodo-s.jp/provision（右記のQRコードからもアクセスできます）

※謝礼をお送りする関係から，いずれの方法でお送りいただく際にも，「お名前」「ご住所」は，必ず明記いただきますよう，よろしくお願い申し上げます。

教員採用試験「過去問」シリーズ

岩手県の
家庭科 過去問

編　集　　© 協同教育研究会
発　行　　令和6年3月10日
発行者　　小貫　輝雄
発行所　　協同出版株式会社
〒101-0054　東京都千代田区神田錦町2 - 5
電話　03－3295－1341
振替　東京00190－4－94061
印刷所　　協同出版・POD工場

落丁・乱丁はお取り替えいたします。